U0070980

法華經講義

——第十輯

——平實導師　述

ISBN 978-986-9372-52-7

執著離念靈知心爲實相心而不肯捨棄者，即是畏懼解脫境界者，即是畏懼無我境界者，即是凡夫之人。謂離念靈知心正是意識心故，若離**俱有依**（意根、法塵、五色根），即不能現起故；若離**因緣**（如來藏所執持之覺知心種子），即不能現起故；復於眠熟位、滅盡定位、無想定位（含無想天中）、正死位、悶絕位等五位中，必定斷滅故。夜夜眠熟斷滅已，必須依於**因緣**、**俱有依**緣等法，方能再於次晨重新現起故；夜夜斷滅後，已無離念靈知心存在，成爲無法，無法則不能再自己現起故；由是故言**離念靈知心是緣起法**、**是生滅法**。不能現觀離念靈知心是緣起法者，即是未斷我見之凡夫；不願斷除**離念靈知心常住不壞之見解**者，即是恐懼解脫無我境界者，當知即是凡夫。

——**平實導師**——

一切誤計**意識心為常**者，皆是佛門中之常見外道，皆是凡夫之屬。意識心境界，依層次高低，可略分爲十：一、處於欲界中，常與五欲相觸之離念靈知；二、未到初禪地之未到地定中，暗無覺知而不與欲界五塵相觸之離念靈知，常處於不明白一切境界之暗昧狀態中之離念靈知；三、住於初禪等至定境中，不與香塵、味塵相觸之離念靈知；四、住於二禪等至定境中，不與五塵相觸之離念靈知；五、住於三禪等至定境中，不與五塵相觸之離念靈知；六、住於四禪等至定境中，不與五塵相觸之離念靈知；七、住於空無邊處等至定境中，不與五塵相觸之離念靈知；八、住於識無邊處等至定境中，不與五塵相觸之離念靈知；九、住於無所有處等至定境中，不與五塵相觸之離念靈知；十、住於非想非非想處等至定境中，不與五塵相觸之離念靈知。如是十種境界相中之覺知心，皆是意識心，計此爲常者，皆屬常見外道所知所見，名爲佛門中之常見外道，不因出家、在家而有不同。

—平實導師—

如《解深密經》、《楞伽經》等聖教所言，成佛之道以親證阿賴耶識心體（如來藏）為因，《華嚴經》亦說**證得阿賴耶識者獲得本覺智**，則可證實：證得阿賴耶識者方是大乘宗門之開悟者，方是大乘佛菩提之眞見道者。經中、論中又說：證得阿賴耶識而轉依**識上所顯眞實性**、**如如性**，能安忍而不退失者即是**證眞如**、即是大乘賢聖，在二乘法解脫道中至少為初果聖人。由此聖教，當知親證阿賴耶識而確認不疑時即是開悟眞見道也；除此以外，別無大乘宗門之眞見道。若別以他法作為大乘見道者，或堅執**離念靈知**亦是實相心者（堅持意識覺知心離念時亦可作為明心見道者），則成為實相般若之見道內涵有多種，則成為實相有多種，則違實相絕待之聖教也！故知宗門之悟唯有一種：親證第八識如來藏而轉依如來藏所顯眞如性，除此別無悟處。此理正眞，放諸往世、後世亦皆準，無人能否定之，則堅持離念靈知意識心是眞心者，其言誠屬妄語也。

——**平實導師**——

目次

第十八輯：

第十九輯：

第二十輯：

第二十一輯：

第二十二輯：

第二十三輯：

第二十四輯：

第二十五輯：

自序

大乘佛法勝妙極勝妙，深奧極深奧，廣大極廣大，富麗極富麗，謂此唯一佛乘妙法，意識思惟研究之所不解，非意識境界故，佛說爲不可思議之大乘解脫境界，名爲大乘菩提一切種智，函蓋大圓鏡智、成所作智、妙觀察智、平等性智；然而此等極勝妙乃至極富麗之佛果境界，要從因地之大乘眞見道始證，次第進修方得。然大乘見道依序有三個層次：眞見道、相見道、通達位。眞見道者位在第七住；相見道位始從第七住位之住心開始，終於第十迴向位滿心；通達位則是圓滿相見道位智慧與福德後，進修大乘慧解脫果，再依十無盡願的增上意樂而圓滿，名爲初地入地心菩薩。眾生對佛、法、僧等三寶修習信心，十信位滿心後進入初住位中，始修菩薩六度萬行，皆屬外門六度之行；逮至開悟明心證眞如時，方入眞見道位中；次第進修相見道位諸法以後，直到通達而得入地時，歷時一大阿僧祇劫，故說大乘見道之難，難可思議。

大乘眞見道之實證，即是證得第八識如來藏，能現觀其眞實而如如之自性，名爲證眞如；此際始生根本無分別智，同時證得本來自性清淨涅槃。乃至證悟般若不退而繼續進修之第七住位始住菩薩，轉入相見道位中，歷經第一大阿僧祇劫中三十分之二十有四的長劫修行，同時觀行三界萬法悉由此如來藏之妙眞如性所生所顯，證實《華嚴經》所說「三界唯心、萬法唯識」正理；如是進修眞如後得無分別智，終能具足現觀非安立諦三品心而至十迴向位滿心，方始具足眞如後得無分別智，相見道位功德至此圓滿，然猶未入地。

此時思求入地而欲進階於大乘見道之通達位中，仍必須進修大乘四聖諦，現觀四諦十六品心及九品心後，要有本已修得之初禪或二禪定力作支持，方得相應於慧解脫果；或於此安立諦具足觀行之後發起初禪爲驗，證實已經成就慧解脫果；此時已能取證有餘、無餘涅槃，方得與初地心相應，而猶未名初地。而後再依十大願起惑潤生，發起繼續受生於人間自度度他之無盡願，不畏後世長劫生死眾苦，於此十大無盡願生起增上意樂而得入地，方得名爲大乘見道之通達位，眞入初地之入地心中，完成大乘見道位所應有之一切修證。此時已通達大乘見道位應證之眞如全部內涵，圓滿大乘見道通達位應有之無生法忍智慧，及慧解脫果與增上意樂，方證通達位之無生法忍果，方得名爲始入初地心之菩薩。

然而觀乎如是大乘見道之初證眞如，發起眞如根本無分別智，得入第七住位，成爲眞見道菩薩摩訶薩；隨後轉入相見道位中繼續現觀眞如，實證非安立諦三品心而歷經十住、十行、十迴向位之長劫修行，具足眞如後得無分別智，生起初地無生法忍之初分，配合解脫果、廣大福德、增上意樂，名爲通達見道位眞如而得入地。如是諸多位階所證眞如，莫非第八識如來藏之眞實與如如二種自性，同屬證眞如者。依如是正理，故說未證眞如者，皆非大乘見道之人；證眞如者謂現觀如來藏運行中所顯示之眞實與如如自性故，實相般若智慧依如來藏之眞如法性建立故，萬法悉依如來藏之妙眞如性而生而顯故，本來自性清淨涅槃亦依如來藏之眞如法性建立故。

如是證眞如事，於眞藏傳佛教覺囊巴被達賴五世藉政治勢力消滅以後，由於時局紛亂不宜弘法故，善知識不得出世弘法，三百年間已經不行於人世。及至時局昇平人民安樂之現代，方又重新出現人間，得以繼續利樂有緣學人。然而，縱使末法時世受學此法而有實證之人，欲求入地實亦匪易，蓋因眞見道之證眞如已經極難親證，後再論及相見道位非安立諦三品心之久劫修行，而能一一教授弟子四眾者，更無其類；何況入地前所作加行之教授，而得具足實證大乘四聖諦等安立諦十六品心、九品心者？眞可謂：「善知識者出興世難，至其所難，得值遇難，得見知難，得親近難，得共住難，得其意難，得隨順難。」如是八難，具載於《華嚴經》中；徵之於末法時世之現代佛教，可謂誠言，眞實不虛。

縱使親値如是善知識已，長時一心受學之後，是否即得圓滿非安立諦三品心及安立諦十六品心、九品心而得入地？觀乎平實二十餘年度人所見，誠屬難事；殆因大乘見道實相智慧極難實證，何況通達？復因大乘慧解脫果並非隱居深山自修而可得者，如是證明初始見道證眞如已屬極難，更何況入地進修之後，所應親證之初地滿心猶如鏡像現觀，解脫於三界六塵之繫縛；二地滿心猶如光影之現觀，能依己意自定時程及範圍而轉變自己之內相分，令習氣種子隨於自己施設之進程而分分斷除；三地滿心前之無生法忍智慧，能轉變他人之內相分；以及滿心位之猶如谷響現觀，能觀見自己之意生身分處他方世界廣度眾生，而使無生法忍及福德更快速增長。至於四地心後之諸種現觀境界，更難令三賢位菩薩了知，何況未證謂證、未悟言悟之假名善知識，連第七住菩薩眞見道所證眞如都只能想像者？

雖然如此，縱使已得入地，而欲了知佛地究竟解脫、究竟智慧境界，亦仍無法望其項背，實因初地菩薩於諸如來不可思議解脫及智慧仍無能力臆測故。縱使已至第三大阿僧祇劫之修行——已得八地初心者，亦無法全部了知諸佛的境界，則無法了知佛法之全貌，如是而欲了知十方三世諸佛世界之關聯者，即無無其分。以是緣故，世尊欲令佛子四眾如實了知三世佛教之亙古久遠、未來無盡，以及十方虛空諸佛世界等佛教之廣袤無垠；亦欲令弟子眾了知世間萬法、出世間法及實相般若、一切種智無生法忍等智慧，悉皆歸於第八識如來藏妙眞如性者，則必於最後演述《妙法蓮華經》而圓滿一代時教；是故 世尊最後演述《法華經》時，一仍舊貫而如《金剛經》稱此第八識心爲「**此經**」，冀諸佛子醒悟此理而捨世間心、聲聞心，願意求證眞如之理，久後終能確實進入絕妙難思之大乘法中。斯則 世尊顧念吾人之大慈大悲所行，非諸凡愚之所能知。

然而法末之世，竟有身披大乘法衣之凡夫亦兼愚人，隨諸日本歐美專作學問之學者謬言，提倡六識論之邪見，以雷同常見、斷見外道之邪見主張，公開否定大乘諸經，謂非佛說，公然反佛聖教而宣稱「**大乘非佛說**」。甚且公然否定最原始結集之四大部阿含諸經中之聖教，妄判爲六識論之解脫道經典，公然貶抑四阿含諸經中之八識論正教，令同於常見外道之六識論邪見；全違 世尊依八識論而解說聲聞解脫道之本意，亦令聲聞解脫道同於斷見、常見外道所說之解脫，則無餘涅槃之境界即成爲斷滅空而無人能知、無人能證。如是住如來家，著如來衣，食如來食，藉其弘揚如來法之表相，極力推廣相似像法而取代聲聞解脫道正法，最後終究不免推翻如來正法；如斯之輩至今依然寄身佛門破壞佛法，而佛教界諸方大師仍多心存鄉愿，不願面對如是破壞佛教正法之嚴重事實，仍多託詞高唱和諧，而欲繼續與諸多破壞佛教正法者**和平共存**，以互相標榜而**維護名聞利養**。吾人若繼續坐令如是現象存在，則中國佛教復興，以及中國佛教文化之推廣，勢必阻力重重，難以達成；眼見如是怪象，平實不得不詳解《法華經》之眞實義，冀能藉此而挽狂瀾於萬一。

如今承蒙會中多位同修共同努力整理，已得成書，總有二十五輯，詳述《法華經》中 世尊宣示之眞實義，因名《法華經講義》，梓行於世，冀求廣大佛門四眾捐棄邪見，回歸大乘絕妙而廣大無垠之正法妙理，努力求證，共爲復興中國佛教文化、抵禦外國宗教文化之侵略而努力，則佛門四眾今世、後世幸甚，中國夢在文化層面即得實現。乃至繼續推廣弘傳數十年後，終能使中國成爲全球最高階層文化人士的歸依聖地、精神祖國；流風所及，百年之後遍於歐美社會各層面中廣爲弘傳，則中國不唯民富國強，更是全球唯一的文化大國。如是復興中國佛教文化之舉，盼能獲得廣大佛弟子四眾之普遍認同，乃至廣有眾人付諸實證終得廣爲弘傳，廣利人天，其樂何如。今以分輯梓行流通在即，因述如斯感慨及眞實義如上，即以爲序。

佛子 **平實** 謹序

公元二〇一五年初春 謹誌於竹桂山居

第十輯：

《妙法蓮華經》

〈見寶塔品〉第十一（上承第九輯〈見寶塔品〉未完部分）

經文：【爾時世尊欲重宣此義，而說偈言：「

聖主世尊雖久滅度，在寶塔中尚爲法來，
諸人云何不勤爲法？
此佛滅度無央數劫，處處聽法以難遇故。
彼佛本願『我滅度後，在在所往常爲聽法』。
又我分身無量諸佛，如恒沙等來欲聽法，
及見滅度多寶如來，各捨妙土及弟子眾、
天人龍神諸供養事，令法久住故來至此。
爲坐諸佛以神通力，移無量眾令國清淨。

諸佛各各詣寶樹下，如清淨池蓮華莊嚴。
其寶樹下諸師子座，佛坐其上光明嚴飾，
如夜闇中燃大炬火。身出妙香遍十方國，
眾生蒙薰喜不自勝。」】

我要把重頌分為幾段來講，因為這一段重頌經文很長，先來講第一段。

語譯：【經過這一些「開、示」的過程之後，世尊想要重新宣示這個道理，就以偈重新來演說一遍：

「聖主世尊雖然很久很久之前已經滅度了，在七寶塔中全身不散如入禪定，尚且為了《妙法蓮華經》而到這個娑婆世界來，你們諸人為什麼不能夠殷勤精進為法而修呢？

這位多寶佛滅度已經無央數劫，只要有佛成佛以後宣講《法華經》時，不管在什麼地方，為了聽法的緣故，就會從地踊出而來聽受《妙法蓮華經》，這是因為這部《妙法蓮華經》很難值遇的緣故。

那位多寶如來的本願是說：『我如果滅度了以後，不論去到什麼地方，我所去的目的都是為了要聽聞《妙法蓮華經》。』

而且我釋迦如來分身出去的無量諸佛，猶如恆河沙數那麼多，也都想要來聽我演說《妙法蓮華經》，

並且想要來親見已經滅度的多寶如來，所以各自都捨棄了他們所住持的佛世界，以及無量無邊的弟子眾和天、人、龍、神的各種供養等等事情，只是爲了讓正法久住的緣故而來到這個娑婆世界。

我釋迦牟尼爲了讓十方無量數的化身佛來到娑婆世界時可以有地方坐，就用神通力把娑婆世界中的無量大眾移置於他方國土，並且變化了這個娑婆世界國土使它變成清淨世界。

諸化身佛各各都來到這個我所化現的寶樹之下，都猶如清淨池一樣並且都有蓮華而作莊嚴。

而那些寶樹下的所有師子座，諸化身佛坐在那一些師子座上，光明非常地莊嚴，而且那個顏色是無法再加以裝飾的，就如同在夜闇之中燃起了很大的火炬一樣。

而這些化身諸佛身上放出種種妙香遍滿了十方的國土，眾生得蒙薰香，所以心中歡喜到幾乎沒有辦法負擔。」

講義：「聖主世尊雖久滅度，在寶塔中尚為法來，諸人云何不勤為法？」世尊重新宣示這個道理，所以說了這首偈；我把很長的重頌中先講解這一小段。這是說 多寶如來世尊雖然很久以前就滅度了，因為祂是在無量恒河沙劫之前就滅度了，當然是「久滅度」，但是滅度以後大家為祂起了七寶塔，祂就以這個七寶塔作為奉安之處。可是這個七寶塔，並不是一個固定不動的寶塔，而是隨著祂的心意，因為祂的願力就是這樣子，能夠隨著祂的心意在十方世界來來去去，專為了要聽所有應身佛演講的《妙法蓮華經》。《妙法蓮華經》太勝妙，大眾無法理解，連信受都很困難；只有諸應身佛親自宣講的時候，才能當面示現給大眾看，善根具足、善力很好的大眾才能信受。可是這一些在場的法眾一入滅以後，雖然有經文記錄了下來，時日漸久以後，也是漸漸地有人不信受了。

且不說這麼難信的法，單說如來藏、單說禪宗開悟就好，這一百年來有好多人不信，總是說「那叫作無頭公案，那叫作自由心證」。可是，如果禪宗那些都是無頭公案，為什麼會有一代一代的祖師，都是聰明睿智之人，竟然願意投入無頭公案去參究，而且參究出來以後，終生不易，奉行至死；並且還發了大願：「我下輩子還要再來住持這個正法。」所以顯然不是無頭公案。再說回來，如果是自由心證，就應該甲禪師印證的，乙禪師不肯認可；那丙禪師印證的，丁禪師也不會認可。可是，當大家所證的是同一個如來藏心，那些眞悟的禪師爲什麼全都願意認可？這顯然不是自由心證。

那麼連這麼淺的證悟的法，連這個大乘見道的總相智慧——實證如來藏所生的總相智慧，目前大家都已不信了，何況是《妙法蓮華經》這種不可思議的、而且隱喻著很深妙智慧在裡頭的經典？當然大家不會信受，所以才要勞駕「多寶如來」乘著「七寶塔」，十方世界處處去「從地踊出，住在空中」示現給大家看。

如果不是我們正覺出來弘法，努力二十年，直到這二年才終於被佛教界普遍承認是正法。以前他們都罵正覺是自性見外道，現在只剩下密宗在罵我們；因爲密宗是附佛法外道，無可救藥；你去買了美國仙丹投給他們吃了，他們也活不過來，眞的沒辦法救活他們的法身慧命啦！到現在爲止，對於密宗信徒，我們只度了一個品質不錯的人，就是台中講堂的葉老師，品質太好了，但也就這麼一個人。以前大家去達賴較早的一次法會現場發傳單，只度得他一個人；不過已有價值，因爲他就是一頭金毛雄獅。

所以，我們現在有很多很多金毛雄獅，卻是多多益善，再加一頭、二頭，我都覺得還不夠，應該再增加很多才行。這些雄獅就要從你們這些小獅子去培養出來，你們最後要當雄獅。妳們女眾可別說：「我們是女生，怎麼能當雄獅？」妳們頭髮再長，一樣可以當，怎麼不行？在正覺同修會裡面，沒有男尊女卑這回事情，四眾完全平等，這是正覺同修會的特色。所以，你們去打禪三回來，出生了，成爲小獅子了；成爲小獅子以後就要設法努力去讓自己快速成長，成爲金毛雄獅，可以被正法所用；那麼未來世你的道業增長就更快，因爲弘法的功德最大。弘法功德大，那個功德會伴隨著很大的福德，所以未來世不管怎麼樣，不論景氣多麼不好，你都可以過好日子，不會餓死你，這就是菩薩生生世世都能擁有的可愛異熟果，可以好好修學正法、廣利人天。所以，你們要一步一步去走向這一條路。

那麼諸位想想看，多寶如來無央數劫前滅度，爲了聽《妙法蓮華經》而坐著七寶塔前來；是因爲它太難被人信受，所以就有這樣的大願，以「七寶塔」而且「全身不散如入禪定」前來，只要有應身佛演說《法華經》，到了適當時間，祂就出現了，來爲諸佛證明。諸位想想看，多寶如來尚且如此，而諸位還沒有成爲究竟地的如來，是不是更應該發願爲人演講《法華經》？對啊！一定要設法把長劫化入短劫，盡快成佛而廣度有情。上品中生人，往生去極樂世界修行等同娑婆世界一劫的時光才能證得的成績，你在這裡一天或幾年就把它完成，二者相差可是無量倍；因爲你在這裡修行一劫，這一劫的時間等於極樂世界的一天；你要把住在那邊的一天（等於這裡的一大劫）轉化成這裡的一天，快速成長道業。而且不只是把那裡的一天化成這裡的一天，還得把那裡的一劫化成這裡的一天——例如本來是下品上生，要轉化成爲具有上品上生的能力，那你成佛會有多快？

大家的心量要大一點，不要老是想：「我們在五濁惡世要修到什麼時候？」別這樣想，你在極樂世界持八關齋戒努力修行一天，相等於這裡一個大劫的時間。如果是那裡的一百年呢？等於這裡多少大劫？你們自己算算看。可是在那裡持八關齋戒一百年的修行，不如在這裡努力修行一天的功德，那你應該要在哪裡修行才快？（大眾回答：這裡。）喔！弄清楚了呵！不過這話可別出去會外講，因爲那些淨土宗的大師們聽了又要罵我了，他們可能會說我是在抵制淨土宗。可是我沒有抵制過淨土宗，我說的是實話，因爲我一直在弘揚淨土念佛法門。只是這個眞實理，以前沒有人講出來，而他們不知道；他們淨土宗的祖師們也沒有講過，因爲他們沒那個智慧。

那麼我把這個道理告訴你們了，我知道 釋迦如來歡喜，彌勒菩薩也歡喜。彌勒菩薩之後的九百九十五尊佛也一樣會歡喜，因爲大家都要跟隨賢劫諸佛修行，去過完這個賢劫，那麼諸佛就不會缺少弘法時的可用之才。這樣想來，諸位跟我相聚的機會還很多，我的憂鬱是可以減少一點。因爲我們三月底要發行的CD有一首叫作〈菩薩底憂鬱〉，我在這裡先預告一下，讓大家有一點期待，這叫作「敬請期待」（編案：已經於二〇一一年夏初出版）。那麼這樣說回來，世尊這三句話是告訴我們說：我們大家都應該努力，不要每天晃悠晃悠地過日子。這一世該怎麼安排，下一世該怎麼安排，正法末法剩下最後五十二年，過了以後該怎麼安排，大家心裡都要先有個底。所以繼續住持正法，到了最後五十二年，月光菩薩帶著我們入山，我們在山裡面捨報了，就往生去兜率天中的彌勒內院。這樣修行成佛最快，因爲在正覺證悟了以後，去彌勒內院聽 彌勒菩薩演講唯識增上慧學，那是一切種智，是很勝妙的法，大家進步都會很快。這樣子，你們想一想，你們進了正覺以後，用不用得著後悔？不用了呵！走對路了。

所以因緣的不同，在成佛之道中，有的人就是要整整三大阿僧祇劫，有的人就會化長劫入短劫，便能提前完成道業，就看你有沒有智慧，就看你有沒有好的福德去遇到好的善知識。因爲善知識有很多種，就像閩南語講的「三不等」，對不對？他教你「**老實念佛，什麼都不要想，求生極樂**」，也是善知識；因爲你這樣依教奉行以後，不會下墮三惡道。有的善知識幫你證得二乘菩提，有的善知識幫你證得大乘菩提，有的善知識甚至告訴你很多那些經典中背後隱藏的意思，讓你如實熏習一切種智，但在表面上你是看不出來的；這也告訴你，你的道業成長將會非常快速。只除了一樣不能快速成長，就是陽奉陰違說：「**你講是你的，我聽我的。**」至於有些人爲什麼會這樣？就是信根已經有了，可是信力不夠，信根的力量沒有生長發展起來的時候，雖然有信根而信受了，可是沒有產生信的功能出來，所以他們雖有五根，終究是少了五力，七聖財就不夠了，道業進展就會很慢。那麼，這三句這樣子懂了呵！

「此佛滅度無央數劫，處處聽法以難遇故。彼佛本願『我滅度後，在在所往常爲聽法』。」接下來，世尊說這一尊 多寶如來滅度以來已經無央數劫，處處爲了聽聞《妙法蓮華經》的緣故，坐著七寶塔在諸佛之處示現聽經。那爲什麼要處處都來聽聞《法華經》呢？「以難遇故」。化身佛不講《法華經》，只有應身佛才講；化身佛可以有無量無邊之數，每一尊應身佛都有無量無邊的化身佛，但應身佛只有一尊，那你說《法華經》容易聽聞嗎？當然不容易！所以我們能夠遇到 釋迦牟尼佛，這是何等大的福報！可是沒有福報的人就說：「釋迦佛二千五百多年前已經入滅了，灰飛煙滅了，祂早已不存在了。」那他就是個標準的斷見外道。諸佛成佛以後怎麼可能灰飛煙滅？如果成佛是要灰飛煙滅的話，倒不如去流轉生死都還好，對不對？對啊！流轉生死時不管怎麼痛苦，也還有生在天上享受快樂的時候，下墮地獄時也不是住在那裡永不超生，有時候也會來畜生道當人家的寵物，都比斷滅空要好。有時寵物比當人家的兒子還要好，你們沒看見嗎？有好多父母親一天到晚罵兒子：「你都亂花錢，敗家子……。」可是遇到那隻狗時就說：「唉呀！我的好寶貝啊！」就每天捧在手上。不只如此，現代人養的狗，還有 SPA 等等享受；有不少人，爲了一隻狗，一個月花上二、三萬元台幣，就是有人這樣子啊！所以流轉生死的長遠過程中，也不是永遠住在地獄道、餓鬼道中，有時候當人家寵物也不錯！遠比斷滅的好。那麼如果常常來當人類，至少苦樂參半；當寵物是沒有自由，可是當人就有了自由。

那如果生在欲界天呢？你們如果悟了以後，發願往生欲界天，當然可以如願往生上去；當你生到忉利天，假使變成男生了，有五百個天女奉事你；每一個天女手下還有七個婢女，那你的日子好不好過？好過啊！這樣子輪轉生死難道不比斷滅空好嗎？那如果生在色界天中，一直都是清淨而且沒有病痛，就是只有捨報時的死苦而已。如果要談佛法，色界天人就加上一個行苦，那總比斷滅空好吧！但佛門中的那些愚癡人，竟然說成佛以後會變成斷滅，竟然說入涅槃以後是變成斷滅，那是何等的愚癡啊！這種愚癡人竟然可以在台灣佛教界當領導者，還被尊稱爲導師。眞要叫作「天哉！枉也！」「天哉！枉也！」懂嗎？就是呼喊著：「老天啊！」「天哉！」就是「老天啊！」「枉也！」就是大喊：「眞的很冤枉啊！」遇到這種阿師，你只好向老天喊冤枉，就是這樣。

所以《法華經》是應身佛所說，因爲必須要召集十方一切化身佛回來，而且要爲祂的弟子們一一授記，這是應身佛才能作的事。那麼，多寶如來很清楚這部《妙法蓮華經》的勝妙處，當然知道這部《法華經》很難值遇，於是就發了願：「我滅度以後，在在所往常爲聽法。我滅度之後全身在七寶塔中，不管我這個七寶塔去到哪裡，永遠都是爲了要聽《妙法蓮華經》。」由此可見這部《法華經》是多麼勝妙。可是來到末法時代，這《法華經》被大師們講解起來時，卻都是依文解義、稀鬆平常；於是聽起來、讀起來就好像神話，對佛門四眾能有什麼啓發？因此應該要有人把其中的眞實義給解釋出來，啓發了大眾，然後讓大眾對諸佛的境界可以如實理解，願意信受，才能一步一步邁向成佛之道，決不退轉，這個才是最重要的。

「又我分身無量諸佛，如恒沙等來欲聽法，及見滅度多寶如來，各捨妙土及弟子眾、天人龍神諸供養事，令法久住故來至此。爲坐諸佛以神通力，移無量眾令國清淨。諸佛各各詣寶樹下，如清淨池蓮華莊嚴。」那麼 世尊接著說明，釋迦牟尼佛分身的無量諸佛，猶如恆河沙數一樣也要來聽聞《妙法蓮華經》，因爲這是應身佛所說，而且又能看見已經滅度無央數劫的 多寶如來。多寶如來也是爲了這個緣故，不辭辛勞，只要有應身佛演說《法華經》，一定會來聽聞。那麼，釋迦如來所化現的無量數的化身佛，各自都暫時把祂們所住持的佛土先放下，把那些弟子眾也先放下，並且各自的國土中，天、人、龍、神的種種供養事也都放下，只是爲了護持應身佛本師 釋迦牟尼佛所說的《法華經》，是想要讓正法在此娑婆世界可以久住的緣故，才來到這個娑婆世界。這眞是件大事，爲了無量數的化身諸佛都來到這裡，把這裡凡夫性的諸天、人等以及地獄、餓鬼都移到他方世界去，然後化現出很多、很廣大的淨土世界，讓十方來的所有化身佛都可以安住，都可以各坐寶樹下的師子座上。這不是小事，這樣子勞師動眾，「爲坐諸佛以神通力，移無量眾令國清淨」，是爲了想要讓諸化身佛來到這裡時，都有座位可坐，作了這樣廣大的變現；而所有化身佛的座位前又都很莊嚴，猶如清淨的蓮花池，並有清淨美麗的蓮花。

「其寶樹下諸師子座，佛坐其上光明嚴飾，如夜闇中燃大炬火。身出妙香遍十方國，眾生蒙薰喜不自勝。」這眞是不簡單的事，這麼愼重的目的，就是爲了要圓滿 多寶如來的願，也爲了要使無量數的眾生瞭解《妙法蓮華經》的重要，所以故意這樣示現出來。而這個示現，是非常光明的。諸位想想看，把這個世界的凡夫及三惡道有情都移到別的世界去，化現無量無數世界跟這個娑婆世界同樣變爲清淨土，再合而爲一。然後有無量數的寶樹，一一樹下各有五由旬高廣的師子座，然後大地整個清淨猶如蓮華一般莊嚴。這一些師子座上有無量的化身佛一一在座，這些化身佛也都放出光芒。如果在遙遠的世界看過來，是不是「猶如夜闇中燃大炬火」？因爲這是很多很多的三千大千世界合爲一個世界，可不是單單一個三千大千世界。所以這麼多的佛，這麼多的菩薩，而且七寶塔又放出妙香，大家又以香華供養 釋迦牟尼佛、供養 多寶如來，當然「妙香遍十方國」。

十方國的眾生自然蒙薰，當然很歡喜，從來沒有聞過這麼香的妙香。那麼想一想看，這是小小的人類能夠想像的嗎？這是現在的天文學能夠瞭解的嗎？說一句老實話，現在的天文學進步很大，也能夠看到我們這個娑婆世界以外的一些三千大千世界，但是能看到的卻不很多。蓮華藏世界海中的第十三層裡面，有那麼多三千大千世界，但現在太空望遠鏡所能看到的可能還不到一萬分之一、百萬分之一。那你說這樣無量無邊的三千大千世界合爲一個清淨世界，放出那麼多光芒，你如果成佛了，在遙遠的地方一看：「哇！那個地方眞的莊嚴，光明無量。」

可是這個話要說給誰相信？我都不曉得說，這個將來整理成文字流通出去以後，不曉得佛教界的新學佛子會有什麼反應？我不知道，他們會接受嗎？這一套講義還要四、五年以後才會開始流通出來，因爲《楞嚴經講記》還要再一年出頭才會出版完畢，後面還有八輯，總共是十五輯，但一年才只出版六輯，所以還要一年半。一年半以後《金剛經宗通》，那也要差不多二年，我現在正在整理。《金剛經宗通》出版完了，會再出版《實相經宗通》（編案：都已出版完畢），然後才輪得到《妙法蓮華經》的講義出版，所以最快大概也是四、五年後的事，也許那時他們會相信吧！但是很難說，因爲五濁惡世的眾生目光如豆，依佛菩薩的所知所見來說，凡夫眾生看到的就只像眼前一顆黃豆那麼近而已，而且心量狹小，智慧也都被凡夫大師蒙蔽了，那你如何能期待他們會相信我所講的這個勝妙法？所以，會相信的大概就只是諸位，在會外大約一千個人之中，若有一個人相信也就不錯了。

因此，《法華經》的內涵是很勝妙的，而《法華經》的內涵是很難使人完全相信的；最後說，《法華經》很難如實解釋，因爲如實解釋出來以後，沒有多少人會相信。所以自古以來，註解《法華經》的人雖然不少，可是沒有人想要眞的講解，最多就是寫一寫科判、註解一下就算了。可是到了這個年代，我們如果現在不講，以後有沒有機會？不知道！因爲將來搞不好像科幻小說描述的，整個娑婆世界變成一個帝國世界，就沒機會宣講了。那些科幻片不是這樣演的嗎？所以星際戰爭的結果是變成一個帝國世界，那時你還能講這個法？不行了！你得要生到兜率陀天的彌勒內院去了。

所以佛菩提道不是容易理解的事，只有不懂的人，才敢拍胸脯說：「我知道了，成佛之道就是四聖諦、八正道、緣起性空、十二因緣，就只是這樣而已。」諸位初來正覺學法之前，不都是這樣聽說的嗎？一直到正覺出來弘法以後，他們錯修錯證的道場說我們是另闢蹊徑。但我們走的是正道，他們才是蹊徑，結果他們反而說我們是另闢蹊徑，你看佛教界都顚倒到這個地步了。所以《法華經》不容易理解，自然就不容易信受；但是我們要設法讓大家可以如實理解，未來正法弘傳的路將會比較好走。我們還要從另一個方面去下手，就是要逼使假藏傳佛教密宗承認他們不是佛教。如果他們沒有承認不是佛教，我們就要不斷地評論他們。

針對破壞佛教正法的密宗，我們還會有後續動作，一步一步去作，開展期就是應該要開展，而我們開展的目的就是要把邪見、邪教消滅，一直到他們承認——他們所有密宗道場都公開承認，至少要有四大法王出來公開承認：「我們是喇嘛教，不是佛教。」我們的任務就算完成，就不再評論密宗喇嘛教；否則我們還要繼續作下去，還得要再作一些轟轟烈烈的事，才能復興中國佛教。那麼這算是預告，我們會繼續再作下去。諸位也許有人看到我們講堂後方那個破斥密宗的布條換了，現在的色調字句都比較文雅，色調看起來也蠻有格調的。以前選那個很俗氣的格調是故意選的，而且是我故意選的，讓人家一眼就會瞧見它。但是，現在我們有一些不同的改變，還是會達到效果。接下來，下一段重頌中 世尊怎麼說：

經文：【「譬如大風吹小樹枝，以是方便令法久住。

告諸大眾：『我滅度後，誰能護持讀說斯經？』

今於佛前自說誓言：『其多寶佛雖久滅度，

以大誓願而師子吼。』多寶如來及與我身，所集化佛當知此意。諸佛子等誰能護法？當發大願令得久住。其有能護此經法者，則為供養我及多寶。」】

語譯：【「譬如以大風來吹小樹枝，以這樣的方便來使得正法可以久住於世間。

我告訴諸位和大眾：『我釋迦牟尼滅度以後，有誰能夠護持來閱讀和演說這部《妙法華經》？』如今就在我釋迦牟尼佛面前，自己出來說出你宣誓的言語，要這麼說：『那多寶如來雖然很久以前已經滅度了，由於大誓願的緣故而作了師子吼。』而多寶如來以及我釋迦牟尼佛和所聚集回來的一切化身佛，都將會知道發誓者心中這個意思。

現在就請問諸位佛子們，你們大眾之中有誰能夠護持這部《妙法華經》的正法？應當發起大願設想如何才能夠使《妙法華經》的正法得以久住世間。

如果大眾之中有能護持這一部《法華經》的人，他就是已經供養了我釋

迦牟尼，也是已經供養了多寶如來。」】

講義：這就是說，就好像大風來吹小樹枝一樣，得要有這樣的方便，才能使正法得以久住。那些小樹的枝葉，如果不是常常有大風吹著把它搖一搖，它的樹身是不會堅固的；因爲就會像溫室的花朵一樣，樹枝很嫩；你一旦把它突然放到室外，大風一吹就會折斷了；所以平常得要大風有時來吹一吹，過一會兒又來吹一吹，但是不會吹斷它。這樣一吹再吹，吹久了以後，它的樹枝樹幹就變得堅韌了。菩薩也是如此，要以這樣的方便才能夠使得正法久住。那小樹是什麼？還記得嗎？前面有說雜草、藥草、小樹、大樹；也就是說，菩薩們開悟了以後就已經是小樹了，不是二乘聖人那一些藥草了。

二乘那些藥草，反正他們在世間只是一世，該用的時候就把它摘了來，煮了藥用後也就算了。可是對於小樹，要期待它長成大樹，因此得要時時去鍛鍊它，就是用大風吹一吹，過了一段時間又來吹一吹，讓它常常晃來晃去，這樣鍛鍊慣了，它的樹幹就變得堅固了。也就是說，要讓你們這些菩薩們可以成爲很堅固的小樹，不能夠一直種在溫室裡面：溫度有調節，濕度也有調節，陽光也是人工調節的，那麼它對外在環境連一點點適應力都沒有，才一放到室外去，大風一吹就折斷了；太陽一曬，就枯掉了。菩薩將來是要成爲棟梁的，要養成作大樹來用的，所以有時就來折磨一下，有時候爲你灌溉，也就是褒獎一下，有時候拉拔一下，但還是要常常用猛風幫你吹一吹。那麼只要能夠熬得過去，就能夠繼續成長，成長爲大樹了，正法就能久住。

現在就提出一個很大的任務來了，告訴諸位大眾說：「我釋迦如來滅度以後，有誰能夠護持《法華經》、閱讀《法華經》、爲人演說《法華經》呢？」眞的不容易！因爲很多人講《法華經》之前，自己要先讀一讀，讀到後來心想：「這部經能講嗎？」他心裡面第一個念頭是：「這部經能講嗎？爲什麼不能講？因爲那都是神話。」所以古來講《法華經》的人，大部分是只作科判而已，就是把古人寫的科判拿出來，用那些科判來講一講。聽說證嚴法師—後山那個比丘尼—講《法華經》，沒幾天就講完了，因爲她不懂《法華經》，最多只是拿一些古人寫的科判來講一講而已，她能講什麼？不過我們還是要隨喜她，因爲至少她把《法華經》這三個字種到信徒的腦海裡面去了。所以希望這幾年，這五、六年能夠多一些人出來講解《法華經》，即使只講科判也好；然後等到我們這一套《法華經講義》流通出來時，他們可能就會信受了。要不然，有一些粗魯的男眾，到時候讀了我的《法華經講義》，可能他們會「訐譙」一番（大眾笑⋯），眞的啊！因爲他們大概不能接受。

所以 世尊滅度之後自行閱讀《法華經》比較容易，護持比較容易，奉行比較容易，但是「爲人演說」就很難；是因爲距離 佛陀的年代越來越遠，眾生的善根則是越來越差。好在我們這二十年來，不斷地有正法書籍流通出去，把大家的知見提升了，幫大家把心量擴大了，已經把佛教界的智慧水平提高了；而且我們講出來的也是有眞實道理，雖然難信、難解；我想他們到那個時候，大約五年之後（編案：這是二〇一一年初所講），佛教界大概就會信受了。那麼這樣子，《法華經》繼續住在人間就很有希望了。

可是，釋迦如來提出來說：「如果有人願意護持、閱讀或者演說這一部經典，現在可以在佛前，自己說出你的誓言。」該怎麼樣說出這個誓言呢？就是發願出來爲大眾說明：「那位七寶塔中的多寶如來，雖然滅度以來已經無央數劫，卻仍然以大誓願而來作師子吼。」這眞的是師子吼，自古以來，曾經有誰這樣來示現證明？眞的不多啊！

多寶如來的示現很重要，是在顯示前面 釋迦如來的授記是眞實的，然後再來證明後面即將發生的事情也都是眞實的，所以　多寶如來眞的是師子吼。一般人如果當面聽了　世尊所說的《法華經》，大概會私底下懷疑毀謗；可是有　多寶如來親自示現、擁護、證明，雖然是「師子吼」，大眾心中也不會恐懼，而且願意依教奉行。那麼　釋迦如來就說：「多寶如來以及我釋迦牟尼佛所聚集回來的一切化身佛，都知道我所要告訴大眾的道理。」這個道理就是說，諸佛子等如果有人能夠護持這部《妙法蓮華經》，應當如何去發起大願，來讓這一部經典中的眞實義久住世間呢？

那麼諸位參酌一下，發了大願要讓這一部經典的眞實義久住於世間，不管是人間世間、天界世間，要讓它久住於世間，首要之務是什麼？第一步是什麼？（有人回答：破邪顯正。）破邪顯正是第二步。就是要先親證嘛！一定要先實證，你總得要把　釋迦牟尼佛的所知所見先證悟了，悟了以後你就可以進入　佛的所知所見。當你已經進入　佛的所知所見以後，就可以回過頭來打開　佛的所知所見給眾生看；眾生若是看不清楚，你再從各個不同的層面、不同的面向來示現給眾生看；示現了，接著你就教導眾生怎麼樣去證悟，去悟得　佛的所知所見就是如來藏；當眾生悟得了之後，再引導他們一步一步進入諸佛的所知所見中，這就是《法華經》的開、示、悟、入的宗旨。所以第一步就是要自己先證悟，如果你沒有辦法悟得諸佛的所知所見，那麼 佛陀講《法華經》就白講了，祂顯示給大家看也是白白顯示，大家都沒有辦法證悟，也就無法進入。

所以 世尊說「**當發大願令得久住**」，**當**就是未來應該要怎麼樣，**當**就是還沒有現前，也就是將來。你發了這個願以後，將來應該要怎麼樣使這個大願可以實現而令此經久住世間呢？你第一步要先實證。所以，印順法師有一句話講得很好：修學佛法的首要之務，是什麼？（有人回答，聽不清楚。）請大聲一點！（有人答：見道。）他講的學佛首要就是見道，見道是首要之務。問題是，他說了這一句話，結果又主張說「**凡夫的人菩薩行也可以成佛**」，眞的叫作不知所云！他自己不知所云，竟還不知道自己不知所云，這才是可悲！所以，他都還不夠格當自己的知音。

因此說，應該要發大願，要去思考怎麼樣可以使正法久住。當你思考完了，如實履踐，並且要去作出成績來。那麼這樣作的人，就是在護持這一部《妙法蓮華經》的人。凡是這樣護持《妙法蓮華經》，不是只在科判上面講一講，不只是依文解義，而是眞的有去作出來，世尊說：「這樣的人就是供養了我釋迦牟尼以及多寶如來。」那麼在這裡就要請問諸位了：「捫心自問，你有沒有供養了釋迦如來？」（有人回答：有。）答得好，但是太小聲。你們有沒有供養了多寶如來？（大眾回答：有！）太棒了！

《妙法蓮華經》上週講到一百一十三頁第二段，這第二段中有一些意涵還沒說完。這是說：「譬如大風吹小樹枝，以是方便令法久住。」這其實是不得不然，因爲如果要讓小樹可以成長，而且長大後是堅韌不壞的棟梁，就應該常常有大風吹一吹，在不會折斷的情況下，極盡可能地把風吹大一點。這是必須要作的一個方便，因爲這一些小樹的枝葉看起來都小小的，如果一直都沒有風來搖動它，它就會在完全不動的狀況下長大；但是它將來長大了不能成其爲棟梁，一定是很容易就會折斷了；所以一定要每天有大風把它吹一吹，不斷地吹，只要它不會被折斷就行，然後靜止無風一段時間讓它修復。所以，應該吹風時能吹多大就盡量吹多大，這樣才能夠令正法久住。

說了這個道理，諸位有沒有聯想到什麼呢？爲什麼　世尊要這樣講？（有人說話⋯）大聲一點！沒關係。這就是說，眾生是須要鞭策的，如果都不鞭策，例如不管他講什麼，你都附和說：「對啊！好啊！可以啊！行啊！」那他永遠沒有修正的機會，永遠沒有改變的機會，那麼長歪的就繼續長歪，質地也不堅硬，然後長到一半就折斷了。至於僥倖沒有長歪的，將來砍下來也不能成爲棟梁，硬要當作棟梁時，瓦片一疊上去，它就斷裂了，是因爲它的成長過程中沒經過大風常常搖晃的磨鍊。一般修行的眾生正是如此，所以必須要用境界大風來吹一吹。如果是草，就不理它，反正不管怎麼樣，它都不能成爲棟梁，既不會長成大樹，質地也不會堅固，草就是草。

如果這個眾生，他或者在天界，或者在人間，或者乃至在鬼神界、在畜生道不等，他的根性是將來可以成爲棟梁的，也就是說他不是聲聞，也不是無種性者，他將來可以成爲菩薩；雖然他現在也許造惡多端，也許正在壞法謗法，但你應該要鞭策他，要指出他的錯誤，不能一味地姑息，不能一味溺愛說：「我們要隨順眾生，要疼愛他們，不管他們作什麼事情全都作錯了，都不要讓他們生起煩惱，所以就不要指稱他們什麼地方錯了。」如果是這樣的話，他們有機會改邪歸正嗎？一定沒機會。而且他們的邪見與惡業將會越造越深重，他們所累積的那一些惡法種子，也會越來越堅固而不能毀壞。那麼他們本來是菩薩種性的眾生，未來可以成爲大法中的棟梁，結果因爲沒有大風不斷地把他吹啊、吹啊，最後就成爲不堪用的表相棟梁。不知道的人把它砍下來，奇怪地說：「這棵大樹爲何這麼輕呢？」然後放上去屋頂，瓦片一蓋上去，它就斷裂而使屋頂整個垮了。所以，你如果看見那些是小樹而不是草，你得要常常用大風吹一吹它的小樹枝。它一面長大，一面被你這個大風不斷地搖、不斷地晃，它那個樹幹就變得很堅固，最後終於長大而可以成爲棟梁，將來就是法門龍象，這樣對眾生是最有利益的。

但是，當大風正在吹小樹枝的時候，那小樹幹就會覺得很難過：「哎呀！不得了！我幾乎快要斷了、快要斷了。」但是大風很有把握不會讓它斷裂，就這樣不斷地吹它，於是未來就可以成爲法門龍象。當然這個未來，不一定是在這一世，也許是十世以後、百世以後、千萬世以後，或者乃至很多劫以後，他終究可以成爲佛菩提道中的菩薩摩訶薩，但是眼前一定要有大風不斷地來吹動小樹枝，使小樹幹頂起壓力來。這就是說，針對某一些人，他不愛樂聲聞法，喜歡的是成佛之道。我們可以判斷這個人一定是大乘的種姓，可是他也許不小心走入外道去了，也就是樹枝被拉到一邊而使樹幹偏斜了，一直往偏斜的地方不斷地傾倒過去，那我們要怎麼樣用大風把他往反方向用力吹，不但要吹正，而且要從反方向吹向另一邊而幾乎快倒了，然後把風停了，當他回復過來就剛剛好。

所以說矯枉一定要過正，譬如種樹，當它往另一邊彎曲已經很久了，你要把它拉往反方向的另一邊，那時不能只把它扶正；你若只是把它扶正，繩子一放開，讓它回復時，它依舊會是偏斜的。你得要往另外一邊繼續拉，得要超過正中央再繼續偏到另一邊，還得讓它偏一段時間，然後放開繩子讓它回復時，它的枝幹就正了。所以說，「矯枉過正」本來是個好名詞，可是現在被誤會成不好的意義了，就成爲指責別人的詞句；當有人說你矯枉過正時，就變成是在罵你了，其實矯枉過正才是正確的。有一些成語都被大眾亂用了，就好像「不求甚解」，不求甚解本是好詞句，陶淵明說：「好讀書，不求甚解。」也就是說，他讀書的時候不把原來的意思理解得太超過，超過就會變成錯誤的了。讀書讀經都一樣，可以深入理解，但是要剛剛好；甚解就是理解或解釋得太超過了，就會產生偏差。所以「不求甚解」、「矯枉過正」本來都是好名詞，而現在已被普遍誤會而拿來罵人了。

同樣的意思，你要矯正這個小樹幹，也必須矯枉過正；若是想要強化小樹幹，就得常常吹動小樹枝，每天有大風把它吹來吹去，晚上就讓它休息回復，然後它將來長成大樹時，就可以成爲棟梁。有些菩薩們是因緣使然，走錯了路，他們並不是故意走錯路，往往是因爲往世的惡緣而現在延續下來，依舊被惡友牽著走到岔路去了。可是你這一世跟他沒有什麼眷屬上的因緣，而你想要矯正他，將是很困難的；那就只好吹大風了，霹靂手段就是大風。那一些人被你的大風所吹時，心裡會覺得很難過，一定會很難過；但是等到難過的大風吹完了，大風停止了，他們從被吹過去的反方向，慢慢回復過來時，剛好就是正中央的正確生長方向；吹大風來把他們猛力拉回來，就是菩薩摩訶薩之所應行。當你正在吹大風的時候，也就是你大轟擊出來、舉出來的時候，此時你就是不能畏懼，不能過度疼惜眾生，正應該要舉出來大力評論。他們當時會很痛苦，但是過一段時間，等他們沉澱下來思惟過了，漸漸就會知道怎麼樣改正自己，他們未來世就可以成爲佛法中的棟梁。

諸位一定要瞭解這一點，所以與其說**我厭惡那一些學密的信徒們**，不如說**我更厭惡聲聞人**，爲什麼呢？因爲聲聞人將來成爲阿羅漢以後一定會灰身涅智，一定入無餘涅槃去，對眾生無所利益。然而那些走入密宗的人，即使他們現在很惡行惡狀在毀謗如來藏正法也沒關係，因爲他們可能十劫、二十劫、一百劫以後，將會回到人間，那時他們就成爲菩薩了，絕對不會走入聲聞道去，諸位要瞭解這一點。也就是說，我們所看的是很長遠的，不是只看這一世；而聲聞人只看這一世，這一世解脫了，他就走人了，死時就入無餘涅槃去了，對眾生無所利益。但是，這個走入密宗幹了大惡業的人，如果一百劫後回到人間，他未來一定會走上成佛之道，他對聲聞法一定沒有興趣。當他將來走上正確的佛道時，是不是要開始利益很多人？是囉！所以他們這一世死後若是要入三惡道一百劫，但我們是不是可以試著把它縮短成十劫、一劫、半劫或者十百千世？我們是不是可以這樣作？如果可以，我們該不該作？（大眾回答：該！）該呵！謝謝大家支持，我們就眞的會這樣作，那我們將來就眞的要開始吹大風了。眞的會吹大風，諸位就好整以暇，等著看我們將來把大風怎麼吹，這個就是令正法久住的方便。

可是鄉愿的人到時候難免會生起煩惱：「哎呀！你們正覺怎麼這樣子，你講你的法，他講他的法，你何必管別人？你是要幹什麼？」一定會這樣講。

但是，諸位要記得，假使人家這樣跟你講，你要怎麼回應？你就說：「對不起！張三兄啊！當有人冒充你張三，幹了惡事，說他才是眞的張三，你要不要出來講話？」要這樣講呵！因爲你如果不舉例講他，而被冒名造惡的人不是他，他就會覺得跟他無關，就說：「你不要當壞人，只要一片和諧就好。」那你要告訴他：「當人家冒充你的名號，在外面殺人放火以後，說他才是眞正的張三。你張三要不要出來講話？」也許他反問你：「這個跟你們佛教有什麼關係？」你就說：「有啊！因爲他們不是佛教，但卻冒充佛教，然後他幹盡了一切惡事，都說是我們佛教幹的；也就等於他幹盡了惡事，都說是你張三作的，那你要不要講話？」只要問這樣就好，要反問回去。

但這樣反問回去，其實也等於幫他建立正知見，以後他若是開始修行時，就不會走錯路，而造惡者也減少了害人的機會。也因爲我們不久就會開始吹大風了，所以諸位要記得這些話與道理。然而這其實只是方便手段，因爲你如果不這樣，無法使他們痛定思痛，他們將會繼續幹惡業，然後未來世就是在三惡道中整整一百大劫。如果我們現在讓他們痛徹心扉，當然他們會很生氣，可是過一段時間以後，他們會親自去加以檢討：「我們這樣是不是對自己的未來世有利？」他們一定會檢討，然後過個幾年，他們就轉變而開始去補救，針對過去自己所造的惡業，或者誤會而產生的惡業去補救。那麼死後應該下墮一百劫可能就變成十劫，或者本來十劫的就變成一劫，或者一劫的變成半劫，乃至變成十百千生就可以回到人間。這樣子，那一些人將來提早回到人間，還可以爲正法作事，道業也許可以有所實證。

也許諸位想說：「喔！你想那麼遠。」可是諸位要知道，成佛之道是三大阿僧祇劫，這一百劫、十劫、十百千生，就像一匹白馬跳過一個小水溝，很快就過去了。從三大阿僧祇劫來看，一百劫乃至十百千生，都只是很快很短的時間。所以大家眞的要看遠一點，否則你說「我是菩薩」，但是自稱爲菩薩的時候，所看的都只是什麼？只是一天二天、三年五年的事，那你認知的三大阿僧祇劫行道，要擺到哪裡去？所以心裡要有這個認知。因此要當惡人時，你要選擇一個時機，該當的時候就當；而那一些人十百千生以後，回到人間繼續努力修學了正確的法，也許再過幾劫他有了如夢觀，那麼定中或者夢中就會看見說：「啊！原來我過去世下墮三惡道是什麼原因。啊！就是那個張三菩薩把我們痛罵了一頓，讓我們在三惡道的時間縮短了，所以今天才能夠這樣實證。」那時他們會很感謝你啊！但是那個感謝要叫作遲來的感謝；因爲可能很多很多劫以後才會感謝你，但是現在這一世死前都會恨你，一見了你就討厭；可是那個討厭的時間終究會過去，過去以後，未來世永遠感激你。這時候，你要選哪一種？自己衡量吧。

所以，怎麼樣吹大風？什麼時候該吹？要吹什麼方向？你如果要當菩薩，就得要有這個認知。當大風吹起來的時候，大家都罵你，沒有一個人不罵你。可是吹過了以後，大風停了，那些外道的樹枝慢慢地回到正中央來，他們才會發覺說：「我如今在正中央，不像以前那樣歪斜。」他們就會知道：「原來你是大慈悲，沒有人願意幹的惡事，你竟然願意幹，眞是菩薩欸！」這個時候他們才懂得感謝你。被你吹得東倒西歪的這一些小樹枝們，將來都會是你成佛時座下的重要菩薩，他們都將是已經入地的大菩薩，都會在你座下。這就是諸位應該要知道的，世尊這二句話含有這麼深的道理在裡頭。我們也策畫了一段時間了，所以準備要對密宗吹大風了。可是，有誰知道這二句話有什麼意思？沒有人知道，都只是依文解義就算了。

那麼接著說：「告諸大眾：『我滅度後，誰能護持讀說斯經？』今於佛前自說誓言。」也就是說，希望大家不要怕當惡人，要發願出來護持、閱讀、演說《法華經》。大家都喜歡當濫好人，當大家都當濫好人的時候，問題就來了。比如說，警察也要當好人，檢察官也要當好人，法官也要當好人，那麼地方法院、高等法院、最高法院全都想要當好人，監察委員也要當好人，大家都來當好人。這時某甲殺了人，大家都說：「**不要理他啦！不需要得罪他，也不要判刑讓他難過。**」這是要讓他繼續去殺人嗎？對啊！因爲大家都要當好人，那天下會怎麼樣？後果可嚴重了。如果佛教界大家都來當好人，別人誤導眾生、甚至害廣大的弟子們同犯大妄語業，有人明知這個事實，眼看他們死後將會下地獄，竟然都不肯出來救他們，都只願意當好人而放棄救護他們免下地獄的時機，這樣究竟好不好呢？

所以不應該大家都去當好人，因此 佛陀鼓勵大家說：「**你們之中有誰在我滅度之後，能夠出來爲人演講這部《法華經》？**」當然不是依文解義而講。可是眞要把《法華經》的眞實義理講出來，那是要把佛教界各大山頭都得罪光了，就算是諸小山頭也將一樣被你得罪了。爲什麼呢？本來人家講《法華經》講得好好的，被你這麼一講，結果好像他們全都講錯了，那你是不是把人全部得罪光了？對啊！那這樣子，還有誰要來講？所以縱使眞的有人像我一樣知道其中的眞義，想來大家也都只願意依文解義，誰肯像我這樣講解？沒有啊！所以，沒有人當惡人時就由我來當。我不怕當惡人，只要對眾生有利益就行。可是 佛在這裡鼓勵大家要出來當惡人，這部《法華經》中的眞實義理，你該講的時候就得出來講。所以 世尊才問：「你們誰願意出來講？」有一些些點名的意思，對不對？「誰願意出來講？」可是又怕有的人不敢承擔，所以 佛陀當然要解釋一番。

也許你說：「這沒有什麼難嘛！哪有人當了菩薩還不敢講？」我告訴你，可不是你想的這樣，因爲有好多人從聲聞迴入菩薩道，而且已經證悟而被授記了，他們都還不敢，大部分菩薩都不敢在娑婆這個人間演講《法華經》，都還會挑選說：「我到別的世界去講，我不要在娑婆世界講。」爲什麼呢？因爲可能會被罵、被打、被殺，所以不敢講的菩薩是很多的。他們會選擇說：「我到別的世界去講，因爲別的佛世界有很多是像極樂世界那一類的有情，都是諸上善人；在那裡眞正講出來，都不會被罵、被打、被殺。」所以 佛陀當然要說：「未來你們誰要在這裡出來演講此經啊？」然後把爲什麼要講的道理講出來鼓勵大家，所以說：「其多寶佛雖久滅度，以大誓願而師子吼。」

這是什麼意思？這好像沒什麼特別的意思，表面上就只是說：多寶佛已經滅度很久了，祂因為大誓願所以來護持《法華經》。如果真是這樣依文解義的內容，你們不必來聽我講，人家早就講過了。「其多寶佛雖久滅度」，請問各位「釋迦牟尼佛」們：你們的多寶佛滅度多久以來？你們的多寶佛滅度多久了？是無始劫以來已是滅度的。請問你的如來藏有五陰嗎？沒有嘛！有沒有受生死？沒有！那是不是無餘涅槃？是。那不就是已滅度嗎？你的多寶佛如來藏在無餘涅槃中住，已經住多久了？無始。不知道什麼時候開始，就已經住在無餘涅槃中，對啊！那不是「久滅度」嗎？「雖久滅度」，但是卻用「大誓願」來作「師子吼」。多寶如來師子吼就是說，凡有佛在人間應化，化緣即將圓滿的時候講《法華經》，祂就來聽，證明應身佛所說《法華經》的內涵如實而不虛謬，這叫作「師子吼」，從表面意思來看是這樣。

但是，我們不能只是說表面意思，因為那叫作依文解義，一定招來三世佛怨。這個「師子吼」且置，先來談談什麼叫「大誓願」。你的多寶佛有什麼大誓願？這誓願可大了，你絕對無法跟祂相提並論，你只能效法祂。這個

「大誓願」講的是什麼？例如慈心好了，有生緣慈、法緣慈、無緣慈。生緣慈，是緣於什麼？緣於眾生五陰去生起慈心，可是你所緣的眾生，不管怎麼樣都是有生死的，最長的壽命不過就是無色界非想非非想天的八萬大劫，而且是不中夭的才能說是最長壽；可是無色界天沒有色陰，你如何能夠對他有慈心的作用？因爲及不上他，所以最多就是色界天。色界天眾生的壽命不到一萬劫，所以你對他的慈——你發了誓願對這些眾生起了慈心來利樂他們，你能利樂他們多久？也還是有限度的；因爲你有所緣，緣於眾生的五陰。在生緣慈上面，對眾生的利樂最長時間就是這樣，是以每一個有情五陰的壽命來說，當然稱不上是大誓願。

那不然說法緣慈好了，法緣慈是依無生法忍而發起的慈心，那所緣是不是眾生？還是眾生身上所有的諸法，就是從眾生身上都有的如來藏，以及眾生如來藏中含藏的所有諸法作爲所緣，因此而有平等心；可是如來藏所生的諸法仍然是有生滅相，發這樣的誓願能稱爲大嗎？還是不能，因爲不可能是無窮無盡。有許多眾生雖然你以慈心利樂他們，其中有許多眾生還是會入無餘涅槃的。所以只剩下一個慈，叫作無緣慈了。無緣慈，請問諸位「釋迦牟尼佛」——因地的「釋迦牟尼佛」：你們能夠永遠都是無緣慈嗎？或者說只有你的「多寶如來」才能夠永遠對你都是無緣慈？對啊！不管過去世的你怎麼樣，祂始終是無所緣而以慈心來利樂於你；盡過去劫如此，盡未來際亦復如此，都是無所緣而永遠有慈心，這才是無窮無盡的慈。

這種慈是無窮無盡的，而且祂永遠都是這樣子來利樂你這個五陰，這是祂永遠的大願。祂的無緣慈到底是以什麼爲緣而稱爲無緣大慈？以祂的眞如法性——一味清淨眞如永遠無所分別，永遠利樂於你而永無窮盡，不會被三世所中斷，祂這個誓願是不會改變的。你自己的「多寶如來」永遠不會改變這個誓願，那你說這個誓願夠不夠大？得是盡未來際的，這才是眞正的「大誓願」。因爲你的多寶如來有這個大誓願，所以你一步一步往前進而越來越寂靜，而且越來越能夠對更多的眾生施以慈心，最後你究竟成爲自己的「釋迦牟尼佛」——成爲究竟位的「釋迦牟尼佛」以後，就是眞正的「能仁寂靜」，並且還是永遠的能仁與寂靜，永遠利樂眾生永無窮盡，而你所依的就是你自己的「多寶如來」這個「大誓願」。

那麼這樣的大誓願來作師子吼，請問你的多寶如來再怎麼師子吼，會改變你自己的眞如心—多寶如來—的能仁與寂靜嗎？永遠都不會。你的「多寶如來」不斷地熾然說法——熾然就是「非常熱烈、非常清楚、非常分明」地爲你說法，這樣才叫作「師子吼」。因爲祂說的這個法沒有人能及，沒有人能夠仿效祂。而這個熾然說法，自無始劫以來如是，現在如是，盡未來際亦復如是；一切錯誤的法來到祂這裡，都可以由你對祂相提並論來作比對，然後證實爲無常之法。祂這樣的說法永不改變，那是不是「師子吼」？當你找到了你的「多寶如來」，一切錯誤的說法來到祂所說的法面前，全都不許商量：錯就是錯，沒有討論的餘地。而祂也不會跟你說：「放馬一次好了，作一次人情給你好了，這次算你對。」祂永遠不會，祂永遠都是如實說出眞正的法，永不改變而不通商量；錯誤的法就是錯誤的，祂不會賣人情給你說：「這次算你對好了。」祂從來不會，祂就繼續把如實的法顯現給你看，決不改變，不通商量，所以祂眞正是在「師子吼」。

也許有人在心裡說：「奇怪！你講得活靈活現，可是我也沒有聽到什麼師子在吼。」問題是，你得要用法眼來聽、用慧眼來聽，不能夠用世間耳朵來聽祂說法，而祂「師子吼」是聲傳無盡之遠。所以要能夠這樣子，才能夠說：「其多寶佛雖久滅度，以大誓願而師子吼。」否則的話，哪一天你修成了六神通，找找看說：「現在哪一個佛世界有佛正在講《法華經》？我去看看多寶如來如何師子吼。」你一定看不見的，因爲「多寶如來」的「師子吼」是以祂的眞如法性，藉著本有的無緣慈利樂眾生永無窮盡，宣說正法熾然無盡，不是世間耳所能聽到，這才叫作「以大誓願而師子吼」。假使不信，沒關係，等未來親證時你就會了，那時你就知道了。找到如來藏了，你就知道。

那麼接著說：「多寶如來及與我身，所集化佛當知此意。」世尊說：「現前的多寶如來和我釋迦牟尼這個七寶塔五蘊身，以及我所聚集回來的一切化身佛，都應當要知道這個道理。」也就是說，你現在雖然還在因地，才剛找到自己的「多寶如來」，沒有關係，你應當要發「大誓願」：願我一切身口意，願我一切心所法，願我念念不斷，盡未來際的一切念，全部都能夠了知這個道理，不離這個道理。什麼道理呢？要同樣像「多寶如來」一樣，「雖久滅度」，但是要用「大誓願」爲眾生作「師子吼」，也就是將來要爲眾生如實宣說《法華經》。你們一定要立下這個「大誓願」：將來開始弘法時，要爲眾生演說這部《法華經》。

然而《法華經》講的是什麼？是十方法界中的一切佛教，以及一切諸佛之所知所見，要對眾生開、示諸佛的所知與所見，並且要教導眾生悟、入，就是演講這一部《法華經》。那麼，當你把一切都迴入《法華經》而發起大誓願，願意在你能力所及的範圍中，來為眾生宣演《法華經》的時候，這時你就是護持《法華經》的正法，這時你就是供養 釋迦牟尼佛和 多寶如來。世尊是這樣吩咐的，從事相上的 釋迦牟尼佛和事相上的 多寶如來，你要怎麼樣去供養呢？就是發起這個「大誓願」，願意盡未來際而作，只要有因緣就為人宣講《法華經》。你如果還沒有因緣出來開演《法華經》，因為時節因緣未到，那你應當教令你自己的「十方諸來一切化佛」，就是你的色陰、行陰、受陰、想陰、識陰，以及你自己的一切心所法，一切的心心念念都應當要護持此經。當你這樣作的時候，你就是在護持你自己這一尊「釋迦牟尼佛」和自己身中的「多寶如來」。這樣能不能作得到？當然可以嘛！對自己的「釋迦牟尼佛」、自己的「多寶如來」，至少應當有這樣的承擔，不然你當什麼菩薩呢？當人家稱呼說某某菩薩，可能你耳根都要紅起來了，所以應當要這樣。

在理上這樣子發了願，這個是「大誓願」。可是，事上也同樣要發「大誓願」，要不然大家都在理上發「大誓願」，可是都沒有人願意出來爲大眾講《法華經》，那《法華經》還是會滅了，所以事上還是要發「大誓願」。發什麼大願呢？要發一個大願說：「將來如果我能夠吹大風的時候，要對那些小樹枝們去吹大風。」也就是要鍛鍊他們不怕當壞人，大家弘法時都不鄉愿。要吹他們、磨鍊他們，讓那些小樹枝將來都具有很堅固以及很強韌的韌性，可以成爲眾生的所依。在將來成佛事相上，也得要發這個大願。也就是說，《法華經》的眞實意旨，你願意提出來演講而無所畏懼；即使眾生無法信受，你也願意講，只要其中有一小部分人能信受，你就願意演說。也許有人想：「我這樣作有什麼好處？我老是要當惡人。」有啊！怎麼沒有好處？你的成佛之道就會走得很快速。

舉個比方，某甲菩薩對於眾生都不斷地呵護，都不敢用小風去吹，更不要說是用大風吹，那麼那些小樹枝要怎麼樣成長？將來成長了能不能用？這就是個問題了。諸位從這裡就可以瞭解，他將來成佛是快還是慢？一定很慢；因爲他都快要成佛了，卻都沒有可用之人，那他要怎麼成佛？成佛時要有許多可用之人，要不然成佛時只有自己一個人，不必三年五年就被外道殺掉了。就是這樣啊！他身邊都沒有可用之人，難以度化有情。可是某乙菩薩，他不斷地吹著強風，只要那些小樹長到某一個程度可以吹更大的風了，他就用更大的風再來吹，就這樣子不斷地增強；始終都把握到一個增強大風的邊際，也就是他不會把小樹的樹幹吹斷。然後這些徒弟們將來很快速地成長，因為越刺激，成長就越快，也會越強韌。那麼他將來成佛時就會有很多可用之才，所以他未來世成佛就很快。

成佛並不是說：「我福德夠了，我智慧也夠了，就可以成佛。」不行！成佛時一定要有很多可用的大菩薩們來幫忙，你總不能自己一個人來人間成佛。所以，由這裡就能瞭解：有時候你該用霹靂手段去教導的時候，就得用。某一些眾生，他們這一世是永遠不可能親近你的，你心裡也很清楚知道；你就不必管他們今生會不會來親近你，要理會他們將來是可以被你所用的；當一劫後、二劫後，或者短一些，在十百千生以後可以被你所用，你將來可以用他來幫忙利樂有情，那你就不能讓他將來成為空心的木頭；你一定要讓他成長為紮紮實實的木頭，將來才能使用。所以你現在就得不斷地用大風吹他們，他們當然會恨死你了，可是將來卻很好用，這就是某乙菩薩該作的事。

至於你要當某甲菩薩，或者要當某乙菩薩，就自己有智慧來作個抉擇。如果你真的可以當某乙菩薩，那你就是已經供養了世尊和多寶如來。你也是供養了你自己的「釋迦牟尼佛」和「多寶如來」，這才是這段經文裡面最重要的道理。這樣聽完了，心量有沒有擴大一點？有啊！你們心量擴大了，我成佛就比較快一點，所以還是我得到利益。接著下一段：

經文：【「此多寶佛處於寶塔，常遊十方爲是經故，
亦復供養諸來化佛，莊嚴光飾諸世界者；
若說此經則爲見我，多寶如來及諸化佛；
諸善男子各諦思惟，此爲難事宜發大願。
諸餘經典數如恒沙，雖說此等未足爲難；
若接須彌擲置他方，無數佛土亦未爲難；
若以足指動大千界，遠擲他國亦未爲難；
若立有頂爲眾演說，無量餘經亦未爲難；
若佛滅後於惡世中，能說此經是則爲難。

假使有人手把虛空，而以遊行亦未爲難；
於我滅後若自書持，若使人書是則爲難。
若以大地置足甲上，昇於梵天亦未爲難；
佛滅度後於惡世中，暫讀此經是則爲難。
假使劫燒擔負乾草，入中不燒亦未爲難；
我滅度後若持此經，爲一人說是則爲難。
若持八萬四千法藏，十二部經爲人演說，
令諸聽者得六神通，雖能如是亦未爲難；
於我滅後聽受此經，問其義趣是則爲難。
若人說法令千萬億，無量無數恒沙眾生，
得阿羅漢具六神通，雖有是益亦未爲難；
於我滅後若能奉持，如斯經典是則爲難。
我爲佛道於無量土，從始至今廣說諸經，
而於其中此經第一，若有能持則持佛身。
諸善男子於我滅後，誰能受持讀誦此經？

今於佛前自說誓言。

語譯：【「這尊多寶佛住於高大的七寶塔之中，時常遊於十方世界，都是為了聽這一部經典的緣故，也是同時供養許多聚集回來的化身佛，而來莊嚴和放光明，裝飾各個世界的佛土；

如果有人為眾生演說這一部經典，他就是已經見到我釋迦牟尼如來眞身，也見到了多寶如來眞身以及無數的化身佛；

諸位善男子！應該要各自詳細確實思惟，宣講《法華經》這一件事情是非常困難的事情，應該要發起這個大願。

其餘的許多經典數量猶如恆河沙，雖然為人演說這麼多的經典，其實並不是最困難的事；

如果有人能把須彌山接在手上而丟到很遠的地方安置，乃至把其他的無數佛土一一丟到很遠的地方去安置也不困難；

如果有人以腳上的大拇趾來震動三千大千世界，並且用這個大拇趾把三千大千世界遠擲到其他的國土去，也還不是很困難；

如果有人站立於有頂天之中，為大眾來演說無量無數的其餘經典，也不是最困難的事；

如果我釋迦牟尼佛滅度以後在惡世之中，有菩薩能夠爲人家演述這一部《妙法蓮華經》，這才是眞正的困難。

假使有人能夠用他的手捉住了虛空，在十方世界中到處遊行，這個也不是最困難的事；

有人在我釋迦牟尼佛滅度以後，或者自己書寫或者受持，或者勸使別人書寫《法華經》，這才是眞正的困難。

如果以整個大地放在自己的腳拇趾趾甲上，把它往上托而放到梵天之上，這也不是最困難的事；

於我釋迦牟尼佛滅度以後在五濁惡世之中，能夠暫時閱讀這一部經典，這才是眞正的困難。

假使到了火劫來臨時，有人在肩膀上擔負著乾的細草，進入大火之中而不會被燒毀，這也不是最困難的事；

在我釋迦牟尼佛滅度以後，如果能夠受持這一部《妙法蓮華經》，乃至單單只是爲一個人如實演說，這才是最困難的事。

如果受持八萬四千種的法藏，和十二部經來爲別人演說，使那一些聽經的所有人都能夠獲得六神通，雖然能夠如此，這也不是最困難的事；如果有人在我入滅以後，能夠聽聞信受這一部《妙法蓮華經》中的眞實義，並且能夠如實請問其中的眞實義，這才是眞正的困難。如果有人說法能夠使千萬億，無量無數的恆河沙眾生，都獲得阿羅漢果而且具足了六種神通，雖然有這樣利益眾生的事情，也不算是最困難的事；如果在我釋迦牟尼佛滅度以後，能夠奉持像《妙法蓮華經》這樣的經典，這才是最困難的事。

我釋迦牟尼佛爲了弘揚佛道，在無量無數的國土之中，從一開始直到現在爲人廣說種種的經典，可是我說過的這麼多經典之中，其實就是這一部《妙法蓮華經》最爲第一，如果你們有人能夠像我釋迦牟尼佛這樣受持這一部經典，你就是受持了如來的法身。

諸位善男子啊！你們在我釋迦牟尼佛入滅以後，誰能夠受持此經、讀誦此經呢？今天可以在我釋迦牟尼佛面前，自己宣示而說出來吧！」

講義：「此多寶佛處於寶塔，常遊十方爲是經故，亦復供養諸來化佛，莊嚴光飾諸世界者；」這就是說，多寶佛永遠都處於這個「七寶塔」之中，永遠不停地「遊於十方世界」，都是爲了這部《妙法蓮華經》的緣故。諸位想想看，你的多寶如來是不是永遠住於你的七寶塔中？每一世都如此，不曾有一世不是如此。如果有人要說曾經有一世不如此，他就是入了無餘涅槃以後，佛菩提種子後來發芽，所以重新出了無餘涅槃，再來行菩薩道。那他應該無量無數劫前早就是阿羅漢了，不必在讀了我的《阿含正義》後努力再修才成爲阿羅漢。不知可有其人否？也許有人眞的這樣認爲，但是我認爲不然，因爲如果很久以前就已是阿羅漢，入了涅槃中再因佛菩提種子發芽而離開無餘涅槃，來修菩薩道的人，他不必讀我的《阿含正義》，今生一定是：直接讀了四阿含，就可以成爲阿羅漢了。

所以仍然要回到前面這一段經文中講的：你自己的多寶佛第八識雖久滅度，但是滅度以來無量恆河沙數的不可計數劫，卻仍然處於你自己的「七寶塔」中，常遊十方都是爲了聽聞此經。此經是什麼？是《妙法蓮華經》。但你喚什麼作《妙法蓮華經》？請問：你的一切妙法，如同蓮華一般清淨無染，這到底是說什麼？就是第八識如來藏。所以你的「多寶如來」都是爲了要讓你親證此經的緣故，也就是爲了讓你親證祂的緣故，要讓你證實自己的「多寶如來」確實存在的緣故，於是祂一世又一世不斷地住在你前世的「七寶塔」裡面，不斷地顯現七識心作爲莊嚴，就這樣子十方世界不斷地遊歷來到此世；講難聽一點，就是十方世界不斷地流轉生死，有時生天有時下地獄，就這樣不斷地流轉生死，都是爲了聽聞此經；說穿了，還是爲祂自己；可是爲祂自己時，卻不是爲祂自己，只是爲了讓你這個「七寶塔」可以清楚了知：原來「多寶如來」在我自己七寶塔中。可是讓你了知以後，祂仍然繼續保持原來的模樣，都不改變，該爲你「師子吼」時就繼續「師子吼」，讓你繼續修正自己；最後你成爲究竟佛時，祂就是究竟位的「多寶如來」，那時的你就稱爲究竟位的「釋迦牟尼佛」。大家恭讀《法華經》時，應該知道事相上的 多寶如來前來聽聞此經，在背後是在教導大眾這個密意。

「多寶如來」從事相上來說，祂處於七寶塔之中「常遊十方」，只要有應身佛爲大眾宣說《法華經》，祂就一定來聽經，都不會錯過。那麼祂來聽經的時候，就是「供養諸來化佛」。應身佛一定會把所有化身佛召集回來，多寶如來就放光來莊嚴這個佛世界，作爲對應身佛和一切化身佛的供養。當你將來成佛了，你自己的「多寶如來」就在你這個七寶塔中放光照耀你所有的心、色、一切心所法。當你的「多寶如來」在究竟佛位照耀你已成爲究竟佛位的五蘊時，那時你的每一個識、每一個心所法都可以各自獨立去運作，這不就是你的「多寶如來」放光莊嚴光飾你的所有佛世界嗎？

接著說：「若說此經則爲見我，多寶如來及諸化佛。」當你有一天如此爲人宣講《妙法蓮華經》時，你就看見「釋迦牟尼佛」眞身了，也就是看見了你自己的能仁寂靜佛，你一定會看見的。如果沒有看見而爲人家演講《法華經》，那不是眞的在演講《法華》，只是依文解義，因爲他沒有眞的見佛。講《法華經》的人得要先見佛，要見到自己的「釋迦牟尼佛」，也就是見到能仁寂靜佛。佛陀既然應許說：「如果演說了這一部《法華經》，就是已經看見我釋迦牟尼。」當你爲人演講《法華經》時，你應該眞的看見你自己的「釋迦牟尼佛」。但你自己身中有哪一位釋迦牟尼佛？就是第八識如來藏啊！

總之，三句不離本行，一定對啊！咱們就是專講如來藏妙法的道場，當然是講如來藏。所以當你爲人家宣講「此經」，講這部《妙法蓮華經》這個勝妙法時，一定要依於你對第八識眞如的現觀來說，否則你要怎麼爲人演講這一部經典？你若是只從事相上依文解義來解釋，會產生衝突的，沒辦法通達的。所以，你如果為人宣講《妙法蓮華經》，表示你已經看見了釋迦牟尼佛眞身，已經親見釋迦牟尼佛在你的七寶塔中安住。當你這樣看見的時候，就知道說：原來釋迦牟尼佛就是多寶如來，永遠同一體性——能仁而寂靜。這時你要應化一切眾生，是單單由你的如來藏來應化嗎？當然作不到，你的如來藏所應化的是很大根器的人，是大根、大器、大智的菩薩；你想要接引一般的凡夫菩薩們、一般的眾生們，你得要有諸多化身佛來幫你才行。

也許你說：「我現在還在因地，我能有什麼化身佛？」誰說沒有？你現在因地，至少有十一個色法可以當化身佛吧？一定可以啊！十一個色法知道嗎？就是五色根、五塵加上法處所攝色，這就是你的化身佛。但是不只如此，你藉著這一些化身佛來度眾生，就是藉著識陰六識以及各類相應的種種心所法來度眾生；而你應身佛本身也得要度眾生，就是由意根這個處處作主的自己——你自己本身釋迦牟尼佛，也有五遍行再衍生出來很多法，都可以拿來利樂眾生，這些都是你的化身佛。只是未到佛地而不能像 釋迦牟尼佛那樣化身到諸方世界去。

但我們就在這個世界中，把它擴及很多的世界，有多少世界？一百個人就是一百個世界，一個講堂坐了三百來人，就是三百來個世界。我們今天三個講堂坐滿了，這樣是有多少世界？加上二樓共有四個講堂坐滿了人，是多少個世界？就是一千二百個世界；所以我現在應身佛、化身佛都在運作，應身佛度一些人，化身佛也度一些人，這樣《法華經》中這個理也就通了。所以你在事相要通，在理上也得要通。因此，你演說這部《妙法蓮華經》時，就是已經見到了釋迦牟尼佛眞身，你已經見到了自己的釋迦牟尼佛。已經見到了你自己的釋迦牟尼佛，就是見到了自己的多寶如來，也同樣就見到了「諸化佛」。可是你的智慧如果不夠，到時候可就解釋不通，反而覺得奇怪說：「我的化身佛在哪裡？」所以，講《法華經》眞的不容易啦！但是悟後聽聞這個道理以後，便可以隨分而說，能說多少就算多少。

因此，由於這個緣故，世尊就勉勵大家說：「諸善男子各諦思惟，此爲難事宜發大願。」諸位都是善男子，妳們也是呵！因爲當妳找到了自己的多寶如來時，妳就已經成爲大丈夫了，當然是善男子了，難道妳的多寶如來還是個女人嗎？不是呵！對嘛！可是「善男子」其實是個通稱，例如你的「多寶如來」是男人嗎？也不是啊！這只是一個良善對象的通稱，所以 世尊就稱呼而說：「諸善男子啊！你們要各各都詳細而正確地思惟，為人宣講《妙法蓮華經》確實是很困難的事，可是仍然應該要發起這個大願心。」

因為這是一切菩薩成佛的必經過程，你如果逃避了這個過程，將來永遠都沒有成佛的可能；雖然這一部經很難講，你將來還是得要為人演講。單單像《金剛經》那樣講總相以及講一點點別相，都會被人輕賤。《金剛經》說實相心是「此經」，《實相經》講的也是「此經」，《妙法蓮華經》說的也是「此經」，總而言之就是第八識如來藏。只是如實演講《金剛經》都會被人輕賤，那麼你要如實演講這一部《妙法蓮華經》，比《金剛經》還要深入、還要勝妙、還要難以思議時，當然是更困難。但是，所有人的成佛之道，都不能迴避這個過程，所以你們還是要發起這個大願。

發了這個大願而且如實去履行，將來成佛才會快。晚十劫得要講，晚一百劫也要講，晚一大阿僧祇劫以後還是要講。你越晚講，成佛越慢，因為跟你修學的菩薩們所知所見都很狹隘，對於諸佛的所知所見也很少，當他們知見狹隘、心量渺小時，就很難成為大菩薩；當你所度的人很難成為大菩薩的時候，你想要成佛就會很困難，這是相對的。所以常常（我是說早期啦，現在不會了），早期常常有些人背後笑我說：「老師最好騙了，你跟他要五毛，他給你五塊錢；你隨便問個什麼，他就給你一堆妙法。」現在問題來了：人家要五毛，我給他五塊錢而不是給一塊錢，那麼最後到底是誰得了便宜？最後還是我得便宜，是因為大家進步快的時候，我成佛也就最快。

所以不用怕人家學法得法，大家進步越快，所能利樂的眾生就越多；大家利樂的眾生越多，我成佛也就越快，這是必然的。所以最會算計的人，他成佛最慢；最不會算計的人，他成佛最快。因此說起來，原來傻瓜才是眞正的智者，一般的聰明人都變成傻瓜。這樣子，可以把智者跟傻瓜都泯除了，專心利樂眾生，才符合 釋迦牟尼佛來人間為我們辛苦一世的宗旨。不然的話，一天到晚算計著：「你這個傻瓜，我最聰明了。假使我讓你跟我學到一樣的東西，你不就跟我一樣了？」你怕他跟你一樣，他進步緩慢，你成佛就跟著緩慢，法界中就是這樣子。那麼這樣想通以後，還要不要吝法？不需要吝法了！因為你所利益的眾生進步越快，你成佛就越快；你成佛越快，能夠利樂的眾生就越多，福德就越圓滿，這就是法界中的事實，無可改變。

所以，爲什麼講《法華經》是那麼困難，你還是要發大願？不要老是畏首畏尾：「我如果把這個眞實妙義講出去，那些不信的眾生一定要罵死我了。」不要這樣想。雖然這是可以預見的事實，將來《法華經講義》整理出來、印好了流通出去，一定有很多人私底下會罵：「這個蕭老師眞會瞎掰。」一定會罵的。但是不要管他們會不會罵，咱們繼續流通出去。他們總有一天會想通的，什麼時候想通呢？也許一劫後、二劫後，當他們開悟了以後，那時就會想通了。但我們先把正法的種子種進他們心裡面去，未來世當他們修到四地、五地時，總有一天會回想起來：「我將近二大阿僧祇劫之前，在娑婆世界聽過、讀過蕭某某講《妙法蓮華經》，那時候我還不相信。原來這部經典眞的如此難以令人信受，如今我要怎麼爲人家講解呢？現在換我要被人家輕賤謾罵了。」然後他就勇敢承擔起來：該罵就被罵，該講就繼續講。他就會如實爲人演講出來。因爲所有人都一定要經歷這個過程，這是無可避免的。所以說「此爲難事」，但是「宜發大願」。

「諸餘經典數如恒沙，雖說此等未足爲難；若接須彌擲置他方，無數佛土亦未爲難；若以足指動大千界，遠擲他國亦未爲難；若立有頂爲眾演說，無量餘經亦未為難；若佛滅後於惡世中，能說此經是則為難。」雖然是如此困難之事，但你還是得要發這個願，不能迴避，也不可能迴避。那麼難與易之間，世尊又作了一些譬喻：「如果把其餘猶如恆河沙數那麼多的經典，來為人家解說，這還不是最困難的事；如果把須彌山用手接過來，把它丟擲到別的地方去安置，遠到無數佛土之外也不是難事；即使說把其他的無數佛土，一一把它丟到很遠的地方去安置也不困難；如果用腳指頭來搖動三千大千世界，把它遠擲於他國也不很困難；假使還有人能夠到達有頂天，來為大眾演說無量無數的經典也不困難；如果佛滅度後到了末法之時的五濁惡世之中，能夠為人演說這部《妙法蓮華經》，這才是眞正的困難。」

這個「有頂」，得要為大家先作個解釋。「有頂」有二種，要看什麼場合說的有頂，不能才一聽到說是有頂，或是才一看見有頂二個字，就說那就是非想非非想天。因為有頂的意涵不完全相同，有二個意涵：第一種有頂說的是三界頂；若是講三界頂，當然是講非想非非想天，因為過了非非想天就是無餘涅槃，五陰全部滅盡了。但是，這一句話說「若立有頂為眾演說」，顯然是還有色陰、還有音聲可以為人演說，而且也有大眾，那麼這是什麼地方呢？當然是色界之頂。如果到了無色界就沒有色陰了，純粹是受、想、行、識的境界，那就不需要有諸天宮殿用以安住，也沒有色陰；當你這樣子處在無色界中，你沒有色陰的時候，還能為人說法嗎？而無色界的眾生也沒有色陰，能聽你說法嗎？當然也不行。所以這裡講的「若立有頂為眾演說」《妙法蓮華經》，當然是指色界頂。

色界頂就是色究竟天，一般說的色界頂是第四禪天，但第四禪天上面還有個五不還天，而五不還天之中最究竟的就是色究竟天，這不是普通的菩薩摩訶薩所能到；想要到色究竟天去，除了必須有初地以上的無生法忍以外，還要加上第四禪的禪定功夫。若沒有四禪的功夫，你有無生法忍也去不了。這就是說，這一句所講的，就是立足於色究竟天中為諸地菩薩演說無量無數經典，世尊說這也不是最困難的事。講到這裡，然後我們回頭來說：「諸餘經典數如恒沙，雖說此等未足為難。」四種「未足為難」之中，這一種是最前頭的。「未足為難」有四種，這一個是擺在最前頭的。也就是說，如同恆河沙數的經典，你一一請下來，一一為人家依文解義，這沒有什麼困難。依文解義誰都會，只是解得好、解得不好的差別，同樣是一個依文解義。

同樣依文解義而無差別，這有什麼難？雖然所說的經典如恆河沙，眞的不困難，因爲凡夫就可以作得到了。凡是依文解義，如果老老實實去講，其中有對有錯，但不是故意扭曲，就沒有什麼大過失。雖然如此解說「未足爲難」，其實也不容易，因爲到了末法時代，有很多人都會曲解，把意思給弄反了；這在現代佛教是很平常的事，所以對凡夫們來講，這個已經算是很困難的了。可是若能夠依文解義，而不把它解釋錯誤，不解釋爲相反，這也是很困難的；但是比起受持「此經」爲人演說，而且是在惡世之中，這就變得不難，實在是太簡單了。

那麼，第二個難就比第一個要難了，「把須彌山用手接過來，再把它丟出去別的地方」，這個確實很困難啦，顯然比前面那個要困難。爲什麼困難呢？有多少人敢伸手去接須彌山？你看諸方大師誰敢？就像我這樣去接過來，如今我已經接在手上了，有哪個大師敢伸手來接過去？沒有人敢接啦！如果我教他說：「你已經接到了，我已經把須彌山放在你手上了，你把它丟到遠方去。」他敢嗎？有誰敢？沒有人敢啦！你如果請我們親教師上來，他們就敢啦！你若是要叫諸方大師丟去遠方，他們可不敢。所以這個是很困難的事。因爲他們如果敢丟的話，就準備要下地獄了，這不能開玩笑的。再怎麼笨，也不會拿自己的未來無量世來開玩笑。不要說下去幾劫，只要下去一劫就好，到底是人間幾世？以人間的世代來講，到底是幾世？那不能開玩笑的，所以我說他們沒有人敢接、敢丟的。不信的話，你把四大山頭、五大山頭、八大山頭，你都去找一找，看他們哪個堂頭和尚敢？如果擴而大之，說要把無數佛土接在手上全部丟出去，他們更不敢啦！所以這比剛剛講的「**諸餘經典數如恒沙**」爲人家解說，顯然是要困難多了。證明這是很困難的事，但是這個事情如果比起爲人家如實宣說《妙法蓮華經》，那顯然就不算難了，已經不算難了。這意思聽懂嗎？也就是說，開悟遠比爲人依文解義講解《妙法蓮華經》困難很多，如實講解《法華經》又比開悟困難更多。

如果再接下來，用足指來攪動三千大千世界，這顯然比伸手更難吧！因爲我要舉起腳來也很辛苦欸！眞的辛苦，顯然是比剛剛那個接拋更難了，爲什麼呢？因爲剛剛那個接須彌山丟到他方世界去，只要明心也就夠了。可是要伸起足指來，把它丟出去，這還得要破相呢。破相聽懂嗎？閩南話老人家都會罵人：「你這個人破相了。」有沒有？破相了。破相是罵人的話，老人家說人家破相，就是罵人。譬如說，一個女孩子家，長得漂漂亮亮的，所謂吾家有女初長成，結果有一天突然間就跟一堆男生在泥巴裡面打滾，互相打來打去，老人家就說她破相。有沒有？罵她破相，因為她本來好好的一個大家閨秀，至少是個小家碧玉，如今好閨女的法相被破壞了，結果就被人家輕賤了。

請問諸位，不管什麼大山頭，有哪個大法師敢在法座上把腳趾頭伸出來說：「我已經把這個三千大千世界攪動，再把它丟到很遠的其他國度去。」有哪個大法師敢？全都不敢。因為作這件事情真的很難看，而且還得背負大妄語業的果報，來世要在地獄中待很久的。你們不信嗎？來！來！（導師在法座上想要以腳伸出來攪動……）唉！被海青纏住了！好不好看？真的不好看呵！很難看哪！可是當你有需要的時候，該不該攪、該不該丟？你應該伸腳把這個三千大千世界動一動，再把它丟掉，丟到他方國土去。真的好醜呵？真的沒風度，好粗魯呵？但粗魯的是誰？是五蘊！而你的「多寶如來」有粗魯嗎？你若是不敢破相的話，你就永遠作不到，你得要破相了才行。可是破相並不容易，也真的不容易。

還記得以前我公開講過：「誰想要看我脫光光，也行！一百萬元、一千萬元台幣捐了來，我當眾脫光光了給你看，我沒有問題。」我眞的可以啊！錢拿過來捐給同修會，可利益好多人啊！當然可以啊！我不要一分一毫，只要能利益眾生，又滿了他的願，這有什麼不行？眞的行啊！但我爲什麼要這樣宣示？是因爲早已破相了。如果是你們捐的錢，你們不會這樣要求的，一定偷偷捐了，連我都不知道，不會要求我當眾脫光。到哪一天，也許有一件事情，可能都過了好幾年，有個因緣才有人提起來，我才會知道：原來誰捐了一筆大錢來，沒要求我脫光身子。往往我都是最後知道，眞的後知後覺。可是外面眾生，如果他們眞的需要我那樣，也行啊！但是有幾個人敢？大約是不敢啦！

當你能夠破相的時候，表示你根本不在意生死了。你若不在意生死，才敢破相，就敢伸腳攪動三千大千世界，就能爲人演說此經。如果還在意生死，你就破不了相，你想要找一個大師伸出足指去攪動三千大千世界遠擲他國，一定找不到。因爲凡夫不敢，聖賢們也不敢，想一想說：「這像什麼？這麼莊嚴的佛法，怎麼你敢這樣玩弄起來？眞是不敬。」但是我告訴你：「這樣

才叫作莊嚴，這才是眞實的莊嚴。」若是沒有辦法破相，那表示還在賢位中，所以有好多的顧忌，很多事情都不敢作；應該作的還是不敢作，不是因爲考量能不能成功，而是考量到自己的形象，所以該作的事情就不敢作。但是當你確實破相以後，沒有什麼不敢作的，只要對眾生是有利益的就可以作，沒有所謂的犧牲；形象搞壞了也無所謂，沒有所謂的犧牲這回事，只要是利益眾生就行。

所以你們看最高位的菩薩們，他們怎麼作？例如布袋和尚好了，他其實是 彌勒菩薩應現，有時可能在兜率陀天講經到一個階段，就先休息一段時間，去人間瞧一瞧：**「我未來要度的徒弟們，現在到底怎麼回事了？我需要先去作些安排。」**就下來瞧一瞧，所以來人間示現一下。以兜率陀天來講，兜率陀天的時間很長，下來人間如果是度過一百年，也不過就只是忉利天裡的一天而已，只是兜率天中的三個時辰（這三個時辰中，可以作人間百年之事，時間很長）；他來人間示現一下，一個拄杖頭挑著布袋經過市街，人家賣各種漬物，說比較粗俗的例如黃蘿蔔；黃蘿蔔知道嗎？日本料理常常在吃的那個，那也叫作漬物。他看見了就跟人家伸手要，當人家給了，他拿過來咬一口，就往布袋裡面丟。不管看見人家賣什麼，就伸手說：「給我一些。」人家拿給他，拿過來咬了一口又丟進布袋裡去。

「哪來的瘋和尚？」世人都以爲是瘋和尚，誰知道他是大菩薩。有時候遇見了參禪遊方的僧人，他就追上去，往人家肩膀一搭，人家轉過身來，他就伸手：「給我一文錢。」有時候又遇到另一個人，也是一搭，對方轉回頭來看，他又伸出手：「給我一文錢。」他專門跟人家要一文錢。拿到了，他也不是去買東西，一樣往布袋裡丟。有個僧人可能是聽到這個當代的典故，他便刻意來相見，布袋和尚又伸手：「給我一文錢。」這個僧人就說：「道得即給。」是說：「你若講得出來，我就給你。」他的膽子眞夠大，來問妙覺菩薩講不講得出來。布袋和尚從肩頭把布袋放到地上，就又起腰來；但這個僧人沒了下文，原來只是一個凡夫。你想，布袋和尚可以這樣子，讓人家當作瘋子都無所謂，這樣的人什麼事情都可以作，無所顧忌，無所謂面子的問題，也無所謂身分的問題了。

你們再看看那寒山跟拾得好了，寒山常常在天台山國清寺裡面爲僧眾燒火，幫拾得的忙。有一天僧眾正好在誦戒，拾得牽著牛要出去吃草，聽到正在誦戒，他就靠著大殿的門說：「不好好修行，一天到晚在那邊誦戒幹什麼？」然後，那主持誦戒的和尚就罵起來：「這個瘋狂的下人，破我說戒。」趕他了，竟然罵他是下人。然後他拉著牛，叫著一個已死僧人的名字說：「某某啊！走啊！吃草去呵！」那牛就「哞！」答應了，他就撫掌說：「前生不持戒，人面而畜心；汝今遭此咎，怨恨於何人。」他是國清寺僧眾的下人，他的好朋友寒山，有許多時候拾得不在寺裡面，但寒山有時候會來，穿著高腳木屐，就像日本人穿的那一種；他帶了一個竹筒揹在背上來到國清寺中，拾得就把剩下的菜飯裝一裝，他帶了就回去山中；就這樣子過生活，他有什麼相可說？但他是誰？是 文殊菩薩啊！拾得也是大菩薩，據說是 普賢菩薩來示現，也被僧眾罵是瘋狂的下人。但在《法華》會上，文殊菩薩到了後面該上場的時候，他才會上場，因爲他是很重要的要角，要在後面才會上場，他當然清楚知道何時該何人上來說什麼話。

那拾得呢，拾得被命名爲拾得，是因爲他小時候在路邊哭著，國清寺的寺主看見這小孩子沒父沒母就把他拾回來，將養了起來所以叫作拾得。這拾得有一天看見人家上供 普賢菩薩，供好了，僧眾都離開了，他就爬到案上去，坐在那邊吃起來。後來有僧眾看見了，大呼小叫就把他趕下來。他上去吃，有什麼不對？因爲他就是 普賢菩薩化現的。「既然你們要供我，我當然要吃。」（大眾哄堂大笑⋯）這是一定的嘛！可是僧眾並不知道他上案去坐在那邊把食物吃了，是來成就僧眾供養的大功德，幫人家成就功德還要被人家罵（大眾笑⋯），多冤枉！但他有沒有辯解？沒有！他沒有辯解。至於護法神們也不敢對他怎麼樣，有一次，他還拿了杖子打護法金剛神。山門外不是有護法金剛的神像嗎？被他打了以後，就去跟寺主託夢：「拾得打我。」人家特地要挨他打，還很難欸！那護法神也不知道他是誰，被打了，竟然還去抱怨。爲什麼呢？因爲拾得罵他：「汝食不能護，安能護伽藍乎？」這是說：「你自己的食物都護不了，鳥來就把你的食物都吃光了；那只是小小的幾隻鳥，你自己連食物都護不了，能夠護持什麼正法？」對啊！那麼你們看，他們有什麼相？一切相都破盡了。

這就是說，他們的習氣種子已經破盡無餘了，連異熟種都已經快要破盡了！諸地菩薩就效法他們努力斷除習氣種子，才能夠當眾「以足指動大千界，遠擲他國」，眞的要破相才能夠作得到。有誰敢在法座上把腳指頭伸出來？沒有人敢這樣作的，因爲大家都很注重個人的法相是否莊嚴；凡夫大師們就更注重了，凡夫大師會怎麼講這段經文呢？「若—以—足—指—動—大—千—界—」，這就是標準的凡夫大師（大眾笑…），好啦！笑一笑也好啦！讓大家消消食。那麼，諸位這樣看看，有這三種難，世人都作不到；可是這三難，來到演說《法華經》這件事上面就不是很難的事。這三種事情確實很難：爲人們廣說無量諸經不爲難，接須彌擲置於他方不爲難，以足趾動大千界遠擲他國亦不爲難；可是從世間大師的凡夫境界來看，這三個眞的都很難，你們可以衡量一下，看當代佛教界有多少人能作到？五隻指頭伸出來，你連一根都沒辦法數，因爲連一個都沒有。

有誰敢說他可以「諸餘經典數如恒沙」，全部都有智慧爲人宣講？誰敢說他有能力出來宣講？沒有。這都已經很難了，如果再要「接須彌擲置他方」就更難了；但是，如果要以足指來攪動三千大千世界，這是要破相的，也就是說他根本就已經把我所執、我執給斷除了，他根本無所謂相與不相的問題，這又更難了。但是，如果眞要說難，這還不算是最難之事，在世尊入滅後，到了五濁惡世時，也就是到了末法時期爲人家如實演說《法華經》，才是最難。那麼還有一難，且聽下回分解。

上一週《妙法蓮華經》我們有談到，「譬如大風吹小樹枝」，也許當時諸位沒想到什麼大風會吹起來，吹這大風之目的，是要救那一些誤入歧途的羔羊，因爲他們是沒有能力的小羊；假使他們是已經長成的羊，至少頭上還有角可以稍微抵抗一下那些邪法惡勢力；但因爲都是羔羊，根本沒有能力抵抗；那我們用大風吹一吹，這些小羊們被吹得東倒西歪，可能有些被轉回頭，就會往回頭路吹一點、走一點，也許他們再撥亂反正就回到中道了。所以這一個社會教育活動，我們一定得要進行到元宵節，我們現在加緊趕工，還在印一些文宣品。針對這一陣大風，配合的一些小旋風得要繼續去吹，特別要作到這個元宵燈會結束。這樣我們花三百萬元來破斥達賴雙身法的廣告費，才不會白花。

賺錢很辛苦，對不對？諸位捐來的都是辛苦賺來的錢，我們一定要讓它的邊際效益達到最大；所以最好就是以元宵燈會作完結篇，把它圓滿起來；在各地元宵燈會結束的時候，請大家在每一個人群散去的地方廣發。那些人不可能被我們度來，但是可以救護他們遠離密宗的殘害，這樣我們就有了財施、法施還有無畏施，三施具足。而且，你們去發的時候是怎麼樣呢？是親手施、自手施，而且發得及時，因爲現在正是達賴等人在台灣最努力擴張的時節，我們發得正是時候；而這個破達賴雙身法的廣告，以前我們有計畫過，但沒有眞的實行，是因爲時機還沒有到，作了一定是白花錢；但因爲這三、四年來，我們已經在高雄抗議達賴藉八八風災來台歛財，這二年大家又努力去分發那些破《廣論》邪法、破達賴邪教的文書，所以現在認同的人開始願意站出來；而我們也研究了很久，認爲這個時節因緣可以了，應該把廣告的效果再加以推動讓它發酵起來，目前已經有一些發酵的效果出來了，但現在都不便宣布，希望後續的文宣繼續去推動，達成把達賴趕出佛教界的目標。

諸位可以在娑婆世界種大福田的時間只有九千多年，這九千年過後沒有正法了，你還有什麼正法大福田可以種？沒有了，除非我們因爲努力去作，假設能夠把佛陀預計的末法結束時間再延個幾百年、一千年。如果能夠這樣，那是十方諸佛皆大歡喜，諸位想想你的功德多大。那麼最多再延一千年好不好？也不過就是一萬年出頭。頂多只有一萬年出頭能夠修集福德，其他時間還是得去彌勒內院進修。去了那邊還能有什麼福德可修？沒什麼機會了。有的人比較沒有信心說：「不然我往生去極樂世界好了。」或者說：「我去琉璃世界好了。」然而生去那邊，你能對誰修福德？誰會接受你的財施、法施以及無畏施？都沒有啊！所以你沒有福德可修，只能在法上進修而已；但是你福德修不到了，法上的進展也就跟著受限了。

這一件事情——把附佛法的外道驅離佛教的事情，也就是把達賴率領的邪教從中國佛教中驅逐出去的事情，以前在天竺北方失敗過，然後轉進到南方海邊去作也是失敗，最後只好離開天竺生到中國去，後來在西藏與達賴五世抗爭也是失敗了。諸位也是這樣和我亦步亦趨，所以你們以前也都是印度人，後來是中國人，如今生在台灣。台灣算不算中國？是！因爲我們現在是佛法所說的中國！呵呵呵！但我們也都是同一國人，叫作佛國人。我們這件事情如果能夠成功，這是千餘年來一直沒有成功過的大事，今生終於可以使它成功，把達賴邪教趕出中國佛教，我覺得有希望。

以前我們在西藏沒有成功，因爲政治約束所以沒有成功。我們有好多同修應該今天都在場，其中有一位中醫師，年輕時常常夢見在山裡面被人家拿著棍子追啊、趕啊、跑啊！夢中老是跑不贏。他每年都常常作這個夢，一直到去宜蘭看見一間佛寺，進去禮拜以後 佛陀放光照他，然後那個夢才消失掉。還有一位師姊以前也是常常夢見，那些穿著密宗喇嘛衣服的人打殺他們，他們都拚不過，只好逃了。我們也有一位助教老師也是這樣夢見，她守著門，不讓那些喇嘛進來；可是他們硬闖進來了，當著她的面，手起刀落，我們的人，頭就掉落地上去，就是這樣子。我們的同修們夢過這種事情的人很多，表示我們曾經在西藏一起生活，如今又聚在一起，爲了把達賴等人從佛教中趕出去，再來一起奮鬥。

又如我當年正在寫《狂密與眞密》時，那時我的大女兒剛嫁不久，我就用她的房間當書房；有一天寫到很晚，我想不要去三樓房間睡覺了，免得吵了人；於是我就在書房睡了，不想上去吵醒我同修。剛躺下去，因爲以前有時間，睡覺前我都會先入等持位，去看看有些什麼東西可以看。結果那天晚上，看見一幕又一幕影像，都是在辯經。辯經我們都是贏了，但是贏了之後才過幾天，喇嘛們就來殺我們；他們人多勢眾，於是我們就會失掉一座寺院。每次失去寺院時，都是被殺死的殺死，受傷逃跑的逃跑，我們人數又少了一分。然後，接著他們又來另一座寺院裡面與我們辯經，我們又贏，然後再過幾天，他們又來打殺，搶我們的寺院。我們就這樣每次贏了辯經，每次被打殺而失掉寺院，最後寺院都被奪光了。那時前後總共死了好幾百人，被打傷的就不說它，單單死掉的就有幾百人。

我們以前在覺囊巴的時候，因爲提出「他空見」，說如來藏才是眞的空性，五陰我是假的，不是眞的空性，主張眞正的空性是講如來藏，祂才是眞的空性。他們主張五陰自己就是空性，與我們完全不同，就要消滅我們。當時看見這些影像時，我說：「**這個事情眞的很慘烈，**」我想：「**該睡覺了，就作個結論吧！**」然後我就自己作了一個結論：「**經過六、七次辯經的勝利，以及隨後而來的泥濘地上的混戰，覺囊、達瑪就被薩迦、達布消滅了。**」然後我就要入睡了。可是當時又想：「**不對啊！這些名詞我以前都沒聽過，也沒有讀過。薩迦派，我知道；達布？我沒聽過也沒讀過，那我怎麼會下了這麼個結論，說是達布消滅了我們？**」我相信，密宗裡面的達布，沒幾個人知道。諸位有幾個人聽過呢？沒有啊！我自己也不知道，但我當時爲什麼會下了這個結論？

然後，覺囊達瑪？我有聽過朗達瑪王，可是後來知道沒有覺囊達瑪，但我為什麼會下這個結論？當時我說：「不行！我明早起床時一定會忘記。」我這個人記性一向不好，尤其是沒聽過的名詞，明天醒來一定忘了。趕快爬起來拿張便條，隨即把這個結論記下來。那時我們還在中山北路六段的地下室講堂共修，我上課前就找了余老師，那時好像林明忠也在場；林明忠今天沒在九樓講堂聽經，可能在別間講堂；當時可能他也在場，好像張哲聰也在場。他們都是從密宗轉過來的，我就問他們說：「奇怪！我怎麼看見這種事情？然後我下了這個結論。請問你們：薩迦，我知道，達布到底是什麼？」他們當時也都說不知道。他們那時學密已經十幾年了，也沒聽過達布這個名詞。關於覺囊達瑪，他們有聽過朗達瑪王被達賴五世消滅的，可是也沒聽過覺囊達瑪。後來經過五、六年，有一位蘇老師幫我查到有個達布派。據說達布派後來分裂為九個派，所以消失了；已經消失很久、很久了，所以現在幾乎沒有人知道以前有個達布派；就好像蘇聯分裂成很多國以後，蘇聯已經不存在了，達布派就這樣消失了，原來還眞的有達布派。當時我下了結論說「覺囊、達瑪就被薩迦、達布消滅了」，覺囊達瑪其實就是覺囊巴跟朗達瑪，但是這二個被達賴等人指控破壞佛法的，其實才是擁護眞正佛法的。

流亡印度的達賴喇嘛要求獨立，他其實沒有理由能講獨立。我現在不是在講政治，而是在講歷史，因爲他們獨立或不獨立，跟我弘揚佛法無關，我是在講歷史，而且是有史實記載的。當然還有歷史上沒有記載而我知道的事情，但是說出來也沒有憑據，不會有人相信。那時達賴五世—因爲他們是政教合一—爲了消滅覺囊巴，爲了消滅我們的「他空見」，他必須要先把支持我們的國王消滅。可是他沒有這個能力，於是他去向蒙古借兵；可是蒙古人不肯借兵，他們就怎麼設計呢？就藉清朝的名義，去尊崇清朝皇帝說：「皇上！您就是文殊師利菩薩轉世，是大法王。」就這麼一個「封神」，蒙古人心裡面就想：「原來清朝皇帝是文殊大菩薩，那我們應該要接受他的指派；如果清朝皇帝是文殊大菩薩，要我們幫助達賴把支持覺囊巴的國王消滅，我們就該去打仗。」所以蒙古就派兵出來達成五世達賴的心願，因此達賴五世就宗奉清朝作他的主子，歸降於中國，西藏從那時起就已經歸屬於清朝了。

當時蒙古也歸屬於清朝，西藏也歸屬於清朝；既然都已經成爲清朝的一部分了，現在主張什麼獨立？本來就是清朝的一部分，從來就是清朝的一部分，卻是從達賴五世開始的。達賴五世自己走上的這一條路，達賴十四世又自認爲是從五世轉生到今天，這可不能再自己否定吧！因爲他自稱是達賴五世轉世而來。雖然事實上並不是，但因爲他說是同一人，我們就姑且承認他是，那他就不能自己毀約啊！所以，他今天說西藏要獨立，其實是沒有理由的，因爲他本來就屬於清朝。既然宗奉清朝爲他的皇帝，歸清朝所管轄而已經跟清朝合併了，今天他哪有理由主張獨立？

所以，達賴喇嘛去到世界各國提出西藏獨立的時候，人家各國領袖問到中國，中國把這個歷史事實鋪陳出來，各國領袖也沒話可講，所以今天他是自食其果。說實話，其實達賴喇嘛也很冤枉，因爲達賴五世又不眞的是他；但達賴五世造的人間業，他今天當然得要承受，原因是他自稱是達賴五世的轉世。所以很多事情，大家都只看見表相，說西藏古時的某某王是破法者。這可不一定！因爲整個西藏密宗的歷史，被歷世達賴所掌控的時候，就是他們怎麼寫，大家便怎麼信；而實際上他們寫的是眞實的嗎？是眞的「不眞實」！就像達賴十四，他在印度搞了多少暗殺案件，可是諾貝爾基金會，在美國的政治運作下，竟然還頒和平獎給他，所以很多人都是不明眞相。

以前也曾有法師指責說：「古時三武滅佛時，護法神都到哪裡去了？」

他們根本不知道護法神幹了多麼偉大的事，因爲他們只看表相。三武滅佛的時候，被滅的佛教是什麼樣的佛教？都是密教化的假佛教，那完全是從根本把佛教轉換爲外道實質的假佛教了；護法神不如就藉那一些道教的勢力，把當時密教化的假佛教給滅光，然後重新再建立起眞正的佛教來。你們看假佛教被滅掉以後，大中皇帝重新再建立的佛教，不就是純正的佛教了嗎？可是護法神作了這一些大事情，大家知道嗎？並不知道，因爲大家都只看表相，只有少數的菩薩們知道內情，卻沒什麼機會發言。

就像現在社會上一樣：「**藏傳佛教**（編案：其實是指喇嘛教而非藏傳佛教覺囊巴）**也是佛教，你們正覺也是佛教，那你們爲什麼要互相攻訐？各人講各人的法，你們正覺不要批評人家。**」民眾都只看表相，所以會這樣說。那我們成立了正覺教育基金會，目的就是在教育群眾。因爲人家在騙他們錢財、妻女的時候，他們還不知道。自己已經被賣了，還在幫密宗喇嘛數鈔票，數的卻是他們的賣身錢。可是民眾絕大多數並不知道，我們已經知道所有的內情，那我們就有教育他們的義務，否則還能稱爲菩薩嗎？

所以去高雄抗議達賴來台灣歛財騙色以後，我們策劃了這一場大風；這場大風強烈吹過以後，接著後續要有一些小旋風，要有很多很多的小旋風，那就是要諸位不斷地去吹起來。我們決策小組作了這個決定，定下這個時機把大風吹了起來，那麼剩下來那些小旋風，諸位就應該好好去吹，把密宗裡的「學佛人」救出來。你把你的小旋風吹得越久，功德就越大。所以說，現在把密宗喇嘛教外道驅離台灣佛教，倒數計年十九年，已經不是二十年了，是倒數計年而不是倒數計時，現在計年十九年。今天是紀元十九年，明年變成紀元十八年，作完二十年後，希望可以達成目的。如果在台灣成功了，將來在大陸我們就可以複製，因爲二十年後大陸也得要民主化，他們經濟發展很快，二十年後也得要民主化。民主化了以後，佛法上也是一樣，我們就有機會把達賴邪教從中國佛教中摒棄出去，但台灣先要有個成功的經驗。如果能夠成功，這是佛教史上最偉大的豐功偉業，而諸位全部都參與了；就算是你沒有努力去發那些文宣品，你也是有參與，你總有贊助過一塊錢、二塊錢或是一百塊、一千塊錢，總是有吧？是有嘛！

我們的錢不曾亂花過，都用在刀口上。正因爲諸位努力的護持，我們今天才有能力作這樣的大事。以前我們是窮得一塌糊塗，剛買這間九樓講堂時，我每週最少要來四天，親自來這裡作工。很多事情，我都是自己來參與；這一面窗戶漏水的問題，以及另一邊窗戶漏水的問題，花不起錢請人家來作防水處理，因爲那件工程說要好幾十萬元，我就土法煉鋼把它解決了。花不了一、二萬塊錢，我就解決了。我們那時候是窮到這個地步，一塊錢作二塊錢用；現在也是一樣，要把一塊錢作二塊錢用；現在只是用錢的幅度大一點、多一點，使成效大一點。而諸位都參與其中，這個驅逐外道法的一個大福德是我們的共業，要成爲我們大家的共業。我們大家這個福德綁在一起，未來世這個福德要實現的時候，我們又會相聚了，這樣好不好？（大眾回答：好！）好啊！你們第三、第四講堂那邊在鼓掌，我都看見了，可是我聽不見。謝謝大家！但是這個共業要把它完成，大家還得要同心協力，趁這個廣告深植人心的時候，你們的小旋風要多一點，要遍地旋風而不是遍地開花。遍地旋風，是讓大家都把這個正確的知見植入腦海中，於是他們就懂得如何保護自己的女眷不被喇嘛們性侵害，也懂得保護自己家中的先生不會被密宗的女上師、女信徒拐跑了。那麼這樣子，他們家中的兒童與少年人，就不會失去家庭的溫暖，將來長大以後不會爲害社會，你們的功德便成就了。

這是大功德，然後我們這些功德與福德，都會綁在一起成爲一個共業，將來去到　彌勒菩薩座下時，彌勒菩薩將要用青眼來看待諸位，而不是用白眼。諸位也許現在還沒有意會到這一件救護眾生、護持正法的大業是多麼殊勝，但是未來世你們一定會看到；當末法時期度過以後，你們生到彌勒內院時，你們也會看到說：「爲什麼今天我在彌勒菩薩座下學法這麼快，就是因爲那時成就了在中國護持正法的豐功偉業。」這是佛教史之中沒有成功過的事，但我們這一世有希望成功。可是單憑我一個人不足以成事，就是要大家共同來作。大家共同作，就成爲一個很大的共業，這個共同的善業是越大越好，未來世不論你們誰先成佛，我也沾光。假使你們誰比我更早成佛，我一樣沾光啊！眞的很難想像它是多麼勝妙的事。

有一個問題是，去作的時候很辛苦；但是再怎麼辛苦，也就只有這麼九千多年辛苦；過了之後，你不是去彌勒內院，不然就是去極樂世界、琉璃世界，你還有機會可以這麼辛苦嗎？你想要辛苦修福都沒機會了，所以這個時候請大家把握機會。這幾天，可以說這一週來我的電子信箱通常都是塞爆的，每天有回不完的信、寫不完的信，但是很快樂；雖然很忙，但很快樂，因爲發覺我們護法的目標，成功的時機越來越成熟，日子越來越近，機會越來越大了，所以雖然辛苦，卻很歡喜。我希望諸位也以這樣的歡喜心，在今年春節前後這半個月裡，去完成這件大功德，我相信我們會成功；但這是諸位努力所獲得的，所以在這裡先表示對大家的讚歎和敬佩之意。因爲今天講完經，接著就要到新年後才會再見，所以等一下講經圓滿時恐怕忘了，不如現在先向諸位拜個早年：**「恭喜諸位，新年快樂，事事如意，事業發達：大賺七聖財！」**

回到《妙法蓮華經》一百一十四頁第四行，接下來說：**「若立有頂爲衆演說，無量餘經亦未爲難；若佛滅後於惡世中，能說此經是則爲難。」**這是今天應該開始演講的地方。有頂天，有二個說法，一個是講色界頂，一個是講無色界頂。無色界頂是三界頂，就是非想非非想天。有色的有頂天，就是色究竟天。這裡說，如果站立在有頂天來爲大眾演說，當然不是指無色界的三界頂，因爲還有一個地方可以站立、可以建立，而且是有大眾的，顯然不是無色界。因爲無色界只有名而無色，所以不可能有眾生聽法，也不可能有人爲眾生說法，所以這裡的「有頂」一定是指色界頂，就是色界究竟天。

但因爲四禪天裡面分成四天，第四禪的四天之中有一個天叫作無想天，是純粹外道所住，只看見一些宮殿，每一個宮殿都有一個外道住在裡面，都在定中而沒有意識——就好像在睡覺一樣都沒有意識；最長壽的無想天人活五百大劫，短壽中夭的可以有二十五個大劫的壽命；很短壽的，可能只存在一劫、二劫就下來人間了；但是下來人間時，他們大部分不會在人道，大約是墮落畜生道的多，那就是無想天的天人。第四禪天除了無想天，另外還有三個天，有的菩薩會出生到那裡去，或者證得四禪的人會生到那裡去。但是，同樣四禪天裡面還有另外五種天，生到那裡去的人就不會回到人間來，除非是菩薩摩訶薩，那叫作不還天，不還天有五天。

爲什麼叫作不還呢？因爲聲聞道中修得第四禪的三果人會往生到五不還天中，然後一天一天往上前進，但是他們這五不還天裡面，只有四個天可以到，是下四天；最究竟的色究竟天，他們都到不了，因爲那是修得第四禪的地上菩薩才能到；除非他成爲阿羅漢，又有第四禪的功夫，然後又證悟明心了，再生起無生法忍，才可以生到色究竟天去。所以這個五不還天，是凡夫的四禪天人、四禪天主能聽聞到，但是卻找不到處所的地方。這五個不還天，又叫作五淨居天，因爲是證得三乘菩提而又有第四禪功夫的人才能去的地方。那麼，五不還天最究竟的地方就是色究竟天，這就是色界頂；因爲是色界天中最殊勝、最高的地方，有色的有情都不能超過這個地方，所以它是色界頂。

那麼，如果在色界頂建立三乘菩提爲大眾宣說，這是什麼身分？是報身佛。你們怎麼不敢講大聲一點呢？就是報身佛的境界。諸位想想看，成爲報身佛——當然不是密宗那個抱身佛，而是莊嚴果報身的正統佛教報身佛，在色究竟天爲諸地菩薩演說一切種智；一切種智有無量餘經都在演說，這個勝妙法是演說不完的。能這樣在色界頂爲人演說各種經典，是非常困難的事。也就是說，你已經成佛了，然後你以莊嚴報身在色究竟天宮，爲諸地菩薩說無量法，這是非常困難的。諸位想想：你要成佛還需要多久？那你就知道這有多麼難。可是 佛說：「**能夠這樣爲大眾說法還不算難，還有更難的事，就是在釋迦如來示現入滅以後的惡世中，**」而不是入滅後的正法期、像法期，而是到了末法時期了，「**當釋迦如來入滅後的末法時期，眾生具足五濁，**」現在不就如此嗎？連那種印度教性力派的譚崔雙身法樂空雙運，都可以混入佛教來喧賓奪主、入竄正統，謊稱他們才是眞正的佛教，說顯教還不算數，這種時期當然就是惡世，「在這一種惡世之中，要爲人家如實演述這一部《法華經》，是比報身佛在色究竟天宮爲諸菩薩演述無生法忍更難。」諸位想想是不是如此？

確實如此！因爲諸地菩薩是何等的信力具足，而且五力全都發起了，有無生法忍並且有四禪的功夫，才能生到色究竟天中。這樣的菩薩聽到報身佛說法，絕對相信而沒有絲毫的懷疑。可是，你在五濁惡世把《法華經》如實演述，而不是依文解義，惡世中的眾生是不可能信受的。所以我現在就有個懷疑，我說將來把它整理成文字印成書出版以後，佛教界會不會罵翻了？諸位相信我把「此經」如實演說，但他們信不信？我都擔心這一點，眞的擔心。所以，在　佛入滅後的五濁惡世之中，要爲人家如實演說《法華經》是很困難的，因爲惡世之中少人能說它的眞實義，也少人能信它的眞實義，更沒有人能夠去發問說：「這裡面有什麼眞實義？」所以，這眞的比報身佛在色究竟天宮裡面，爲諸地菩薩演述無生法忍更困難。

「假使有人手把虛空，而以遊行亦未爲難；於我滅後若自書持，若使人書是則爲難。若以大地置足甲上，昇於梵天亦未爲難；佛滅度後於惡世中，暫讀此經是則爲難。假使劫燒擔負乾草，入中不燒亦未爲難；我滅度後若持此經，爲一人說是則爲難。」接著　佛陀又說：「假使有人用手把虛空抓住四處遊行，這個還不算困難；在釋迦如來滅後肯親自來書寫《妙法蓮華經》而受持它，或者去促使別人、教導別人同樣來書寫、來受持，這才是更困難的事。」手把虛空四方遊行，眞的很困難，因爲虛空是什麼呢？虛空是無法，沒有一個東西可以叫作虛空，是依於物質的邊際沒有物質的地方，施設一個名稱叫作虛空；所以沒有一個實質的虛空存在，虛空只是個名詞，顯示那裡沒有物質，只是這樣而已。現在有人說：「我就把那個沒有物質的虛空抓在手裡，我到處遊行。」他能夠抓什麼？什麼也沒有抓到。可是，竟然有人能夠把虛空抓在手裡四處遊行，這眞的很困難，因爲永遠都不可能成功嘛！所以這眞是很困難的事。

但是　佛說，比起在　釋迦如來滅後願意書寫《法華經》，也就是願意去印行《法華經》，並且勸人同樣來印行、同樣來受持，此事更加困難，爲什麼呢？因爲從頭到尾讀下來以後會發覺：「這好像是神話故事，裡面到底什麼地方深、什麼地方妙？看不出來，好像沒有啊！這些文字看來都很淺，沒有什麼很深妙的地方，都像是神話，我要不要親自來書寫、來受持？人家一定會笑我，我怎麼能作這件事情？連我自己都不能作了，何況去勸別人？」一定是這樣想的嘛！當其中的義理沒有人能把它如實演述出來時，一般人讀過都會是這樣想的。

可是我很奇怪，我記得破參以前跟人家去印度朝聖時，有人在讀《法華經》，我就借過來讀，卻是讀得很歡喜。其實那時根本還沒有破參，也不知道裡面有什麼深妙，都不知道，可就是歡喜。可是越聰明的人越會懷疑它，因為覺得好像不合理；但在這部經中 佛陀卻說這部經是最深妙的，然而看起來好像也都很淺，都像是神話故事，看不出它有什麼地方深妙，所以想要讓讀誦的人信受，眞的很難。如果要他去勸人家也信受、也書寫受持，當然更加的難。所以，這眞是難事呵！這還只是在 釋迦如來滅度以後，還不說是五濁惡世末法時期；因為信受的人漸漸少了，一般人獲得這部經典時，讀後已經不懂了。當時大菩薩們大部分都已經走了，或者生到色究竟天宮去了，或者去極樂、琉璃世界，或者去彌勒內院了。

當一般人讀不懂的時候，他們如何能信受？何況是書寫、受持？這在像法時代就已經不容易讓人家信受了。老實說，在像法時期的菩薩們就一直在跟附佛法外道奮鬥了，像法過後不久接著要跟密宗奮鬥，哪還有什麼時間來爲大家演講《法華經》？都沒有機會。我們現在這時節是最佳的機會，我們得要把握住；因爲我很怕現在這個機會有沒有可能成爲曇花一現？萬一再五年、十年後，這裡也變成一個不開放地區的時候，又像以前開始實施白色恐怖時，那正法的弘揚又該怎麼辦？我們就沒機會了。那時我們得要地下化，就變成非法組織了。所以我們絕對不接受白色恐怖再重新出現，這一點大家要有共識。那麼現在是好機會，我們藉這個機會把它講出來。將來整理成書以後，希望有許多圖書館收存著；即使有人要毀書滅佛，總是會有一些留下來，以後還是有機會讓人重新再把它印出來。

這就是我的期望，當然希望最好永遠不再有白色恐怖，包括大陸二十年以後也沒有白色恐怖，這樣就最好了，那眞可以叫作佛教復興的時代。所以《法華經》的眞實妙旨太深太廣，很難了知，而能夠宣講的人若沒有好機會，也無法出世演講。現在是好機會，所以我們把它講了，諸位熏入腦海之中，未來每一尊佛在人間出現時，你們都會有機會聽信；不管有多少聲聞凡夫當眾退席，你們都不為所動，你們的證量將會快速地提升，這部經典就是有這樣的勝妙處，所以 佛陀才會作這樣的譬喻。

接下來又說：「**若以大地置足甲上，昇於梵天亦未為難；佛滅度後於惡世中，暫讀此經是則為難。**」現在說，假使有人把整個大地放在腳的大拇趾趾甲上，一腳把它抬高而送到梵天去，這個事情也不算難；比起什麼而說不算是難？比起在 釋迦如來滅度以後，到了末法惡世時，願意暫時把這一部《妙法蓮華經》請下來讀一讀而不懷疑，這個才是更難。想想看，用你的腳，不管是左腳、右腳，用你的腳拇趾把大地抬高，抬到梵天去，也就是抬到色界天去，這是很困難的事，沒有誰能作得到，即使是色界天的天主也作不到。可是這麼難的事情，佛說與五濁惡世中閱讀《法華經》相比較之下，就不是很困難的。意思就是說，當 釋迦如來滅度以後，到了末法時期（剛才說的是還沒有到末法時期，現在是說已到末法時期），單單是閱讀而不懷疑；還不必全部讀完，只是暫讀就行——願意暫時讀一讀，這就很困難了，遠比那個人用腳趾甲把大地托上梵天還要更難；因為到了五濁惡世的時候，這一部經一定會被嚴重毀謗。事實上也是這樣，一句「大乘非佛說」就全部推翻大乘經典了，所以學術界也沒有人敢出來支持說：「《妙法蓮華經》眞的是佛說。」沒有人敢站出來講，因爲他們讀起來都覺得這好像是神話，自己心裡面都懷疑了，怎麼可能站出來支持呢？所以到五濁惡世中，《妙法蓮華經》很不容易讓人家信受。

接著還有更難的：「假使劫燒擔負乾草，入中不燒亦未爲難；我滅度後若持此經，爲一人說是則爲難。」當劫燒的時候（劫燒知道嗎？佛說火劫來的時候，最多會有七個太陽的烈焰，大地全部燒燃。當二個太陽出現的時候會怎麼樣？大海只剩下小小一點點、一點點。三個太陽的時候，大海不存在了，沒有海了，水全部乾掉。如果最多七個太陽呢？這就是火劫），在火劫到來時遍地是火，而你挑著乾的草進入大火之中而不會燒起來，這樣誰作得到？沒有誰作得到，因爲一定會燒起來；你請諸天天主來也是一樣，他們挑著一擔乾草在劫燒之中行走時照樣會燒掉，他們的神力也無法護得住那一束乾草，因爲劫燒的火熱不是他們的力量能應付的。人間的火災——小火災，他們可以應付；劫燒，他們是無法應付的。但是 佛說這樣還不算難，在 釋迦如來滅度以後能夠受持這一部《妙法蓮華經》，而且能夠爲一個人演說—因爲不可能有很多人信受—能夠找到一個人信受而爲他演說，這個才是眞的難。

爲什麼難？諸位也許想：「我們正覺講堂這麼多人信，你蕭老師也正在講，有什麼難？」可是我跟你說：「眞的難！如果不是諸位肯聽，如果不是我願意如實演講，根本不可能成就。」我如果去會外也是這樣子講，一定會被罵翻了。如果諸位去外面聽到有人這樣講，可能你的腦袋中也會打一個question mark，會不會？會啊！因爲你不知道他有證量啊！所以這部經不可以—不管哪一位善知識都一樣—一出來弘法時就直接宣講，一定不可以。諸佛也都是留在最後才宣講的，因爲一定要先使眾生瞭解阿羅漢是可證的，然後阿羅漢看著說菩薩境界也是可證的，而我沒有辦法證；又看見那些大菩薩們對 佛竟然那麼恭敬，顯然佛地境界不可思議；當大家對諸佛境界有著不可轉易的大信心時，才可以宣講《法華經》；所以末法時代，能演講《法華經》的時機也眞的不多。二千五百多年來，難道菩薩們都不願意講解「此經」嗎？不是不願意講，是有沒有合適的聽眾，以及有沒有好時機。

你們也看到，等了這麼久，現在才有機會讓我來講；而我們講出來的時候，所講的這些內涵在《大藏經》的雜部裡面，古來有誰註解過？就算有，應該也是零零散散的。我不敢說都沒有，因爲我沒有去查證，所以我不知道。但就算是有，一定也是零零散散的。那你說，在 如來滅度後，有多少機會可以演講這一部經？因爲能演述這一部經典眞實義的大菩薩們，他們一個一個走了，或者被派到別的星球去建立佛教、度化眾生，或者生到彌勒內院去，或者到別的世界去，大約是往生到諸佛淨土去了，能演說的人越來越少，接著邪法的勢力越來越大，就越發難有機會再如實演講了。

也許有人心裡面懷疑：「你說的是眞的嗎？」不然我們就來講一下好了：世尊入滅以後才不過幾百年，聲聞佛法分裂成爲部派佛教，後來更演變成十八個部派，其中就只有一個部派是眞正的聲聞解脫道，其他的聲聞部派全都是凡夫。然而，其他十七個部派都是凡夫，倒也不打緊，問題是，他們不懂還要裝懂，而且還要冒充大乘佛教，註解大乘經典。他們明明是聲聞人，卻冒充是大乘，最有名的就是清辨、佛護、安慧，這三個人是最有名的聲聞部派佛教凡夫論師，但他們的著作如今都還留在《大正藏》裡面，本質卻都是聲聞人，也全都是六識論者。

所有聲聞聖者都不是六識論者，只有聲聞凡夫才會是六識論者。聲聞部派佛教中的六識論凡夫，竟然冒充大乘證悟菩薩來寫大乘論典。但聲聞法分裂出來的部派佛教，才只是 佛滅後幾百年的事，還不到一千年就已經如此了。所以你們想想看，在 釋迦如來滅度之後，能夠爲一個人演述此經而不是公開演述，都已經是極度、極度困難的事了；因爲一則菩薩沒有 如來的威德，二則那一些親自聽聞的菩薩們，或者因爲胎昧忘了，或者因爲往生到別的世界去，或者往生到彌勒淨土去，所以忘的忘、走的走，剩下來能夠聽受、能夠演講的人還能有多少？自然是越來越少了。

佛陀示現入滅後不到一千年就已經如此，那麼二千五百多年後的今天呢？就成爲一句話：碩果僅存。好在諸位都還在，不然我就悶死了，我能講給誰聽？當我前些年重新閱讀時說：「**哎呀！這部經這麼好，講經功德這麼大，聞經功德也很大。**」可是我要講給誰聽？如果沒有諸位作爲我的知音，我眞的要悶死了；找不到機會可以講，這個功德法財賺不到了。好在有諸位，所以眞的衷心感謝諸位，不然我沒機會講的。那麼你們想，這是不是眞的很難？是很難哪！佛陀就親口這麼說：「**劫燒的時候挑著一擔細緻的乾草走入**

大火中而不被燒掉，這個不算難；當佛陀不在人間的時候，只要能夠找到一個能聽受的人，而能夠爲那個人演述《法華經》，都比挑著乾草在劫燒之中行走而不被焚掉更難。」由此可以想想這一部經的勝妙。我們後面還會再來演述，讓大家知道爲什麼此經眞的勝妙。

「若持八萬四千法藏，十二部經爲人演說，令諸聽者得六神通，雖能如是亦未爲難；於我滅後聽受此經，問其義趣是則爲難。」現在談到你們而不是說我了，現在是說你們聽者了。這是說：「如果能夠受持八萬四千法門中的一切密藏，把十二部經中所蘊含的八萬四千法藏對人們演說，這樣的人當然有能力使聽聞的人都證得六神通，也就是都證得六通的大阿羅漢果，這是非常困難的事。」想想看，佛陀在世都沒有使所有聽聞的人都得六神通，顯然這是非常困難的事，可是 佛陀卻說：「縱使能夠這樣，還不算是最困難的，」因爲還有更困難的，就是在 釋迦世尊入滅以後，「有人來聽聞這一部經典而能夠知道，某一些地方有很深妙的道理在裡面，然後能夠懂得提出來請問，這個才是最困難的。」眞的啊！確實困難。

我想，在我開始講這部經的時候，諸位也許想：「這部經應該比較淺，可能不會有很深妙的法義可以聽到，不過我還是得要去擁護蕭老師。」我相信有人是這樣想的，雖然不是很多，但一定有啦！可沒想到這一部經講下來，原來有那麼多自己以前都不知道的，從字面上都讀不出來的，如今我就告訴你們了。可是，有沒有誰來問我說：「老師！這一段好像有深妙的意思，到底是什麼意思？您能不能告訴我？」也沒有誰來問我。我相信是有啦！但是，心裡面總是想說：「這部分，因爲老師還沒有講到嘛！我何必提前問？浪費老師的時間。」一定是有人這樣想，因爲我相信：諸位裡面有深厚善根的人其實是不少的，只是很有耐心等候：「未來老師講到了，我就釋疑了。」所以，可見諸位在末法時代的現在；這不是 佛入滅後不久的事，而是在入滅後二千五百多年的五濁惡世時，諸位還能夠安坐，期待著：經中一定還有許多勝妙的義趣，蕭老師會講出來。這就表示，諸位是佛門中的稀有動物，是我們正覺同修會裡面要立法保護的稀有動物，不許受傷害。眞的很重要，諸位太重要了！因爲如果不是諸位，救護眾生的事、護持正法的事，根本不可能成就。

我要作的是什麼？我不是直接去作，我要作的就是把諸位趕快提升上去。諸位的品質越來越高，證量越來越高，智慧越來越深廣，那麼眾生就可以獲得最大的福利。所以，我負責把諸位提升，諸位就負責出去傳「福音」，這是天下最大的福德音訊，諸位負責推出去給眾生，我負責把諸位的福德盡量灌滿——開闢越來越多上妙肥美的福田讓諸位來種。因爲好的福田不常値遇，大部分都是貧瘠田。這貧瘠田，你種下去以後，能出生多少果實？你一粒稻子種下去，只能長出來十粒、二十粒稻子，不是一整串、一整穗。可是，這一方福田跟一般田不一樣，你種下一粒稻子，長出來的那一穗穀子，可數不盡；有千千萬萬粒的穀子等著你收穫，你數不盡。所以，諸位不要看輕自己，你現在所作的每一件事情，當未來世有了如夢觀的時候，每一次睡覺前看一看，或者事情不多時入定住在等持位裡面瞧一瞧，你會發覺：「喔！我那一世作了那麼多的大事，哎呀！太棒了！」你就會知道，你未來那一世爲什麼會有那個證量，就是從現在這一世得來的。

所以，能夠好好去護持《妙法蓮華經》，是很困難的事；聽聞的人能夠「問其義趣」，同樣是很困難的事。而這一部經最重要的就是講眞如，佛的所知所見就是第八識眞如，佛陀希望諸位證悟而進入的境界就是眞如的境界，但只能烘雲托月來講而不能明講，這就是此經勝妙之處。然後，由這個眞如擴而大之講到三世諸佛、十方佛世界，所以這部經眞的很勝妙。可是，信力不夠的人沒有辦法相信，一定會一面聽一面懷疑。假使有人一面聽一面懷疑時，要趕快修正自己的想法，趕快把自己的懷疑除掉，讓自己的根器成爲信根、信力都具足的人，遠比讓自己的信根、信力不具足要好，這是一定的道理。而我從頭講到這裡，說的也都是事實，而且也是不可推翻的事實。「此經」的勝妙，諸位應該也領受到了。所以，假使還有人心中有一絲絲的懷疑，應該趕快把它砍掉。

在 佛示現入滅後聽受此經，「問其義趣」之難，還有一個原因，就是因爲 佛陀入滅以後，那一些八地以上的大菩薩們，或者說四地、五地以上的大菩薩們，都跟 佛陀再到別的世界又去合演另一場成佛的八相成道大戲。那麼，在這裡留下來繼續度眾生的人，總會又有一些菩薩離開，然後越來越少人證悟眞如（證眞如就是證得如來藏，然後觀察這個如來藏有眞實性、有如如性，這就是證眞如）；證眞如的人越來越少，如果世間全都沒有人證眞如的時候，就沒有人能夠問起這部《妙法蓮華經》的義趣；它的眞實義之所趣是什麼？就沒有人能問了。事實也是如此，在我們宣講《法華經》之前，佛教界有哪一個山頭、有哪個大師曾經提出來問過？或者提出來討論過？只有一個釋印順曾經跟釋昭慧在討論說：「是唯一佛乘比較勝妙呢？還是分成三乘比較勝妙？」印順答覆說：「唯一佛乘比較勝妙。」可是為什麼勝妙，他也答不出個所以然，因為他連此經的義趣都不知道該怎麼問了，何況能知？原因當然就是他沒有證眞如。

所以，在 世尊入滅以後能夠「聽受此經」，而能「問其義趣」，這是很困難的。「問其義趣」是什麼意思？換現代一般通用的術語叫作：「作球給善知識來發揮。」就是這個意思。這裡面有很妙的義趣，善知識可能不想講或者忘了講；然後有人懂得，便故意提出來這麼一問，善知識就藉機會把那個勝妙義趣講出來，便能利樂很多人。可是，能夠「問其義趣」的人是越來越少了，因為一定要證眞如以後，才能夠稍微懂得《妙法蓮華經》的義趣，然後才有能力去發覺說：「其中有某一些義趣很重要。可是，善知識為什麼不講？」因為善知識也許覺得說：「講了也沒有人能懂，何必講？」沒想到有這麼一個人懂，他既然提出來問了，善知識當然就得要講。所以，這種人是很少很少的，非常非常稀有的；在 佛陀入滅以後就很稀有了，更不要說到現在末法五濁惡世中。

接下來：「若人說法令千萬億，無量無數恒沙眾生，得阿羅漢具六神通，雖有是益亦未為難；於我滅後若能奉持，如斯經典是則為難。」現在又說另外一種「難」來作比較。假使有人非常善於說法，能夠使得千億萬億無量無數的恆河沙數眾生，也就是使無法計算的眾生都證得阿羅漢果，而且都成為三明六通的大阿羅漢，都具有六神通；雖然這位大菩薩，對無量無數眾生有這樣的利益，這個還不算最難。諸位想想看，你能作到嗎？連我也作不到。這個連我也作不到，因為「得阿羅漢具六神通」，並不是你有智慧就作得到，你還得要有時間，否則你怎麼樣去進修四禪八定、四無量心、五神通？擁有六種神通的大阿羅漢不必修得四無量心，但也得要有五神通，這些修學都需要時間。慧解脫阿羅漢想證得五神通，還得要有一大把一大把的時間，才能證得六神通。而且，這位大菩薩幫助人家「得阿羅漢具六神通」，數目是「千萬億無量無數恒沙眾生」，這是何等的困難？可是比起 如來滅後，能夠奉持《妙法蓮華經》而言，那就不算難了；也就是說，奉持《妙法蓮華經》才是最困難的。

奉持跟受持不一樣，奉持是要立下誓願，只要有機會而有人能聽就願意為人演說，這才叫奉持。受持只是自己個人的事，奉持就不但自己受持，還要使它弘揚出去，這個確實很困難。那，為什麼困難？因為教導無量無數眾生成為具有六神通的大阿羅漢，這位大菩薩只要他自己有三明六通、有無生法忍，他就作得到。讓那麼多眾生都證「得阿羅漢具六神通」，為什麼不難呢？因為有許多人是一世可以成辦的，佛陀的時代有很多六神通阿羅漢都是一世成就的，但是要在佛滅後奉持《妙法蓮華經》，可就很難哪！為什麼呢？因為那些大菩薩們，都要跟著 佛陀去到別的星球不斷地再合演八相成道的大戲，那麼留下來的菩薩們往往還有胎昧。當有胎昧的時候，諸位想想看，該如何奉持？他每一世都要從頭開始，因為還沒有超越胎昧階段，所以世世都得從頭開始；等到他可以為人演講這一部經的時候，已經有歲數了，而那個年代、那個背景容不容許他如實演講呢？問題還有很多。所以，有很多菩薩為人講解的時候，聽眾都不多。護法菩薩講《法華經》，聽眾也不多；戒賢菩薩講《法華經》，聽眾也不多；無著菩薩講的時候，也是如此。我們現在如實演講《法華經》，算是聽眾最多的了，是破紀錄了。然而演講《法華經》，爲什麼難？因爲必須要這一些能夠聽聞的法眾陸陸續續回來了，你才有辦法講。

而且，那個時代背景是具足言論自由、宗教自由的，才有辦法如實爲人演講。假使我不幸是在二十歲破參，二十五歲開始講《法華》，大約講不到三分之一，某一天半夜裡就消失了、失蹤了。絕對會失蹤，屍骨無存，哪裡去都不知道，因爲那是白色恐怖的年代。你們年輕人不知道那個白色恐怖的厲害，我們以前看到警察時可都怕死了，因爲遇見的，以及聽聞到的太多了。所以，你們應該知道自己很幸福，如今四十歲以下的人都不知道那時是怎麼回事，眞的是恐怖。所以，好在我算是幸運，在世間法混啊、混啊，混到時機可以了，我才開悟破參出來說法，所以今天還可以安然坐在這裡，繼續演講最勝妙的《法華經》，而且還是如實演講。

現在只要注意一件事情就好，那些密宗外道，我可不想去跟他們接觸（至今也只接觸一回，但他們算是善意前來講堂拜訪我），他們很希望能夠找到我的相片，他們很期待，因爲他們之中有許多喇嘛在修誅法想要殺掉我，可是對我完全沒作用，因爲那個誅法只是一種妄想；但該公開時我就公開見人，公開說法，我不藏頭縮尾。所以我們這一次大風吹，達賴喇嘛西藏宗教基金會的負責人就出來講，說：「**蕭平實一向躲起來批評別人。**」請問我有沒有躲起來？都沒有啊！我每週二都公開坐在這裡，只是他們不敢來聽法而已；只因爲前來聽法，怕大樓管理處有錄影，我們講堂也有錄影，所以他們不敢來而已，而且要出示身分證件才能進入正覺講堂。

但我何曾躲起來？從來沒有！密宗喇嘛如今已經有二本書在罵我，但那二本書中，既沒有印刷者，也沒有出版者，也沒有作者姓名，也沒有地址，連聯絡電話都沒有，這樣印出來罵蕭平實，而且是斷章取義來罵。然後，這些書籍到底是誰寫、誰印的？都沒有人知道。其實天知地知，他也知，印刷廠也知，怎麼會沒人知道？諸佛菩薩都看得清清楚楚的，他自己的如來藏也都把它清楚記著。像這樣二本書，那才叫作躲起來罵人。我從來沒有躲起來啊！我每週二都是公開坐在這裡講經。至於說批評別人，我們有批評別人嗎？我們都是作法義辨正，我們從來沒有人身批評。而且是公開的，每一本書都有出版社名稱，然後作者是誰，電話、地址也都有，包括什麼時間出版，是哪一版又是第幾刷，全都有，所以他們那樣講就只是藉口、託辭。

因此，他們很希望得到我的相片，大概是想用去修誅法吧？我們當然就要注意了，所以一定禁止大家錄影錄音，原因在這裡。但我就藉此免掉了走在大街上時，被人當眾頂禮的麻煩了。我們剛開始破密的時候，幹部們好擔心，好多人強烈建議說：「講桌前要加裝一片防彈玻璃。」我當然很感謝他們，可是我轉念一想說：「這防彈玻璃裝起來，能看嗎？」所以，法相不要流露出去就好，也就沒事。我有時候一個人出去辦事，在外面素食館裡面進餐，旁邊人家就在講蕭平實如何，也有讚歎的，也有痛罵的，全都有。我都當作沒聽見，因為他們罵的是蕭平實，不是我，因為我離見聞覺知，怎麼會聽得到？而我又不想要得名聞、利養，在書上刊登照片也沒有必要，所以我的書籍與一般書籍不同，都不印上我的相片。

言歸正傳，能夠留在這裡而且不離胎昧，每一世從頭再開始恢復原來的證量，然後到了可以演講勝妙法時，是不是正好有聽法眾？這是很大的問題，想要演說《妙法蓮華經》時，這眞的很困難。所以，以前無著菩薩、戒賢菩薩、護法菩薩，他們講《法華經》時，局面也都是很困難；因為都是針對已經證悟的弟子們，而且人數很少，所以講得很困難；但他們講得都非常勝妙，絕對比我勝妙。可是古時沒有錄音錄影的設備，不能流傳下來。那麼這一些種子，我們聽過以後畢竟也還是存在。所以，在開講《法華經》時我也沒有預先去設想說：我會講什麼。我沒有預先設想，我都是開車來到講堂了，講經前坐在小參室裡面，若是沒有人來找我，我就自己先讀一讀，看我今天要講的是什麼，我就思惟一下，就只是這樣。但是有一些東西，它們自然就會冒出來，就是往世聽戒賢菩薩、護法菩薩等大菩薩們講過的東西，當然也包括 克勤大師。但 克勤大師都沒有整部講，他有時候每一部經都挑一些重要的地方講一講，就只有這樣。

所以，在 釋迦如來滅後能夠奉持這一部經，是不容易的，因爲要因緣具足。首先就是自己已經重新又悟入，然後一步一步往前進修，又回復往世的證量，當然最好是每一世都可以再有新的增長，但至少都要恢復往世的證量，這若沒有十年時間很難完成，然後那些種子才可以現行、可以流注出來。但是，這時有沒有合適的聽法眾？這是最大的問題，這就是法上的因緣。「因」就是善知識的自身，「緣」就是聽法眾，所以我們今天算是因緣具足。因此 世尊說在祂入滅度之後，能夠奉持這一部《妙法蓮華經》是很困難的，因爲有胎昧的緣故，而又能夠信不退，眞的很困難，這是比那位大菩薩度無量無數的眾生得阿羅漢、得六神通更困難的，因爲那是一世可以完成的，而「奉持」是一世又一世累積下去的，所說的也不是只有一世的東西，而是幾千年累積下來的，或者說很多很多佛累積下來的，這當然很困難。

接著 佛又說：「我爲佛道於無量土，從始至今廣說諸經，而於其中此經第一，若有能持則持佛身。」諸位想想看，佛說：如果能夠持此經，他就是能「持佛身」的人。你可以環顧全球，有誰「持佛身」了？如今能「持佛身」的人就只是你們，都在正覺同修會中，以外還有誰能「持佛身」？佛的法身就是如來藏，這一部經專講如來藏，從祂的眞如性來演述；因爲如來藏具有眞如性，才能有十方的佛世界，才能有每一個佛世界的欲界、色界佛教存在，以及諸佛菩薩的存在，全都從此經而來，所以能如法受持《妙法蓮華經》的人，就是能「持佛身」的人。世尊說祂自己爲了這個成佛之道，爲了這個佛菩提道，在往昔無量世中，在無量的國土世界中，流轉生死來來去去，目的都是爲了求「此經」。

而且成就佛道以後，還要在無量的佛土之中，不斷地示現，一世又一世示現八相成道；從無量無數百千萬億那由他劫以前成佛時，從那次最初成佛開始，處處示現八相成道就一直爲大眾廣說「此經」。廣說《法華經》之前是先講什麼經？講《無量義經》；之前則是宣講無量經典，可是那些無量經典都不算數，因爲來到這一部《妙法蓮華經》之前就不算數了。說老實話，佛說的每一部經，眾生都是難知難解。你看最粗淺的四阿含聲聞解脫道，當代那麼多號稱有智慧、有證量的那些大師們，包括那些自稱已經成佛、自稱爲法王的密宗外道，有誰懂了？沒有人懂，而那還是三乘菩提中最粗淺的法。四阿含的法是最粗淺的，因爲只侷限在聲聞的解脫道上面，竟然都已經沒有人懂了，何況大乘經？更何況是此經？以前，有很多人自稱阿含專家，或者互相推崇是阿含專家，現在沒有一個人敢再被人家奉承爲阿含專家了，爲什麼呢？因爲自從讀了《阿含正義》以後發覺說：原來我們對阿含都不懂。就是這樣啊！你想，那還是最淺的法，只是二乘菩提的法都已經不懂了，那麼大乘菩提呢？實相般若呢？唯識增上慧學呢？當然更不懂。

三乘菩提這些經典中的法義眞是很難理解，可是這樣廣說，令人難以思議想像思惟分析辨解的三乘諸經，佛竟然說這些還不算是最深的，竟說《妙法蓮華經》才是第一。佛竟然這樣講，從文字上讀起來，好像是很粗淺的《法華經》，竟然是最爲第一。爲什麼「**此經第一**」？因爲如果有人能夠如理、如實、如法受持這一部《妙法蓮華經》，他就是正確的受持諸佛的法身；有多少人知道諸佛的法身？除了諸位以外，在會外找不到。也有一貫道的講師號稱說他已經證悟了，自以爲我們不敢破他；因爲他以爲自己所悟的那個是眞的，沒想到我們就把他破了。諸位拿到《壇經辨訛》了沒有？有呵！對啊！我們就把他破了。他們那樣並不是眞正的「**持佛法身**」，佛法身沒有那麼容易懂的。

一貫道的講師，光聽到一個言語表相就以爲自己懂了，然後就四處印證收錢。他一張門票賣多少錢？賣五千塊人民幣。假借學術的名義上課，買票的人就進去聽，聽完了就把表相密意告訴他們說：「**你們現在都開悟了，你們每一個人都可以出去開班授徒。**」這樣弄起錢來，比老鼠會還要快，老鼠生子也要二十天吧？但他可不必，當天生了一堆兒子，就把那些兒子推出，繼續再去生。哇！嚇死人。這眞是賤賣佛法，五千塊人民幣而已，不過就是台幣二萬元。哎呀！眞是太便宜了。我以前還說如果誰能夠幫助我開悟，我願意付他一千萬元。結果我是一毛錢都沒付，自己開悟了。我以前是那樣想的，可是他竟然二萬塊錢就可以賣了。可是賣那麼便宜的東西，諸位想一想，是不是仿冒品？一定是冒牌貨，眞貨不可能賣那麼便宜。

那你們想想，佛陀講這《妙法蓮華經》，說是最「第一」，最「第一」的原因則是持佛的法身。你想想看，釋迦如來成佛之後，不論在哪一個星球、哪一個世界，有緣眾生感應而須要祂去應化時，有時並不是用化身去，而是去那一邊示現受生成爲應身佛，那麼每一次入滅前都得要演講《法華經》。演說了無量無數深妙難解的經典之後，竟說所有經典裡面，就是這一部《妙法蓮華經》最「第一」，最「第一」的原因是因爲能夠持這一部經典，也就是持佛的法身。諸位想想看，三乘菩提所說的諸法是不是依佛的法身來說的？是啊！

以前一直有人說：「我們修學解脱道成爲阿羅漢，不是要成佛，不須要去相信有第八識。」現在我《阿含正義》寫出來，他們沒辦法推翻，因爲不論是從理上或者聖教上面來說，都必須相信有第八識常住不壞，才可能斷我見，然後才能斷我執成阿羅漢。不相信有第八識常住不壞的人，必然「因外有恐怖」，因爲怕五陰斷滅入無餘涅槃時會成爲斷滅空；而且也是「因內有恐怖」，因爲：「聽說有這個第八識，可是到底是不是眞的有？我沒有親證，我不知道，所以我要滅掉自己的時候，對裡面的這一個阿賴耶識到底存不存在，我心中都沒有把握，我不敢滅掉五陰自己，我也不敢把五陰的自己否定，我不敢斷我見。」這就是「因內有恐怖」，根本不可能證得聲聞初果。所以，從《中阿含經》中這樣明確的開示，證明連二乘菩提之中的聲聞菩提，都得要信受諸佛都有法身常住不滅，才可能斷我見乃至斷我執。

那麼緣覺菩提更是如此，如果不是緣覺而是獨覺；也就是出現在無佛之世，他得要先作十因緣觀去推尋，要自己有智慧推究到最後，斷定有一個本識出生了名色，然後才能流轉生死。他自己要先作這個確定，如果對這一點沒有完全的勝解、完全的確定，他對十二因緣法的觀行是不可能修成功的。因爲他落在六識論裡面，無明就打不破了。由於還有這個名色從哪裡來的無明，對這個名色由識生的無明若是打不破，他對十二因緣便無法觀行成就，那麼十二因緣的每一個環節都會緊緊聯結著，牢牢靠靠綁住他，使他無法還滅。所以獨覺菩提或者緣覺菩提，依舊要信受有佛法身，一樣要信受有第八識實存不壞，才能證得因緣觀。

好了，那麼大乘菩提呢？是以證得佛法身作爲見道，乃至將來成佛時的一切種智，也是要以這一個佛法身所蘊藏的一切種子，就是如來藏中一切功能差別的具足實證來成就，那麼顯然佛菩提道也不能稍離佛法身，而《妙法蓮華經》就是講諸佛的這個法身，再由諸佛這個法身來擴而大之，演述出十方三世三界中的佛教，這樣才能夠圓滿具足整體的佛法，否則就是不圓滿的，就變成侷限在二千年內的地球一隅。可是佛教是在十方世界都具足存在的，而且是一切時中都存在。那麼釋印順的「人間佛教」講的是什麼呢？在佛學學術界講的是什麼樣的佛教呢？是說佛教只有這個地球上才有，而且是只有這二千五百年才有，以前是沒有的，未來是否一定也會有？則應該是或然率的問題。但是我在《阿含正義》裡面把他們破了，他們也只好認同；就算嘴上不服，心中也得服。

所以，爲人廣說了那麼多的諸經，佛陀卻認爲《妙法蓮華經》才是第一，是最勝妙的；因爲函蓋了十方三世，函蓋了三界中的一切佛法，所以「**此經**

第一」。而第一的原因就是因爲能持此經的人，他是能夠持佛法身的人。如果不是證得如來藏，沒辦法講此經，因爲一定會自相矛盾、前後矛盾。如果不是證得如來藏，或者是不信受如來藏，也無法聽受此經，因爲一定會覺得矛盾，也一定會認爲這些經文都是神話，然而事實上不是如此。這部經典確實就是經王，因爲能夠爲人廣說此經的原因，佛陀說祂自己認爲這部經是第一；也認爲，自己之所以能夠爲眾生廣說諸經，也認爲不論去到哪一個世界應化時，能夠爲人不斷地宣說此經，都是因爲持佛法身。佛陀自己這樣自稱，我們當然更應該如此。世尊這樣譬喻完了，是說此經之難、之妙、之廣，乃至於問義都難，甚至連暫讀、稍信，也都不容易。

這樣，很多的譬喻講完了，接著當然要問問大眾：「諸善男子於我滅後，誰能受持讀誦此經？今於佛前自說誓言。」佛陀當然就要問了。因爲 世尊爲大眾講了這麼多，佛陀是不會口乾舌燥，而我現在是有一點口乾舌燥，只是沒時間停頓一下喝水。佛陀問諸位：「各位善男子啊！在我釋迦牟尼入滅以後，有誰能夠受持此經、讀誦此經？請你們在佛前自己來發誓，親口說出來。」佛陀這樣要求，可見此經的重要。如果不是很重要，不會這樣要求，通常直接就咐囑了：「你們大家要去弘揚此經。」就這樣而已。世尊以前沒有這樣要求過，但在這一部經中卻是這樣要求，這表示這一部經難信、難解、難證、難說、難問，對善知識而言還要加上一個「難奉持」，所以眞的難。

當年 佛陀有這樣說，當然會有菩薩發願受持，只是不多。因爲這一部經眞的難演講，講了人家也眞的難信受；而且 佛所說的，並不是當 佛陀還在世的時候爲人講解，而是說 佛陀入滅以後。假使人家提出質疑時，你爲人講此經，得要能夠爲人家解釋疑惑，否則要怎麼樣奉持？譬如，我在前面講說：「只有應身佛講《法華經》，化身佛不講《法華經》。」當時一定會有很多人懷疑，但是如果有人當場提出來請問義趣的時候（不能說是質疑，就說是請問義趣），我要不要答？要啊！我如果答不出來呢？那叫作什麼呢？講文雅一點叫作敗闕；如果是俗話呢？就說是漏氣了，也就是顯示了自己這一部分的無知。

所以，在 佛滅後受持、讀或者誦都不容易，因爲你如果受持以後，遇到有人「問其義趣」，你就得要宣講。現在 佛陀說：「誰在我滅後可以受持讀誦呢？就在佛前、大眾面前講出來吧！」爲什麼要在 佛前、大眾面前講出來？因爲不能食言而肥。你若在佛前講了，不能夠自己反悔；在大菩薩們面前講了，也不能反悔。發了願當然就得要講，可是我現在就想起來說：我當時到底有沒有發了願？

過了一個年，瞧一瞧諸位有沒有胖一點？好像都比較豐滿一點，氣色不錯。在這裡順便向大家拜個晚年：恭喜發財！發什麼財呢？（大眾回答：法財！）對！發法財，因爲法財可以生生世世都跟隨我們，世間財並不堅固。但是，不曉得今年冬天到底冷不冷？冷呵！這眞的叫作寒流，我們講的是農曆年，從春節前一波一波的寒流，不過這其實沒有眞的冷。今年台灣還有一種寒流非常冷，那就是諸位吹起的寒流，讓那些喇嘛們冷到打哆嗦。今年是我設定的「紀元」倒數十九年，是喇嘛們離開台灣佛教的倒數，是倒數計年而不是計時。這一回春節前後，大家眞是拚了命去作，大眾犧牲自己的假期，從南到北、從西到東，可以說整個台灣除了外島跟澎湖以外，四處流通破斥達賴的傳單。但是，這個寒流得要每年繼續吹才有機會、才有可能把密宗這個仿冒的假佛教，把它逐出佛門之外，這個很重要。這事情看似辛苦，但我預見諸位一定會成功。那麼台灣成功了，未來大陸才有可能成功，因爲大陸的情形將會比台灣更困難很多、很多倍。對於大陸，我們就抱著希望，等台灣成功了以後，看看大陸能不能也順利推展。但是，台灣這邊我們有近程、中程、遠程的計畫，一步一步逐漸來作。

可想而知的，就是我一定會在網路上被密宗繼續罵，而且會罵得更厲害。但是沒關係，因爲言語的罵只是風，文字的罵也只是紋，就是紋路的紋，所以都無所謂；因爲五陰全都是假的，管他怎麼罵都無所謂。重要的是 世尊遺法怎麼樣可以鞏固起來，能夠一千年、二千年乃至三千年，不受這一些外道法的滲透，這才是最重要的。我們大家繼續努力，依照計畫，階段性的進行。這個大功業，凡是有參與的人，將來一定會在 彌勒佛座下被授記。因爲這一種豐功偉業，從 佛陀入滅不久以後，我們跟這種外道密法奮鬥還沒有成功過。在印度是失敗的，所以從北方被趕到南方去。後來在中國唐朝時，算是佛教的復興期；但是後來因爲元朝，以及明朝中葉以後，及清朝皇帝都信密宗的歡喜佛，因此正法就沒有辦法在中原發揮。

但是，現在在台灣是個好機會，以前我們沒有機會，只好去西藏，希望從內部把它翻轉過來，可是功敗垂成。現在台灣會不會功敗垂成就不知道了，但是我們有計畫地作，因爲台灣眞是個寶地，你們是住在寶地之中。這是個多元化的社會、自由化的社會、民主化的社會，我們才有機會把正確的法義寫出來，而且可以暢所欲言；這眞是千載難逢的機會，我們一定要把握。台灣成功了，大陸二十年後富而好禮了，大概宗教跟政治也不太會扯上關係了，那時我們再去大陸努力推展，才有可能成功復興佛教。但是大家要有心理準備，在大陸的困難度會比台灣困難很多倍。雖然越困難，如果成功了，你們的福德就越大，要記住這一點。

所以，在極樂世界精進修行一百年——那裡的一天是這裡的一個大劫，不如在這裡精進修行一天。諸位要想想看，這個差異性很大。所以我們遇到這個機會，大家就該繼續努力。每一年東北季風吹來，我們正覺也來吹起我們的寒流，把那一些外道法給凍死了最好，那麼整個台灣的福德就不會漸漸流失。台灣開始流失福德已經十來年了，正是密宗開始大量傳進台灣的時候；我們現在要把它翻轉過來，台灣的福德才不會一直流失掉。這個都要靠諸位，從北到南、從西到東，這樣努力去奮鬥，接著再奮鬥十九年，然後看有沒有機會去大陸，在大陸眞的把達賴假佛教逐出正統佛教以外。但是，現在就是要一步一步去作，至於我們的中程、遠程計畫就先不談，總不能先把底牌給掀了。言歸正傳，我們過年前講到一一五頁第一段講完了，現在要從第二段開始：

經文：【「此經難持若暫持者，我則歡喜諸佛亦然；如是之人諸佛所歎，是則勇猛是則精進，是名持戒行頭陀者，則為疾得無上佛道。能於來世讀持此經，是眞佛子住淳善地；佛滅度後能解其義，是諸天人世間之眼；於恐畏世能須臾說，一切天人皆應供養。」】

語譯：【「這一部《妙法蓮華經》非常難以受持，如果有人能暫時受持，我釋迦牟尼佛就會很歡喜，不但如此，諸佛也同樣很歡喜；像這樣受持《妙法蓮華經》的人，是諸佛所讚歎的佛弟子，這樣的人就是勇猛的人、就是精進的人，像這樣受持《妙法蓮華經》的人，就稱為眞實持戒、眞實在修持頭陀行的苦行者，未來就能快速獲得無上的佛道。

如果有佛弟子能在未來世閱讀受持這一部《妙法蓮華經》，這個佛弟子就是眞正的佛的兒子，他住於淳善的境界中；

佛滅度之後能夠理解其中的眞實義的人，這個人就是諸天以及人類的世間之眼；

在可能招來殺身之禍的恐怖畏懼的世代之中，而能夠短時間爲大眾演說《妙法蓮華經》，這個人是一切天、人都應該要供養者。」】

講義：世尊在最後一段重頌中作了這個結論。我相信諸位聽到今天，一定是絕對信受我講的是正確的：「我從深心裡面信受。」如果前面都沒有聽，今天突然聽到這一段，心裡面一定會打個大問號說：「眞的嗎？」我相信會有這樣的人，而我也不怪罪這樣的人，因爲這是人之常情。實在太難以思議了，這文字看來都好簡單，又好像是在講神話，似乎沒有什麼深妙的義理；可是 世尊竟說能夠暫時受持此經，諸佛就會很歡喜，釋迦如來也很歡喜。眞的好奇怪！但是你若從頭開始聽到現在，沒有間斷過，你們一定會相信確實是如此。

此經的意涵確實難知難解，這樣的經典想要受持，確實非常非常困難，因爲眞正的受持而不是依文解義，是如實理解其中所隱含的妙理。所以，如果有人能夠依它的眞實妙理而受持的話，釋迦如來一定非常歡喜；釋迦如來歡喜，當然諸佛都會同樣歡喜，因爲佛佛道同，那麼這樣的人是諸佛所讚歎的人。所以，諸位每週不間斷來聽聞這一部《法華經》，你就是在受持此經。如果你不是受持，根本聽不下去。那麼，這樣來受持這一部《妙法蓮華經》的時候，世尊歡喜，諸佛也歡喜；所以，你們是被諸佛所讚歎的人，這樣的人就叫作勇猛，叫作精進。諸位聽了，心中有沒有一股暖意升上來？應該有嘛！第二講堂呢？第三講堂呢？你們有沒有啊？有呵！對！應該如此。確實啊！是勇猛，是精進。

可是，爲什麼這叫作勇猛又叫作精進呢？這得要弄清楚。以前有好多人拚命努力精進，目的是說可以很快成佛。可是你們知道嗎？我們最近親教師會議，有好多老師都有同感說：「現在我們都不急著成佛了。」爲什麼呢？因爲成佛眞的難，難在什麼地方也知道了，都知道說，成佛就是要利樂無量無邊的眾生以後才可能成就，福德是應該這樣修集的，因此所須要利樂的眾生絕不是一般人所想的說五十萬人，或是一百萬、一千萬、一億、二億人，而是無量無數人。你得要十方的三界處處去受生，去跟眾生結緣；不論結善緣、結惡緣，全都要結；若沒有善緣也要結惡緣，一定要結。假使完全沒機會結緣時，就結個小惡緣也行，未來世你才有機會度他；因爲他未來世得要來跟你討債，他既然要跟你討債，不來找你行嗎？那你就快快樂樂還債。

例如你這一世快快樂樂還債，他下一世就逃不了你的手掌心，得要被你所度了。還有，這一世娶這個老婆，上一世娶另一個老婆，未來世又娶另外一個老婆，妳們女眾亦復如是，就這樣不斷去結緣。結婚以後就有父母、就有子女，一世至少可以結上這些親屬的緣，加上親戚、朋友、同學等等，都結了這個緣；在這一世你沒有辦法度他們，但你已經是跟他們結了這個緣，未來世他們見了你就看得很順眼，你就容易度他們。當世是很難度的，但隔了一世就容易度，因爲有過去世那一種親屬的緣存在。那麼，這樣子度了無量無數的眾生以後才能成佛。

意思就是說，你必須要修集無量無邊的福德，要攝受無量無數的眾生，才能夠成就你自己的佛土，因爲攝受佛土就是攝受眾生。那麼這樣子，瞭解這個道理了，再看看《法華經》中說，世尊的成佛過程經歷了哪一些事情，然後這樣子示現出來，而且聲聞弟子迴心為菩薩之後，為這些菩薩們授記的時候，也有人是過無量阿僧祇劫以後才能成佛的，最快的阿難尊者也不是這一、二劫就可以成佛。那麼想一想說，現在明心了或者見性了，未來成佛以前還須要攝受很多人，而我現在攝受了多少人呢？想一想，數目其實很少。那麼，如果一直急著成佛，你將會越來越難過。就好像去當兵，三年才能退伍，卻在第一天就開始數饅頭：我還有一千多個饅頭要吃完。那你怎麼數？很痛苦的。所以，通常當兵的人數饅頭，大概是最後三個月才會開始數，說「我還要吃幾天的饅頭」。當兵時每天早上一個饅頭，那個大饅頭每天吃一個，然後就算：我還有幾個饅頭得吃？很多人根本不必在牆壁上記，腦袋都很清楚現在剩幾個，都是這樣的。你如果剛入伍就開始算，那會痛苦死了。

所以，想清楚了，大家就放下心來說：不必急著成佛，老老實實去修行就對了。該怎麼樣攝受佛土，該怎麼樣利樂眾生，該怎麼樣救護眾生，該怎麼樣護持正法，努力去作就好，不必問何時成佛的事；因為時間若是到了，你因緣條件具足了，自然就成佛了。我們很多老師們現在就是這樣的感覺，那就貢獻給諸位，分享一些他們的心得，這就是聽《法華經》的收穫。由這裡就能知道，受持《法華經》的人是要準備很長很長時間去利樂眾生的，一世又一世、一劫又一劫、一個無量數劫又一個無量數劫，就這樣一個百萬劫又一個百萬劫，不斷去利樂眾生，這樣才叫作勇猛。

那些阿羅漢們聽到成佛之道得要這樣子修，腳底都涼了，因爲他們覺得這一世已經夠苦了，爲什麼還要再去投胎，下一世還要再來？就沒辦法接受。所以，定性聲聞聽到　佛說成佛要三大阿僧祇劫，他們腳底抹油，歇後語叫作什麼？溜了！就是溜了，眞的溜了。所以，他們不願迴心，一聽到佛陀入涅槃，連結集法藏都不願意，當下跟著就入涅槃了。菩薩們可不怕這個，證悟之後願意一世又一世繼續在人間，留在五濁惡世中跟眾生結緣，救護眾生，這才叫作勇猛。阿羅漢們不敢想像，所以阿羅漢們看到那些迴心而成爲菩薩，以前聲聞迴心成爲菩薩的人，發願要繼續受持《法華經》，他們眞的佩服，因爲他們作不到。

那麼受持《法華經》的意思，就是要不畏辛苦，甚至於不怕胎昧，一世又一世在人間自度度他，這才叫作勇猛。定性聲聞不迴心的阿羅漢們作不到。所以能夠這樣子受持，雖然即使是暫時而受持，也叫作勇猛，因爲定性聲聞是不肯暫時起一念愛樂之心來行菩薩道的，所以這樣的人叫作精進。因此勇猛與精進的意思，在菩薩道中怎麼解釋？就是今天應該很努力參禪，可是我家裡人有事時，就陪著家裡人去辦事。老父母需要作什麼，就陪著他們去作；快快樂樂去作，不是臉臭臭去作。雖然這一段時間，你看起來沒有勇猛在修行，但其實你是在攝受佛土。這一對老父母，未來世就是你所度的人。

今天這小兒子國小三年級、五年級，一天到晚都沒機會到外面去玩一玩，因爲父母親都在正覺講堂好精進。有一天放個假，正好也不必來聽經上課，孩子提出要求，那就快快樂樂帶著他去玩一玩，這樣也是精進。你陪著他們玩也是精進，因爲他什麼都不懂，你跟他講佛法，他也聽不進去，根本不能理解。你帶著他去玩，哄得他高興，然後乘機作一點機會教育，因爲在車上他也不能作別的玩樂，總得要聽你講講話，你就順便教育一番：「**人類出生以後，你現在正少年，將來你也會老，也會死等等。**」所以你陪他去玩，也是精進啊！只是精進的內涵不同，叫作精進攝受佛土。攝受眾生就是攝受佛土，因爲你將來成佛的時候，你的佛土不是自己單獨成就，而是被你攝受過的眾生和你結過緣的眾生，由他們的如來藏跟你的如來藏一起來成就佛土的。所以菩薩的勇猛是這樣的勇猛，不畏懼生生世世的生離死別，這才是勇猛。阿羅漢們想到那麼至親的親人，終究要生離死別，痛苦死了，所以寧可出家先逃避了再說。定性聲聞的阿羅漢是很無情的，但是願意迴心成爲菩薩的那些阿羅漢們就有情了，願意爲無量世以來的眷屬去受苦，所以發起勇猛心，可以接受三大無量數劫的生死苦。

那麼在很多的情況下，精進的情況不一樣。假使你女兒很愛跳舞、很愛唱卡拉ＯＫ，正好你年輕的時候會唱也會跳，女兒來了說：「**老爸！我今天好無聊，您陪我跳跳舞、唱唱歌。**」你要板起臉來說：「**不行！老爸現在是菩薩。**」好啦！那女兒說：「**老爸跟我無緣。**」她會想說：「**老爸跟我無緣，那我找朋友去。**」你未來世度她的因緣就失掉了，你又何妨放下身段陪她唱一唱、跳一跳，然後她跟你的關係就更緊密了，未來世她遇到你，沒來由就喜歡聽你的話，你叫她作什麼，她就作什麼；你說來學佛，她就來了。好多人度她度不來，你一句話說了，她就來了，這種情況很多。所以這時你陪著她唱歌跳舞，看來很放逸，其實不放逸，你是在精進攝受佛土。

我今天說的有一點翻轉過來了，對不對？事實上是這樣。可是這個說法不能去外面講，只能跟你們說。也就是說，你們聽到現在有這個基礎了，我才可以跟你們說。意思就是說，菩薩在人間，不論作什麼都是勇猛、都是精進，因爲你攝受了佛土，而攝受佛土就是攝受眾生。假使都沒有善緣可說，不得不硬要跟他結個惡緣，所以假使遇見了哪個喇嘛罵你說：「你怎麼發這個文宣罵我們？」你就說：「我偏偏就是要罵你。」跟他吵一架。好了，他未來世見了你，就會注意到你。沒關係，見了不順眼再來辯論，從法義上來辯論，最後他會被你降伏。所以不得不結惡緣時，是因爲沒有善緣可結，你如果不跟他結那個惡緣，以後他跟你沒有瓜葛，你要怎麼度他？不得不啊！因爲你沒有任何善緣可以跟他結，就故意跟他結這個惡緣。

何況他自動找上門來了，爲什麼不結？結了以後，未來世遇了你，討厭你，硬要跟你抬槓，你就跟他抬，互相抬槓的結果就是被你度。所以這樣也是精進，因爲你藉著那個惡緣把緣分扯上了，當這個關係聯結起來的時候，未來世他還會再遇見你；因爲他跟你有這個緣，雖然他是個惡緣而不是善緣，但緣必定在。只要緣在，未來世就會跟你再相遇；他跟你相遇的時候，不是跟你無緣，是跟你有惡緣的人，只要有緣就能接觸。能接觸，你就有機會度他，這也是精進。那麼能夠這樣子的原因是在哪裡？是因為受持《法華經》。

到三大阿僧祇劫完成以前，也要歷經這樣的過程；被授記的那一些阿羅漢、迴心的菩薩們，他們的情形就是這樣子，成為我們的前車之鑑。那麼以彼為鑑，我們就可以跟著學習，將來在　彌勒佛座下被授記。能夠這樣子，才叫作眞實持戒、眞實行頭陀行的人。有很多人在戒相上被綁住了，例如說：「我受持了菩薩戒，菩薩戒要清口，」民間的術語叫作清口，也就是要素食，「不能吃眾生肉。」結果你返鄉探視父母，老父母要求你吃豬腿肉、吃香腸。你不吃，他們就很不高興，那你要不要吃？吃啊！不管它多麼噁心，照吃不誤，還要裝出一臉笑容，不要讓他們不高興。要裝得一臉笑容，即使你想吐了，你也藉個口說：「我出去一下。」出去外面再吐，不要當場就吐，要讓他們歡喜。吐完了回來，跟老爸老媽說：「這是因為您兩位老人家的緣故，我破戒喔！我這回是破戒吃了肉，我要好好去懺悔，不曉得要懺悔多久呢。」老爸老媽說：「糟糕！我害了這個兒子、這個女兒。」他們對你的感覺如何？就覺得這兒子好孝順、這女兒多麼孝順，他們的認知就變成這樣，因為他們想：「竟然肯為我們而破戒。」你就攝受佛土成功了！你這樣如實攝受佛土，這才是眞正的持戒。因此，以後不要光看表相，哪一天也許看見了某某師兄，陪著他家鄉的老父母正在吃肉，你就罵：「啊！他竟然過年趁這機會吃肉。」但是你不知道他是在攝受佛土。

所以，眞正深入於佛法中，是寧可自己吃了虧，也要去攝受眾生的；寧可自己道業有所損，也要去攝受眾生，這才是眞正的持戒。這些道理，我們在增上班的課程有依據《瑜伽師地論》說了不少，在這種公開講經的場合很少說；但是既然這裡講到了，我們就順便說明。總而言之，攝受眾生才是最重要的，因為你受持了《法華經》，你就必須要攝受眾生，必須三大阿僧祇劫去行菩薩道；那無量無邊的廣大福德，要在跟眾生相處之中去攝取、去修集。所以說，這樣才是眞正持戒的人，這樣的人也才是眞正行頭陀行的人。因為，你如果是面對了一般的聲聞人，他打死也不肯，你威嚇說要殺死他，他也不肯犯戒的；然後惹得老父老母不高興，他也無所謂，反正他這一世過完就要入涅槃了。

可是，菩薩是要攝受他們的，菩薩的存心就是要攝受他們，這一世無法度他們，未來世一定要度他們成功。這一世吃了眾生肉，因爲老父母這麼要求，爲博歡心，沒關係，就吃了；雖然味道很腥很羶，吃得很難過，找個藉口出去吐一吐再回來。如果說：「你臉怎麼紅通通的？」你還要編個善意的謊言騙他們：「因爲外面風好冷，吹得好冷，所以就這樣子。」要讓他們歡喜，然後藉機會，要找機會說（但是不要吃肉的時候講），你等過了一些時間，看到別人在吃肉，你就說：「哎呀！好愚癡！吃人家半斤，未來世要還人家好幾斤。我每次吃肉都會吐。」但是你不要當著那個時候說，你說的是別人，老父母也知道你不是在講他們，但是他們慢慢就會聽進去。

用很多的時間委屈自己來跟眾生相處，這樣子才能夠跟他們結下好緣，未來世他們遇到你，就被你所度，這樣子去作事的人，才是行頭陀行。這是最苦的，對於一個持戒清淨的菩薩來講，你要他吃眾生肉，眞的是痛苦死了。而且素食習慣的人，一聞到肉味就不自覺要嘔吐，但是你要裝著愉快、很歡喜地接受老父母的指示，當然你前頭要跟他說：「我這樣吃了是犯戒。」要把話講在前頭，不然你吃了也是白吃，結果沒有人情。要講在前頭：「我吃了這個肉是犯戒，不過只要老爸老媽高興就好，我就吃了。」然後就高高興興夾起來吃，吃後再吐去。這很難哪！眞是困難哪！

一般世俗人無肉不過餐。他沒有肉就不算吃過一餐，可是你素食慣的人聞到肉味，那是很臭的味道，但是你要能夠把自己那個抗拒的心態排除掉，裝出歡喜的模樣來，博他們兩老歡喜；當然話要講在前頭，你這樣是犯戒的，你就說：「接著，我要整整一個月、整整二個月，」我們布薩是二個月才一次，「我要二個月都在佛前懺悔，但沒關係啦！老爸說了算。」就吃了，先討人情。這樣你才能度他，不然你犯了清口的戒，可就白犯了。

但是能夠這樣作，眞是行頭陀行。這樣的人未來就會「疾得無上佛道」。爲什麼能夠快速成就無上佛道？因爲你把佛土攝受完成了。當你攝受的眾生足夠了，你的佛土完成了，你就可以成佛。成佛之道裡面最難修集的，不是三乘菩提的智慧，而是福德。因爲三乘菩提的智慧，你只要福德夠，有善知識，很快就可以實證。但是福德，你要一點一滴去累積，就好像一句俗話說：一個蘿蔔一個坑，你沒有拔出那根蘿蔔就沒有那個坑。又叫作一步一腳印，福德的修集就是這樣的，所以你在修集福德時，也要懂得用智慧，看什麼樣的福田去種，可以獲得最大的福德；但是修福的事，永遠是一定要去作。沒有作，福德不可能平白獲得。能夠這樣子作，當然可以「疾得無上佛道」；因為你攝受佛土的工作完成了，就一定要成佛。當你的福德修到了哪裡，你的智慧就一定會到了那裡，這是相輔相成的。

接著從理上來探討說，為什麼這樣的人受持了《妙法蓮華經》，就是「勇猛」、「精進」、「持戒行頭陀者」？一定有個道理。否則每一個凡夫、每一個外道來受持《妙法蓮華經》，同樣都可以「疾得無上佛道」，那就沒有佛理了；不是沒有天理，因為天理談不上這個層次。也就是說，你受持《妙法蓮華經》是如實依照眞實義去受持的。它的眞實義是什麼？就是開、示、悟、入佛的所知與所見。佛的所知與所見就是眞如與佛性，憑著這個眞如與佛性，讓你次第修集福德智慧最後成佛，還是同一個眞如佛性，所以受持《妙法蓮華經》，不能外於眞如與佛性。

依六識論來受持《妙法蓮華經》，那其實不是受持，而是在抵制《妙法蓮華經》，因為六識論不是佛陀的所知與所見。依於六識論，成佛之道不可能成立；依於六識論，三大阿僧祇劫的實證內涵也不可能成立；依於六識論，《法華經》中說的「此經」如來藏也不能成立，那又如何能受持《妙法蓮華經》呢？所以，依於《妙法蓮華經》的眞實義，也就是諸佛所知所見的眞如與佛性，這樣來受持，這樣的人才是諸佛所讚歎的人，這樣才叫作「勇猛」。因爲你以眞如與佛性來受持《妙法蓮華經》，你在 佛陀入滅後繼續這樣受持，一定會被人家罵作邪魔外道，這是不可避免的；當你被人家罵作邪魔外道時，你仍然依這個眞如佛性來受持《妙法蓮華經》，才是眞正的受持，你這樣就叫作「勇猛」，因爲你決不退轉。《妙法蓮華經》講的，佛所開、示、悟、入的諸佛所知所見，就是這個第八識以及祂的功德力用；而你絕對不退轉，堅持到底，這就是「勇猛」；沒有人能夠轉變你，你能堅持下去，才是眞「勇猛」。這樣「勇猛」繼續堅持下去，你就可以繼續攝受有緣人，同樣受持這樣的《妙法蓮華經》，你才是眞正「精進」的人。

你這樣子「勇猛」、「精進」，當然是依據菩薩戒的眞實義理去實行，就不會被戒相綁死，不被戒相綁死的人就懂得開遮，才是眞實義的菩薩。被戒相綁死的人太多、太多了，那麼你能夠不被戒相綁死的原因，是因爲你親證了第八識的眞如性，或者再親見了第八識的佛性，然後你就懂得許多的開緣與遮止。你懂了這一些開緣遮止之後，持戒時就不會出問題。否則的話，這個也不行，那個也不行，然後你攝受佛土的因緣就失掉了；攝受佛土的因緣失掉了，就難免違背三聚淨戒中的饒益有情戒。結果你還是犯戒了，表面上看來你卻是很持戒清淨。譬如說你爲救一條狗，但是你那個動作一定會踩死幾百隻螞蟻，那你要不要救？要救。如果你被戒相綁死了，你說：「不行！我爲了救一條生命，得要踩死了幾百隻的生命。」可是那生命的層次不同，你還是要救。那些螞蟻未來世會來跟你要債呢，那時你再來還，還的時候你又攝受了牠們。

也就是說，依於眞如佛性而去作任何事情，你都是攝受眾生，這樣才是眞實持戒。所以持戒時光看表相是不準的，特別是你看　文殊師利菩薩竟然仗劍逼佛，這眞叫作大逆不道，那不是該下無間地獄嗎？好大膽！可是他那樣卻是成就最偉大的佛事。所以到了諸地以後，很多的事情都不是諸位所能夠想像的。那麼，這樣的人寧可讓眾生誤會也無所謂，眾生都誤會說你是個邪魔外道也無所謂，你能夠忍得下來；這種苦對新學菩薩是最難忍的，但你忍了，這才是眞正的「行頭陀者」。

釋迦如來的末法最後五十二年，月光菩薩至少是七地滿心的菩薩，可是那時候的人們，一切所謂的學佛人都會罵他是邪魔外道，最後他沒有辦法再弘法了，得要率領座下的所有弟子們——那些弟子們都已經是阿羅漢或緣覺了，然後入山去隱居，因為根本無法再利樂眾生了。像那樣證量很高的菩薩都要被罵邪魔外道，也還是堅持不改；但因為眾生都無法接受正法了，就進入山中隱居，最後所有人都捨報了，人間就沒有正法了。可是他們堅持到底決不改變，這種苦有多少人能忍？當全世界的所謂佛弟子都罵月光菩薩是邪魔外道，沒有一個人願意信受他，但是他仍然不改變。咱們就要這樣學，這才是眞正「行頭陀者」。所以，不是在那邊自苦其身而說是頭陀行。假使哪一天或者哪一世，你們看見有一位大菩薩開著飛機來來去去，他又有幾億元的遊艇，這樣子環遊世界四處說法。可是，我跟你說他也是行頭陀行的人，他是開著幾億元的遊艇，開著幾億元的飛機在行頭陀行，你能想像嗎？那也有可能啊！

所以，能夠依於《妙法蓮華經》的眞實義來受持，也就是他可以放下自己的一切，自己的道業、禪定、般若等等，他全都可以放下，就是要攝受眾生。因此眾生攝受過了，目的達到了，然後他在自己的時間裡，又回到自己的法上去精進，這樣子兩面都兼顧到了，堅持到底決不改變，這才是眞正行頭陀行的人。那些定性阿羅漢們，絕對不可能想像、不可能相信。但菩薩就是這樣作，能不能快速成佛根本不計較、根本無所謂，只要能利樂眾生就好了。當然不是在表相上去利樂，而是以《妙法蓮華經》就是此經、就是這個如來藏作爲中心，然後依於《妙法蓮華經》所說的深妙理去利樂眾生；至於自己成佛快或者慢，都無所謂，不必理會，能夠攝受佛土就趕快攝受。然後獨處的時間就努力繼續再精進，這就是行頭陀行。如果你能夠這樣作，就不會鬧家庭革命，就攝受了一群人，不是一、二個，因爲老父母到處宣揚：「我這孩子學佛以後變了一個人，現在多麼孝順。」他一講出去，那一些人聽他的話了、又接受他的話了，以後那些親戚朋友遇見了你，對你另眼相看，然後你說了什麼法，他們就會接受，因爲你的老爸老媽爲你宣傳過了，這樣子去攝受佛土就很快，能夠這樣才是行頭陀行的人。

每天從早到晚在那邊打坐精進，每天讀經思惟整理，但是眾生的事情，從來不管，他只管自己，只想在道業上去努力，這個人成佛將會很慢，所以須菩提將來成佛時間要很久。還記得嗎？須菩提被授記成佛的時間多久？是要再供養三百萬億那由他佛以後才成佛；他是師兄弟之中最長的，最多情的迦旃延則是最快；但阿難不能相提並論，因爲阿難尊者往昔是跟 佛陀同時發心的，是因爲他的本願要護持諸佛的法藏才會晚成佛。那麼後面才發心的這些大阿羅漢們誰最快？迦旃延，他多情，所以他成佛最快，因爲他願意陪著眾生攝受佛土。這個道理諸位要聽進去，雖然俗話說「多情反被多情累」，但我們現在反轉過來說。今天講的都是翻轉法則，但不是密宗那個翻轉法則；他們只知道表相，不知道其中的眞實義。所以在佛法中，你願意跟眾生結更多的正法緣，成佛就越快，因爲你攝受佛土越多；當你所攝受的佛土圓滿時，就是你成佛的時候了。

要記住這一點，這樣才是眞正行頭陀行。所以，自私自利只管自己道業而不願意爲眾生付出，只管自己要趕快在道業上快速成長，每天住在空性中，這樣的人成佛是很慢的，因爲他的佛土都沒有攝受。他沒有努力攝受佛土的結果，就是不能成佛；一直要等他攝受佛土夠了，也就是攝受眾生夠了，然後才能成佛。所以，他不願意攝受眾生的結果，就是成佛之道要拉得很長，那叫作緩得或者慢得無上佛道。

這意思就是說，你依於眞如法或者依於佛性這種無所得法，來攝受眾生的時候，你有一個中心意旨，就是盡未來際。爲什麼你成佛以後，還要繼續利樂有情？因爲你的眞如、你的佛性是盡未來際的，成佛之後不會說：「**我成佛了，我不再度眾生了，我只等著人家來上供。**」不可能這樣子。諸位想想看：成佛是在三賢位圓滿之後入地了，還要長時間修行斷盡三界愛的習氣種子，三界愛的習氣種子全部斷盡時，還會貪求供養嗎？絕對不會了。既不會貪求供養，當然還是會依原來入地時所發的十無盡願行道，那是無盡之願，就是永遠無窮無盡作下去，利樂眾生永無窮盡；都因爲所依的眞如無所得法，確實無窮無盡而永遠沒有終止的時候。眞如所示現出來的佛性也是無所得法，但也是無窮無盡的。那麼這樣子，才叫作眞正依止於《妙法蓮華經》。你依止《妙法蓮華經》，這樣子受持，當然是盡未來際無窮無盡的。因爲這個緣故，所以能夠在未來世閱讀《妙法蓮華經》時不會生起煩惱，才能在未來世受持《妙法蓮華經》時一樣不會生起煩惱。

世間的聰明人——那一些六識論者，他們哪一個人不聰明？都太聰明了！所以才能夠創造出許多推翻經典說法的理論，而能被許多凡夫大師所接受。我們都創造不出來，但他們就是有那個聰明才智創造出來。我們笨笨地實修，結果我們創造不出來，但是後來證明：笨笨地實修，親證了以後，反而是他們無法來跟我們對談。這就是說，你已經受持此經了，所以你這一世對《法華經》不會生起煩惱。那些聰明人一讀《法華經》都說：「這叫作神話，這種神話，都是後人編造的，這種經典你也信？」他們反而罵你。但是諸位現在已經明白這裡面說的是如實語，不是神話，都是有根據的。你能夠如實依止於此經，這樣去行這種最難行的，阿羅漢所作不到的頭陀行，你未來世就能夠受持、閱讀此經不起煩惱，這樣的人才是眞正的佛子。你們要是不信的話，把《妙法蓮華經》送去給那一些最聰明的說法者，他們一定會說：「這是神話，後人編造的。」當然現在不會了，因爲我們講《法華經》也講一、二年了！凡是我們講過的經典，他們就不敢毀謗。我們講過的，人家就開始承認，就是有這個現象；然後有的法師就會跟著講，所以現在他們不毀謗了，以前我就親耳聽過毀謗之言。

那麼，爲何未來世能夠閱讀、受持此經呢？因爲你是眞正的佛子，因爲你住在淳善的境界中。換句話說，對於經中所說，自己之所不知者不會擅加評斷，會認爲說：「這裡面太深了，我不懂，看起來雖然是不合理，但是會記載於經典中一定有道理，我不懂是因爲它太深。」不能輕易、隨便就說它是僞經，因爲你的心地淳善。這就好像在我這一世，因爲我還沒離開胎昧，我這一世破參後不久，讀了《大日經》、讀了《金剛頂經》，那時都是每天盤著腿在小方桌前，就弄一個經架放著經典一直讀；那時每天除了讀經還是讀經，可是讀到那些密宗的經典時，覺得不太合理，但是也不敢評論。因爲那時候有很多智慧還沒有生起來——往世的很多智慧還沒有恢復過來，所以也不敢評論。

直到《楞伽經》、《解深密經》……等，一部一部都讀過、都貫通了以後，才敢下判斷說：《大日經》等全是僞經。原因就是因爲心地淳善不敢自大，一直到有很明確的智慧去判斷它之所以爲僞經的證據是在何處，然後才明確指出理由來，才說那是僞經，這就是淳善。可是心地不夠淳善的人，稍微一讀就說：「這是神話，後人編造的，別信了。」這樣輕易講了出來，成就謗法的最重罪；而謗法同時就是謗佛，因爲 佛講的經典被他指成僞經，那就是 佛陀演說僞法了？就變成這樣了。可是，造作了這個惡業的原因是什麼？因爲自以爲是，就是心地不夠淳善。心地不夠淳善，造了惡業以後就很難過了。所以能夠在來世讀持此經的人，心地一定是淳善的。如果現前檢討自己的心地還不夠淳善，該怎麼辦？要趕快設法使自己心地淳善，未來世就不會自以爲是。

那麼心地淳善了，你就一定是佛子，而且叫作「眞佛子」，這才是眞正的 釋迦如來的兒子。妳們可別想說：「我生爲一個女人，怎麼可能是佛子？」佛陀眼中沒有所謂的女兒可說，因爲妳只要是進入內門中，全都是兒子。所以妳出家了以後，不管是現聲聞相、現菩薩相，只要出家了都叫作師兄，沒有人叫妳師姊的，也沒有人稱爲師妹的，全都叫作師兄，所以是「眞佛子」。

那麼接下來，佛陀滅度之後，想要如實理解《妙法蓮華經》裡面的義理，這是很困難的。有很多大菩薩又跟著 佛陀到某一個星球去，因爲娑婆世界是三個千的大千世界，是有三個千的大千世界，是有很多的小世界，每一個小世界都要去應化，大菩薩們都要跟著去預先投胎，這叫作布局。所有八地以上的菩薩們都要跟著先去布局，這就是諸佛的福德圓滿之處，所以剩下來的菩薩們越來越少，因爲有的要被派去某個星球、有的要被派去另一個星球，就這樣不斷地派出去，都要幫著 釋迦如來度化弟子；就好像大兒子要幫著父母養二兒子，二兒子要幫著養三弟、四弟一樣的道理。於是 如來滅度後能解其義的人就越來越少，因為不斷地派出去，留下來的人是越來越少；但總是要有人留下來，不可能全部都派出去，而把這裡的有情就放棄了。

那麼，如來滅度後能夠如實理解這個義理者，這是諸天以及所有人類的世間眼（因為若出了世間就沒有法眼、慧眼可說了，當然叫作世間眼），是說這樣的菩薩能作諸天及人類在世間探究佛法時的眼睛；也就是說，三界世間眾生的法眼、慧眼就在他身上。這個人是很稀有的，因為在有佛法住世的地方，不必有很多的地上菩薩，只要有一、二位或二、三位就足夠了；所以這一些大菩薩們漸漸會被派出去，要不然就到兜率天去了，剩下願意吃虧的菩薩就留下來，時機成熟時來為大眾演述《妙法蓮華經》，所以他自然而然就成為「**諸天人世間之眼**」。可是這個願意吃虧的人其實是來佔便宜的，回歸到陳雷那一首歌「吃虧就是佔便宜」，為什麼呢？因為你到兜率陀天去，你智慧將會不斷增長，可是你失掉了修集福德的機會。

越到末法時代，能夠為人如實演述此經，你的功德越大；因為是越困難的，功德就越大。假使是一件很容易成就的事情，你去作了、完成了，人家也不看在眼裡。假使你出來表演時，例如雜耍或者表演魔術，越是簡單的，人家越瞧不起；越是困難的，一旦完成了，而且很快完成了，人家越是佩服，因爲太困難了，眞的不可思議。同樣的道理，你到了末法時代能夠爲人解釋其中的眞實義，那你就「**是諸天人世間之眼**」，因爲你要解釋其中的眞實義，得要有道種智，也得要經歷過 佛陀授記的場景，你知道自己能夠爲人宣說，所以你就是「**世間眼**」。

接下來說：「**於恐畏世能須臾說，一切天人皆應供養。**」也就是說，在有恐懼怖畏的、或者說恐怖畏懼的世代之中，只要能夠在一個短短的時間裡爲人演說《妙法蓮華經》，這是一切天、一切人都應該供養的菩薩。一須臾，大約是幾十分鐘，不到一小時。以幾十分鐘爲人如實演說《法華經》，功德極大。爲什麼會這樣子？譬如到了末法時代，你繼續堅持說：「**如來藏才是正法，其他人所開悟的離念靈知意識境界，全都是假的。**」那麼你等於一竹篙打翻一船人。沒有錯啊！本來整船都是開悟者，而你這一竹篙把它打翻了，整船人不都下了水嗎？我們被人家厭惡的原因就是在這裡。有好多證悟的「聖者」們，我們都沒有評論他們，可是他們竟然都要罵我們正覺是邪魔外道，因爲我們一竹篙打翻那條船時，就等於把他們全船人打下水了。

六、七年前，大陸的一些喇嘛就放話：「蕭平實有種到大陸來，我一定要幹掉他。」他們希望我去西藏觀光，就有機會把我幹掉，都已經放話了。還有人公開說：「我修誅法，一定要把他誅殺。」會不會成功？會啊！我總會死嘛！當我幾十年後死了，他們就可以說誅法誅殺成功了。這是不是恐畏之世？是啊！你如果跟他們同一條船說：「離念靈知就是眞如、就是佛性，這樣就是開悟。」那你就無需恐畏了，因爲跟他們一樣，是他們的同路人。可是當大家都不認同如來藏，都認爲如來藏是外道的神我，偏偏你說：「證悟如來藏才是眞正的開悟者，其他證得離念靈知的人都是錯悟者。」特別是你把人家承認的四大派藏傳佛教都推翻了，說他們不是佛教，結果你還要來講《妙法蓮華經》說：「這一部經講的就是眞如佛性，這才是諸佛的所知與所見。」人家不想幹掉你才怪！

但你還是要繼續講下去，不能夠有所恐畏；你只要把安全措施作好了就行，卻還是得要繼續講解，不能夠害怕、不能夠恐懼說：「我繼續堅持下去，人家放話要殺掉我，那我就不講。」你能夠這樣作到，如實為眾生宣說，即使只是講那麼一須臾，一切人、天都一樣要供養你；因為雖然你只講一須臾，但是天界的那一些天人們已經聽到了；當他們聽聞了，這個種子種入他們心田中，他們就信受了《妙法蓮華經》，他們未來就有機會進入佛菩提道中，未來就有機會成佛。當他們進入佛門修學菩薩道，又會展轉度了多少眾生呢？所以你只要講那麼一須臾，而所講也是正確的，那你的功德就無量無邊，所以一切天、一切人皆應供養你。

講到這裡，諸位也許想說：「你是不是在說要我們供養你？」對啊！我當然要你們供養，怎麼不供養？我當然要求你們供養，但是我要求的供養並不是世間供養，我要求的是「法供養」。怎麼樣作法供養？譬如說，從過年前一直到元宵為止，都要繼續努力去救護眾生、保護台灣女性，這個口號要記得：保護台灣女性。因為我們從事的是社會教育，不是宗教行為；我們破斥達賴喇嘛，是社會教育，是在教育社會民眾，保護台灣女性。諸位作了這些事情，能救護眾生，就是供養我。

那麼還有一個法供養，我也很願意接受，就是請諸位發大願，願意在未來世為人講《法華經》的眞實義，令正法久住。如果你說：「我也沒有辦法像您這樣講，您這不是強人所難嗎？」不會啊！你這一世或者未來世，就把咱們這一世所講、然後整理出來的書本，拿去跟人家結緣，也行啊！這樣就是供養我了。如果下一週來，買了一盒蘋果、一盒櫻桃來供養，那對不起！我就拒絕了，因為這個供養，只是吃個幾天就吃完了，不存在了，可是那個法供養會永遠存在，對你才是最好的，那我就接受。所以，結果我還是跟你們要供養，我接受法供養。

世間財物的供養，我就不接受。為什麼我要這樣說呢？因為這個法供養是諸位之所當為，你們發了這個願來供養我，其實也是供養了 釋迦如來，也是供養了諸佛。這個供養的功德大，福德也大，所以應當發願；令《法華經》能常住人間，令《法華經》的眞實義可以讓更多的人理解，然後你自己和大家都願意受持；那麼，正法在三界中的流傳，就會越來越廣、越來越遠、越來越深入。結果這樣供養了諸佛以後，其實是利樂了眾生，這就是最好的法供養，而你們成佛的速度也會跟著加快。這一品講完了，接著要進入第十二品〈提婆達多品〉：

《妙法蓮華經》

〈提婆達多品〉第十二

經文：【爾時佛告諸菩薩及天人四衆：「吾於過去無量劫中，求《法華經》無有懈惓。於多劫中常作國王，發願求於無上菩提，心不退轉。爲欲滿足六波羅蜜，勤行布施，心無吝惜，象、馬、七珍、國、城、妻、子，奴婢、僕從，頭、目、髓、腦，身、肉、手、足，不惜軀命。時世人民壽命無量，爲於法故捐捨國位，委政太子，擊鼓宣令四方求法：『誰能爲我說大乘者，吾當終身供給走使。』時有仙人來白王言：『我有大乘，名《妙法華經》。若不違我，當爲宣說。』王聞仙言，歡喜踊躍；即隨仙人，供給所須：採果、汲水、拾薪、設食，乃至以身而爲床座，身心無惓，于時奉事。經於千歲爲於法故，精勤給侍令無所乏。」】

講義：接著要進入第十二品〈提婆達多品〉，先來講一下品題的義理，然後再來語譯及講解。提婆達多這個名字大家耳熟能詳，因爲佛教界通常會用他的名字來罵人，所以大家聽到提婆達多就知道：他就是推石頭下來，砸到佛陀腳上大拇趾的那個惡人。因此大眾對他的印象都是負面的，但是今天又要把諸位的觀念再翻轉過來。提婆達多是個逆行菩薩，他作爲一個逆行的示現者，來示現釋迦如來是如何偉大，他正是扮演這個角色。提婆達多是怎麼示現的？當然大家耳熟能詳的，就是他跟阿闍世王約好說：「我來當新佛，你來當新王。」所以，阿闍世聽他的話，去殺了父王，囚禁了母親。剛開始他並不想殺父王，只是圈禁了父王，想要餓死他；但因他的母親把身體洗清潔了以後，就用麵糊貼在身上，再穿上衣服，外表上看不出是食物，就這樣每天去牢裡看望她的丈夫頻婆娑羅王；阿闍世王想：「父王每天只喝一杯葡萄汁，不必多久就會餓死了。」

結果沒想到很久以後都沒餓死，都是因爲韋提希夫人把麵糊貼在身上，到了裡面才剝下來給國王吃，然後就喝葡萄汁，結果很久都沒餓死。後來被阿闍世王查到了，不許她再去看望，隨即把父王殺了，而且囚禁了母親，也就是韋提希夫人。《觀無量壽佛經》就是這樣來的，是因爲她在牢獄中的請求，所以 佛陀示現而爲她講了這部淨土經典。阿闍世王要當新王，殺了父親，後來母親也被他下在牢獄（最後好像也是被他餓死的）。當他知道母親保護父王時，本來也想要殺死母親，但他的大臣不同意，按著劍退走而不想當他的臣子，那些大臣覺得他很暴戾，也不想被阿闍世王所殺；那阿闍世王看見說：「**我最重要的大臣寧死也要反對我殺母親。**」所以他後來也就沒殺，好像是很久以後把母親餓死在牢裡，我的印象中是這樣。

那麼提婆達多與新王約好了，一個要當新佛，一個要當新王；提婆達多想要把 釋迦牟尼佛推翻掉，所以當 佛陀下山要去托缽時，他從山上推了大石頭下來，被護法神把石頭推偏了，但大石下墜碰擊時撞裂的碎石，還是砸到 佛陀腳上的大拇趾，因此成就了出佛身血的大惡業。當然阿闍世王後來還是想要害佛，當 佛陀要進城去托缽時，他也想要害佛；那已是另一回事，且不談它，因爲並沒有害成。後來他害了一場大病，無人能夠醫好他；還是在他的大臣叫什麼婆？是耆婆吧！在耆婆的勸說下，去見了 佛陀，歸依佛陀，才使他的病快速好轉，佛陀也爲他說法，才滅了他的無間地獄罪，成就無根信的果報，免下地獄，但那已是另一回事，就不談它。

但提婆達多因爲出佛身血，所以下了地獄；下地獄之後，那無間地獄當然是很痛苦。有一天佛陀告訴阿難說：「提婆達多下地獄很久了，你去看看他吧！」阿難說：「我又沒有神通，我怎麼下去？」佛陀說沒有問題，就加持了他，使他五通具足。然後他下去看，問獄卒說：「提婆達多在哪裡？」那地獄的獄卒說：「請問聖者，你問的是哪個提婆達多？因爲這裡有好多個提婆達多。」原來同名的人很多。阿難尊者就說：「就是那個推石頭砸到釋迦佛陀腳拇趾的提婆達多。」獄卒說：「我知道了。」就帶領阿難尊者去見了。阿難尊者告訴他說：「你近來好不好？」他說：「好痛苦啊！」在無間地獄哪有快樂的？當然痛苦。阿難尊者說：「佛陀要我來看你，祝願你一切安好。」就把佛陀的關心咐囑帶到。提婆達多好感動，懺悔惡業；當他懺悔之後就不再覺得痛苦了。然後阿難問他說：「你爲什麼現在不痛苦了？」他就說：「因爲我如今在這裡猶如三禪之樂。」

爲什麼他能夠這樣？因爲他本來就是要扮演那個角色，造了惡業是要下無間地獄的，出佛身血是五逆重罪，當然是要下無間地獄，那是逃不掉的；但因爲他是扮演那個角色，阿難把佛陀的關心帶到了，他也知道原來自己是這樣的，所以他的罪消失了。但是要讓世人知道，還是得要在那裡住著，住到業報圓滿；雖然是要住到業報圓滿，讓眾生瞭解說：造了那個業，就是要到無間地獄去受苦。但他在那裡面如三禪之樂，他是無苦的，因爲那是配合演出的一個示現而已，所以他是個逆行菩薩。是示現給眾生看，不能造那一種惡業。無間地獄的業造了，就是下無間地獄；即使是扮演那個角色，也是要在那邊住的。那麼毀謗三寶的眾生們，他們自己有沒有辦法住在無間地獄中如三禪之樂？那些謗法抵制正法的惡眾生們，都應該要自己去衡量，這就是他第一種示現。

提婆達多還有另外一個示現，他爲什麼會被阿闍世太子那麼恭敬供養？然後跟他約定好：一個要當新佛，一個要當新王。爲什麼那麼信受他呢？因爲他有禪定，也有五神通。他出家以後努力修行，獲得四禪八定，獲得五神通，然後自以爲證量不輸給 佛，就這樣來示現。他怎麼示現呢？佛陀晚年不是患背痛嗎？所以有時候吉祥臥，就指定說：「舍利弗啊！你來爲大眾廣說。我剛才略說完了，你就來廣說。」然後就吉祥臥，聽這個弟子爲大眾說法。提婆達多看見 佛陀這樣子，他也想學這招，也吉祥臥而吩咐說：「某某人啊！我略說完了，你爲我廣說。」他就躺下去。佛陀吉祥臥時住於光明境，結果他一躺下去不久就睡著了。所以有一次，舍利弗尊者來了，就用神通力令提婆達多熟睡不醒，並說：「剛才某某弟子，代提婆達多大佛廣說完了，我再來補充一些。」舍利弗補充說法了以後，大家都聽舍利弗的話，因爲舍利弗講的才正確，都要追隨舍利弗；那時連出頭爲提婆達多代說法的人也跟著舍利弗走了，結果提婆達多醒來時發覺說：「咦！怎麼都沒有人了？」這在示現什麼呢？是示現說，四禪八定跟五神通並不是三乘菩提的實證，只是世間法，所以有四禪八定、有五神通者依舊不能解脫，照樣要輪迴生死，出離不了三界生死。這就是他的另一個示現，親自在佛門裡面這樣示現給大家看。然後也示現說：雖然有四禪八定，雖然有五神通，還是逃不了一切的業報；造了出佛身血的大惡業，神通也幫不了他，四禪八定幫不了他，仍然要下地獄去。這就是他的另一個示現，所以你看，他作這二種示現，不容易！

請問諸位，你願意不願意來扮演這個角色？扮演這個角色以後聽到的是罵聲連連，他還得要常常讓 如來把他的事情拿來作例子，來爲大眾解說。有沒有人願意扮演他這個角色來示現呢？請舉手！（編案：無人舉手）眞的很難找到這樣的人，但是他就作了。所以這是一個逆行菩薩，在 世尊弘法的過程中，他的身分是不能曝光的，若是曝光了，他的逆行就會變成說：「那就是教善、教孝等善行，那都是演戲啦！所以出佛身血的因果是不準確的啦！」就會變成這樣，所以他得要示現繼續住在無間地獄之中，現在當然也還是住在無間地獄中。因爲他是扮演那個角色，所以 佛陀說明了以後，他那個業消失了；但因爲是那樣示現，還是要示現住在無間地獄中。雖然他猶如三禪之樂，但仍然要住在地獄中不能脫離。可是他的角色，佛陀要在最後爲大家說明了；因此《妙法蓮華經》講到這個地步的時候，就必然要提到他。

所以，接著依經文先來語譯。

語譯：【這時佛陀告訴諸菩薩以及天人等四眾說：「我在過去無量劫之中，尋求《妙法蓮華經》而不曾有所懈怠或者厭倦。在過去很多劫之中，我常常都是作國王，一世又一世都當國王，我都發願求無上菩提，心中不曾退轉過。爲了想要滿足六度波羅蜜多，我很努力精勤修行布施，心中從來沒有慳吝或惋惜過，我每一世當國王所擁有的大象、馬、七珍、國土、城市、妻、子，奴婢、僕從，乃至自己身上的頭、目、髓、腦，身、肉、手、足，都不惋惜，願意捨棄了身軀和性命。當時的人民壽命是很長久的，但是我爲了求無上菩提妙法的緣故，就把國位捐捨了，把一切政事委託給太子，然後於各大城市四處擊鼓宣令四方，爲了求得成佛之法：『誰能夠爲我演說大乘經，我這個國王願意退下來，終其一生以我的色身來供給他的日常所須，爲他作僕人，願意爲他四處走作。』當時就有一個仙人來向國王稟白說：『我有大乘法，叫作《妙法蓮華經》。如果你能夠終生奉事我、都不違背我，我就會爲你宣說。』國王聽聞了這位仙人的話，心中歡喜踊躍；就隨從這個仙人而去，每天供給這位仙人生活上的一切所須：爲他四處去採拾水果、爲他汲水、收集薪木，以及爲他施設飲食，乃至以自己的色身作爲他的床座，這樣子奉事仙人，色身和心中都沒有覺得疲惓，就這樣子每天三時精勤奉事。這樣經過一千年爲了法的緣故，千年之中精進般勤供給侍奉這個仙人，使他生活上的一切所須都沒有任何匱乏。」

講義：聽完了 世尊所說的這一段開示，你想提婆達多是等閒人嗎？千年之中爲當時的 釋迦菩薩演述《妙法蓮華經》的人，正是提婆達多的前身。千年呵！你要不要試著講講看？不要說千年，一年就好。他能夠爲 釋迦菩薩講一千年《妙法蓮華經》，這顯示他其實本來就是個大菩薩，才能夠知道《妙法蓮華經》那麼多，而且講一千年。每天講二個鐘頭就好，能講一千年，表示他對《妙法蓮華經》的眞實義，有非常深入的理解。這也表示他過去世是經歷過許多佛而聽講《妙法蓮華經》的，才能夠這樣講解，否則他如何能夠把一部《妙法蓮華經》講一千年？所以，《法華經》絕對不是簡單的事，爲了求這一部《妙法蓮華經》，往昔的 釋迦菩薩願意捨棄他的國土、眷屬等等，修這種苦行，當作一個僕人一樣，去奉事那一個仙人。而提婆達多能夠爲他這樣子宣講《妙法蓮華經》一千年，當時的仙人正是提婆達多。

這表示說，這部經確實是很勝妙的，否則 釋迦菩薩何必要這樣子辛苦來求呢？人間至尊的國王可以退位來作這些下人所作的事情。而前面 如來也顯示過說：這部經是如何的勝妙，爲了要打開 多寶如來的七寶塔，顯示 多寶如來眞身，得要把十方分身的化身佛全部召集回來，才能夠打開，來示現《妙法蓮華經》的眞實義；所以可見，這不是一部簡單易懂的經典。但是，這位提婆達多的前身，那個仙人就這樣接引 釋迦菩薩，可以眞正進入佛法內門之中，來如實理解《妙法蓮華經》，這顯然是一位大菩薩。這樣子，諸位對提婆達多的觀感，又整個一百八十度翻轉過來了，所以今天講經都在翻轉。

我們《妙法蓮華經》上一週講到一一六頁，現在要從第二段開始：

經文：【爾時世尊欲重宣此義，而說偈言：「

我念過去劫，爲求大法故；雖作世國王，不貪五欲樂。
搥鐘告四方，誰有大法者，若爲我解說，身當爲奴僕。
時有阿私仙，來白於大王：『我有微妙法，世間所希有。
若能修行者，吾當爲汝說。』時王聞仙言，心生大喜悅，
即便隨仙人，供給於所須；採薪及果蓏，隨時恭敬與；
情存妙法故，身心無懈惓。普爲諸眾生，勤求於大法；
亦不爲己身，及以五欲樂。故爲大國王，勤求獲此法；
遂致得成佛，今故爲汝說。」】

語譯：這一段是上面那一段經文的重頌，這是說：

【這時世尊爲了要重新宣示這一段長行經文裡面的意思，又以偈頌再把

它誦出來說：

「我憶念起過去劫之中，爲了勤求大法的緣故；雖然我當時是作世間的國王，但我不貪求五欲之樂。

我就下令搥大鐘宣告四面八方，假使誰有大法的話，如果他能夠爲我解說，我這位國王願意捨位，以自己色身來當他的奴僕而奉事於他。

當時有一位阿私陀仙，來向大國王說：『我有微妙的法，是世間所稀有的妙法。如果大王您眞的能夠修行的話，我將會爲您來解說。』

當時國王聽聞到這位阿私陀仙的言語，心中生起了大喜悅，隨即跟隨於這位阿私陀仙，常在左右而供給他生活上所須的一切；

包括爲他去採拾薪柴以及水果或者可以煮來食用的果菜，隨時恭敬地奉事給這位阿私陀仙；

當時這位國王因爲他的心情所留存的，都是爲了最勝妙法的緣故，所以身與心都沒有懈怠和疲倦。

他是普遍爲一切眾生而不是爲自己，來精勤地求證勝妙的大法；

他也不是爲了自己的色身或者自己心中的受用，也不是爲求五欲之樂。

所以他為了大法的緣故，雖然身為大國王，還是很精勤地尋求，而終於獲得這個《妙法蓮華經》最勝妙法；

就因為這個緣故，所以漸次修行而到後來得以成為究竟佛，因為這樣的緣故，今天為你們大家來演說這部《妙法蓮華經》。」】

講義：這就是說，眞的想要成佛，一定得要聽聞《妙法蓮華經》。如果不聽聞《妙法蓮華經》，就不知道成佛的時候究竟是怎麼回事，往往就隨隨便便以為說：「自己這一明心就是成佛了。」或者隨隨便便以為說：「自己開悟了，」其實只是落入離念靈知，也自認為說：「這一悟就是成佛了。」當你眞正聽聞如實演述的《妙法蓮華經》，就會具足瞭解成佛不是那麼容易的事，怎麼可能有人即身成佛或者即生成佛，那都是自欺欺人之談。所以世尊特地告訴我們，講出祂因地時自己的經歷。說過去無量無邊無數劫之前，為了勤求這個大法的緣故，雖然作為世間的大國王，這算世間天，是人間最有權力的人；因為國王的權力比總統大，生殺予奪都在他一念之間。現在民主國家的總統，要殺人也沒辦法殺的，得要經由法官依罪證三審定讞，才有辦法奪命；否則連一個乞丐之命，他也奪不了。就算是獨裁國家的總統，他想要殺人時也得用暗殺，不能光明正大殺，否則民眾會反抗。但是古時的國王權力很大，往往不受這個限制，所以國王在世間是權力最大的人。

可是雖然當了國王，爲了求這個大法，他不貪五欲樂，而命令手下四處搥鐘宣告：「什麼人有大法，如果能夠爲我解說，我國王願意親身當他的奴僕，奉給所須。」諸位想想看，什麼才是大法？一般人聽了，大概都認爲《金剛經》就是大法，因爲萬法從此經出，三乘的賢聖也是因爲此經的緣故，才有實證上的差別。當然以前這句話說出來，人家不太相信；我們現在把三乘菩提具足顯示出來，確實是有差別，但是三乘菩提都不能外於「此經」金剛心而能存在，證實《金剛經》講的「一切賢聖皆以無爲法而有差別」，說的完全正確，沒有一絲絲的不實。但是，《金剛經》就是大法嗎？仍舊不然！因爲《金剛經》談到的只是般若的總相與一些別相而已，而且全部的別相都還要靠《大品般若經》、《小品般若經》才能夠具足說完；即使具足說完了，也還只是別相，都還沒有談到一切種智。

那也許有人想：「我知道了，一切種智就是最勝妙的大法，我只要努力修一切種智就行了。」但是，我要說，這樣還是不能成佛，因爲也許哪一天，假設他證得猶如鏡像觀、或者猶如光影、或者猶如谷響等現觀，他就會自以爲成佛了。這是因爲他還沒有具足瞭解佛地的境界相，也沒有具足瞭解初地到十地所應修學的內涵，所以當他滿了三地心、四地心時（我說的是故意施設的假設情況，事實上不可能如此），可能會生起一個妄念說：這樣是不是成佛？我也可以遊歷十方世界，我也可以變現化身，我也可以變化自身如同佛身，我也有道種智。就會有產生一念的可能：我是不是成佛了？他的問題是出在哪裡？問題出在不知道眞正的大法，而眞正的大法就是《妙法蓮華經》，把佛地的境界爲大家詳細演述出來。

比如說授記，座下的阿羅漢們迴小向大證悟了，什麼時候可以成佛？各人不同，佛卻必須對這些弟子們一一授記，說明每一個人將來的佛號是什麼，他們的菩薩弟子、聲聞弟子各有多少，接著正法、像法、末法住世各有多久，甚至針對特別的弟子還得授記說：你將來會有什麼樣的弟子繼承你的如來家業。這個授記，三地滿心、四地滿心、五地、七地菩薩都作不到。但《法華經》就這樣示現出來：成佛時是可以爲人授記的，清清楚楚地看見了。除此以外，多寶如來也要來印證：這一尊佛所說的這一部《法華經》是如實的。現在問題來了，當某某人自稱成佛的時候，他有沒有把握說：我以自己的內容來講《法華經》，我講的《法華經》不是以前從諸佛那裡聽來而照本宣科，而我講出來的《法華經》，多寶如來一定會來聽。他有沒有把握啊？他得要先掂一掂自己的分量。

如果有聽過菩薩們如實演述《法華經》，他就會知道自己這個部分作不作得到；至於密宗大小喇嘛及法王們，所有人都是不懂佛法的外道，連基本的聲聞解脫道都不懂，就別說是親證佛菩提道；至於《法華經》中的意涵，根本就是提都別提了。假使佛教中有人自稱成佛時，應該請他閱讀《法華經》，當他讀後自己衡量，會發覺自己作不到，就知道自己還沒有成佛。至於要如何能夠達到授記功德的顯發，他無法瞭解，就會知道自己距離佛地還很遙遠。所以，有很多的內涵還是在《法華經》中才演說出來的，明心了並不知道，見性了也不知道，三賢位滿足而有了如夢觀的現觀，也還是不知道；乃至入了地，三地、五地、八地都還不知道。聽過《法華經》的人，就會知道說，成佛是必須要具足其他許多法的，不是單單一切種智，要函蓋了全面的佛法以後，這樣的法才能稱之為大法。

現在有人宣稱「法輪大法好」，有沒有？還掛著布招呢，有的掛在住家，有的掛在公司，努力宣揚說法輪大法好。好在哪裡？好在速度很快；就是他們的教主下墮地獄的速度一定很快，只有好在這裡。我講這個話，我的同學大概會罵我，因爲他曾經是台灣法輪功學會的會長，我們已經二十幾年……大概五十年沒見了。有些人眞的很奇怪，很有學問的人，而且是學科學的人，都當到教授了，也有當到部長的，好像也有當過監察院長，偏偏他們遇到了宗教就開始迷信起來，連凡夫李洪志講的假佛法，連喇嘛教那一種東西竟然也會相信，你說他們那不叫迷信，要叫作什麼？眞的好奇怪！明明是學理工的博士，應該是很理性的人，可是那種根本不可能證實而自稱是佛的假東西，他也會相信。所以人眞的很奇怪，一遇到宗教就迷信了。而我那位同學，他也是教授，可是就沒機會遇到他，哪一天我要好好跟他談一談，就是沒機會遇到。什麼叫作法輪？要先弄清楚。有了法輪以後是不是大法？還得要再進一步弄清楚；因爲有法輪時，還不一定是大法。若是李洪志那個法輪其實不是法輪，只是凡夫外道的戲論，因爲他連聲聞初果都不曾證得。

你如果轉二乘法輪，那也是法輪，可並不是大法，那只能叫作小法；雖然外道凡夫都證不到，但仍然是小法。《金剛經》是大乘法輪，也是法輪，雖然它對於二乘人來講，稱之爲大法，但如果要從《法華經》來講，依舊還是小法，不是大法。只有《妙法蓮華經》才能稱之爲大法，而且是永遠不可推翻的究竟定義的大法，因爲它函蓋面既深又廣。只要如實聽過《法華經》，而不是依文解義的，你就會知道佛地難思議。即使是八地、九地菩薩，在成佛之前他想起以前親聞 世尊演述《妙法蓮華經》以後，不管他遠行到何處去，到哪一個世界去，永遠會有一個作意存在：「**佛地難思議，我今在遙。**」一定會這樣覺得，這個作意會永遠存在；說我雖然到了八地、到了九地，但是我距離佛地還是很遙遠。何況是才剛入地或者三賢位的菩薩，才剛開悟就說：「**我證得佛地眞如了，我跟佛陀一樣了。**」根本就不一樣。

所以這樣才能夠叫作大法，有法輪不一定是大法。如果用木頭雕了就叫作法輪，或者說玻璃上，人家玻璃廠爲了吸玻璃，有兩個橡皮墊，這麼眞空吸引，所以一吸起來，然後就運送出去了；那個東西得要有特殊的油來潤滑才能使用，用過以後就會附著在玻璃上面，平常看不見，得要遇到水氣時才會顯示出來。那種油，你用汽油、肥皀，都是洗刷不掉的。你用肥皀擦不掉，清潔劑也擦不掉；當你把玻璃擦得很清潔、很明亮時，冬天遇到南方氣流來了，整個空氣裡都是水；特別是室內坐滿了人，那玻璃罩上一層水霧，可是那個橡皮吸盤曾經接觸過的地方就是不會有水氣，於是就烘托出來，無知者就驚訝地大聲叫喚說：「法輪！法輪！你看我們道場多妙。」

但那又不很像法輪，眞要弄的話，我就去拜託人家雕刻法輪出來，像我們講桌前面那個法輪，我還可以把它加上正覺二個字。然後我去玻璃廠問清楚：「你們那個吸玻璃的吸盤，那是噴上什麼油來吸玻璃的？」問清楚了，我也去買一罐來噴一噴吸盤。噴好了，用乾布把玻璃擦一擦，然後我們每一片玻璃都用眞空吸引機先來吸一吸，要把所有玻璃一片又一片全部吸過，全都吸到很緊，然後再放開，每一片這樣都來弄一弄。然後買了蒸氣機來，像日本冬天屋子裡都要開蒸氣機；冬天我們把蒸氣機開了，讓講堂裡面充滿看不見的水氣，玻璃上面罩滿了水霧時，就可以讓大家都來看法輪，而且叫作正覺法輪。這個搞鬼當然可以攝受很多人，只不過被攝受的都是愚癡人。如果眞要搞怪，我很會搞，因爲那一些我都懂，包括冥紙放到水裡，我這口裡一噴，過一會兒，火就爆發出來，或者入油鍋不燙，炫耀說：「你們看，我的神力多厲害，這不是八地菩薩，是什麼？」也可以啊！但是這都是一些具有化學知識的人就能弄出來唬人的東西，只能欺騙那一些沒見過世面的愚癡人。至於法輪功，只是練練氣功罷了，李洪志懂什麼佛法？他連聲聞法都不懂，根本就是胡說，只能說是邪法輪。

所以眞正的法輪只有三乘菩提可以當得，然而這三乘菩提是不是大法？其中也還有很多層次的差別，這是大家應該要去弄清楚的。所以只有《妙法蓮華經》所說、所顯示的佛地境界，函蓋了無量無邊法在裡面顯示出來，才能稱之爲大法。因此不要看人家口號叫得很響亮就相信了，現在「大師」這二個字沒什麼價値，因爲早就被濫用了；所以在末法時代有好多好多的大師，眞的叫作「大師滿街走」，你一不小心就撞見了。可是在 佛陀的時代，大師只有一位，就是 釋迦如來。因此，法之所以爲大，並不是說單單 佛陀說出來的就一定是大，因爲 佛陀說出來的有前後三轉法輪，表顯三乘菩提法輪層次的不同。

即使大乘菩提還不足以稱爲至極大法，得要《妙法蓮華經》才能稱之爲大。可是顧慮到眾生層次的差別，所以對二乘人就說大乘法爲大，是眞正的大法。對凡夫、對外道而言，就說二乘菩提很大，因爲他們都無法實證。那麼對於三賢位菩薩來說，說道種智很大；乃至對於諸地菩薩來講，只有佛地的境界才稱之爲大，而佛地的境界就藉《妙法蓮華經》來宣說。如果不是依文解義，而是聽聞到如實演述，自然就會知道《妙法蓮華經》爲何稱之爲大，它之所以爲大的道理在何處；不但知其然，也能知其所以然，這樣才算眞的知道什麼叫作大法。那麼，這個種子種進你心裡面以後，在你八識心田中種進去了，將來不論哪一世，你有胎昧或無胎昧都不論，只要你有一世是自己重新證悟了，那你出去當法主時，絕對不會自認爲自己已經成佛，你會很清楚知道自己還沒有佛地的境界。縱使你有道種智也不會自大，就是因爲你聽過了《妙法蓮華經》，所以什麼是大法，你已經瞭解了，這才是眞正的大法。

那麼過去無數劫之前，釋迦世尊就是爲了求這個大法，雖然當上了世間的國王，他不想貪求五欲之樂，反而搥鐘告知四面八方一切人：「**誰有大法的話，如果願意爲我解說，我親身當他的奴僕。**」身爲國王願意當人家的奴僕，這顯示他一點點慢都沒有，這也顯示他有些懂得什麼是大法。那麼，當時有一位阿私陀仙，阿私陀仙翻譯過來就叫作無比仙。爲什麼說是無比？是因爲他有一種功德，世間人無人能比，而一切仙人都不能跟他相提並論，也就是他能夠禁制一切毒氣，不管什麼樣的毒氣，遇到他都沒用；只要有他所在的地方，眾生就平安；因爲毒氣會被他所禁制，不能產生作用。他這個功德無人能比，所以他就被稱爲無比仙。翻譯過來時又叫作莊嚴仙，爲什麼他叫作莊嚴仙呢？因爲他生來最莊嚴，一切仙人不能跟他相提並論，所以又叫作莊嚴仙。

當時有一位無比仙來告訴大王；但是「仙」諸位要瞭解，一般人想像中的仙，大概就是飛來飛去的那種人才稱爲仙；可是在欲界天神口中所說的仙，或是 佛陀所說的仙不是那種人，而是住在人間遠離世間人類的欲求，住在山裡面努力修練而有特殊的功德，那就叫作仙。中國人造字造得好，仙，你把它拆開來，就是山人。所以如果有人寫了書出來，自稱某某山人，你就要知道，他其實是以仙自居，他的身分就是仙。那麼山人是住在山上，努力修練一種特殊的功夫，所以他就被稱爲仙。《楞嚴經》裡面也講過有幾種仙，其中一種仙修練成功了，叫作精行仙，就是練精化氣，練氣化神，練神還虛，然後可以長壽不死，活上一、二千歲，乃至最長可以活上幾萬歲，那就是精行仙爲始，後來成爲空行仙，他看來似乎是不會死的。

請問諸位，達賴喇嘛現在是第幾世？他死過幾遍了？現在是假設一個前提說，從達賴一世到現在都是同一個人轉世；其實不可能同一個人，因爲每一代的達賴都是心狠手辣殘害異己，然後又傳授邪法，所以每一代達賴死後都是下墮地獄，只有那幾個短壽早夭還來不及幹惡業的達賴，不必下墮地獄；因爲有的達賴很短壽，不到二十歲早就死了，都來不及造惡業。現在假設第一世到現在十四世是同一個人，假設啦！請問他死了幾遍？十三遍，請問：他有沒有練成精行仙的功夫？沒有嘛！所以他說的那個雙身法的功夫根本就是騙人的，歷代的達賴喇嘛並沒有一代修成精行仙的功夫。他如果修成了就不會死，應該現在還是達賴一世。對啊！因爲精行仙可以活上千歲萬歲，乃至長壽的話，可以活上一、二萬歲，可是他們都沒有啊！

這表示歷代達賴喇嘛都是詐欺犯，爲什麼呢？因爲他們都是仿冒名牌，那個名牌叫作佛教；仿冒佛教就是仿冒名牌，歷代達賴喇嘛侵犯佛教的智慧財產權，這不正是詐欺犯嗎？騙人說他說的是佛法，而且騙人即身成佛，可都是騙人的；這是用仿冒品，冒稱名牌來賣人家，這就是詐欺。這很明顯是詐欺的行爲，因此所有喇嘛都是詐欺犯。然後，他們的教義「根本成淫」本質就是邪教，所以既是邪教也是詐欺犯。如果我哪一天當了法官，有人告喇嘛性侵，我就用他們的根本教義來作一個宣判，說這是詐欺犯，先判他詐欺，然後加上強制性交，判他們重罪。因爲一般的法官沒有研究眞正的佛法，如果我當上法官，一定這麼判。也許我們哪位法官有機會判上這麼一個例子，讓人家罵恐龍法官也沒關係，至少教育了社會人士。可以在判決書列出來說明，爲什麼這個是邪法邪教；這可是一件大功德，因爲一定引起爭議，社會就開始討論，媒體也開始討論說：爲什麼他這麼判，有沒有道理？然後一定會有兩派意見：一派贊成，一派反對。因爲這個不歸法律所管的範圍，不應該宣判，應該駁回，最多只能依他的強制性交加以判罪；但是另外有一派一定會說，用這個教育民眾很好，應該要判。

所以，什麼叫作仙？仙有它的定義。如果是阿私陀仙，就不一定很長壽。但密宗那個境界如果修練成功，那就是精行仙；精行仙一定可以長壽千歲萬歲的，可是達賴死了十三次，顯然他每一世都沒有修成精行仙的功夫，就不該修雙身法，那麼他講的那個所謂的雙身法境界顯然都是假的，這已證明他每一代都是犯戒：當然不是犯佛戒，而是犯他自己私設的三昧耶戒——違背了明禁行。依照他們自己的定義，我們不用佛戒規範他，依照他們自己的定義，他們死後都要下金剛地獄。那是不是我們來打造一個金剛地獄來關他們？因爲三界中沒有金剛地獄，只好由我們來打造了。

所以，仙的定義，就稱之爲山人，是住在山裡不太跟世間人往來，但他們修練某一種獨特的功夫成就，所以稱爲仙。至於仙的種類就很多了，這裡就先不談。回到經文來說，這個阿私陀仙告訴大王說：「**我有微妙法，世間所希有。若能修行者，吾當爲汝說。**」他這個法確實是微妙法，因爲所有的經典，除了《法華經》以外，沒有一部經典是這樣顯示諸佛不共菩薩境界的，只有這一部經典這樣顯示出來，所以這法眞的很微妙，他就告訴大王說：「**我有這麼一個微妙法，如果你眞的願意修行，我就爲你說。**」這時國王聽到阿私陀仙的話，心中生起了非常大的喜悅；因爲他身爲國王，沒有人敢欺騙他。如果這個阿私陀仙沒有這個勝妙法而來騙他，國王哪一天又回到王宮發動軍隊來把他殺了，所以他想：「**我身爲國王，這個仙人一定是不敢騙我的。**」於是他就跟隨著這個仙人去當他的徒弟，日常生活的一切所須都供給了。

這就是說，他得去採拾乾燥的枯木，回來當作生火燒水之用。水果或者像菜瓜一類的都要去採集回來，乃至稻子或麥子等等以供充飢之用，仙人就不必自己去採集了，於是每天可以有一個時辰、二個時辰來爲他演說《妙法蓮華經》。這國王就這樣子，只要仙人有所需，他隨時都準備妥當，隨時都很恭敬地供給日常所需。因爲他的心中、他的情緒裡面只有一樣東西，就是妙法；所以每天聽聞妙法時非常快樂，服侍這位阿私陀仙而去作各種工作時，雖然很勞累，卻完全沒有懈怠或疲倦的想法。

世尊接著說明，那時的國王就是現在的 釋迦如來，在無量數劫之前的因地，可能都已經證悟了，但還沒有得到眞正的最妙法，爲追求最勝妙法，遇到阿私陀仙，阿私陀就爲他演講《妙法蓮華經》，所以他對六度波羅蜜的認知就與以前有所不同，瞭解悟後到達佛地還要有這麼多的功德，這不是單單修學般若波羅蜜或六度波羅蜜便可以達成的，漸漸知道應該次第進修才能成佛。那麼當時身爲國王而願意這樣親身履踐去當徒弟，恭敬地供奉這位阿私陀仙，只是爲了聽聞《妙法蓮華經》，動機卻不是爲自己，而是普遍地爲了眾生。如果單單是爲自己，不會有多少人願意這樣作，而是因爲有那個大心爲了眾生，所以這樣精勤求證這個大法，這也證明不是爲自己本身，也不是爲了求五欲樂。

如果爲了求五欲樂，繼續當國王就行了；縱使來學了《妙法蓮華經》，所能得到的五欲樂不會比當國王多，顯然不是爲了五欲樂；因爲這個緣故，所以他雖然當了大國王，還是很精勤來求大法，因此才獲得《妙法蓮華經》。最後終於由於《法華經》深妙理的緣故，後來次第修行成就佛道。世尊就這樣親口告訴我們，正是因爲《妙法蓮華經》，否則不可能究竟成佛的。那麼這樣子，大家就會瞭解《法華經》的勝妙，不是在這一些語言文字上所能知道的。諸位今天聽過這樣如實宣演的《妙法蓮華經》，這種子就會在你心中，即使你不能夠鉅細靡遺全部都記得，至少你已知道一個大概，未來世不論你離了胎昧或者未離胎昧都一樣，未來世證悟以後，隨即會知道自己還沒有成佛，於是不會因爲大妄語的關係而下墮惡道。

明心以後，還是會有退喔！不能夠說明心的人就絕對不退呵！以前在大陸，那是幾年前？大約十來年之前，有一群人毀謗說：「台灣蕭平實說開悟以後還會退失，那表示他的法是有問題啊！」可是我就說：「這表示他們都是少聞寡慧的凡夫。」因爲《菩薩瓔珞本業經》裡面很清楚地告訴我們：天子法才、王子舍利弗這兩個人，過去無數劫前曾經證得如來藏，想要進入第七住位，可惜的是沒有善知識攝受，因此退轉而不能稱爲開悟；退轉後，十劫之中無惡不造，當然要下墮三惡道。那是又輪轉了多久，才又能夠回到佛法中來？而那時他們二人的退轉，就只是因爲沒有善知識來攝受他們。這已經證明，只因爲沒有善知識攝受，想入第七住位常住不退就不可能，表示眞正證悟者是會退轉的。我也常說，只有一種「證悟」是不會退轉的，就是悟錯而住在意識或識陰境界中，依舊是原來的五陰我，符合凡夫對自我的執著，當然不容易「退轉」。

那麼退轉的情況就會有很多種，我們會裡以前退轉的一批人，不就是自稱成佛了嗎？宣稱他們已經證得佛地眞如，特地強調「佛地」兩個字，那就是暗示大家說：我已成佛了。可是，他們明明知道什麼是如來藏，也明明知道阿賴耶識，因爲在以前的課程中（編案：那時尚無增上班，講《成唯識論》時並不限制聽講資格），我都已經詳細講解過了，但他們卻故意否定說：阿賴耶識不是如來藏，是由如來藏—眞如—出生阿賴耶識。那是不是退轉？是退轉。而且造了謗法、謗佛、謗賢聖的大惡業，這大惡業還是世間最大的惡業呢。他們問題出在哪裡？出在還沒有通達；問題還不是出在沒有聽聞這部《妙法蓮華經》，只是出在沒有通達。當然，如果那時他們有聽聞我講過《法華經》，應該就會更深入理解佛法，就不會退轉。

也許有人想：「如果通達了，入地了，就不會退轉了嘛！」會呵！還是會有退，叫作念退，但一定不會退出三賢位或初地以外。乃至入了八地以後都還有所知障，只是念不退而已。因此七住以後不退，只是位不退而已。但是如果你有因緣，把《妙法蓮華經》的如實義理親自領受，盡未來際，都不會有他們某一種大妄語而退轉的情形；未來世還有胎昧，假使每一世重新證悟了，一定是位不退，絕對不會退回六住、五住位去。因爲一旦否定阿賴耶識就已不在六住位了，一定會回落到意識境界去，就不可能有第六住菩薩的知見；這是因爲第六住菩薩是要雙印能取所取空，才能得煖法、頂法、忍法、世第一法，那至少是堅信有第八識常住不壞而有初果的證量。結果他們否定了阿賴耶識以後，竟然回頭主張說：我們證得這個心——離念靈知，這才是佛地眞如。

但因爲否定了阿賴耶識，就沒有佛地眞如可證了，乃至七住位的眞如都證不到，連凡夫位的邪行眞如都證不到，一定要落回意識去；當他們落回意識的時候，還能夠證得煖法嗎？不可能了！所以連六住位都保不住了。可是，你如果有如實聽聞《妙法蓮華經》，就會知道佛地功德如何廣大，未來世重新證悟了，就知道這只不過是剛剛見道，離成佛還遠著呢！生生世世就都不會退轉，也不會有大妄語業了。所以，這部《妙法蓮華經》的功德，無以倫比，當然有資格稱之爲大。可是談到阿私陀仙，這阿私陀仙跟提婆達多究竟有什麼關聯？佛陀接著就會開示了。

經文：【佛告諸比丘：「爾時王者，則我身是；時仙人者，今提婆達多是。由提婆達多善知識故，令我具足六波羅蜜，慈悲喜捨，三十二相，八十種好，紫磨金色，十力、四無所畏、四攝法、十八不共神通道力，成等正覺，廣度眾生，皆因提婆達多善知識故。」

告諸四眾：「提婆達多卻後過無量劫，當得成佛，號曰天王如來，應供、正遍知、明行足、善逝、世間解、無上士、調御丈夫、天人師、佛、世尊。

世界名天道。時天王佛住世二十中劫，廣爲眾生說於妙法，恒河沙眾生得阿羅漢果，無量眾生發緣覺心，恒河沙眾生發無上道心，得無生忍，至不退轉。時天王佛般涅槃後，正法住世二十中劫。全身舍利起七寶塔，高六十由旬，縱廣四十由旬；諸天人民，悉以雜華、末香、燒香、塗香，衣服、瓔珞、幢幡、寶蓋，伎樂、歌頌，禮拜供養七寶妙塔。無量眾生得阿羅漢果，無量眾生悟辟支佛，不可思議眾生發菩提心，至不退轉。」

佛告諸比丘：「未來世中，若有善男子、善女人，聞《妙法華經》〈提婆達多品〉，淨心信敬不生疑惑者，不墮地獄、餓鬼、畜生，生十方佛前，所生之處常聞此經。若生人天中，受勝妙樂；若在佛前，蓮華化生。」

語譯：【佛陀又告訴諸比丘說：「當時的國王，其實就是我釋迦如來；當時的那位阿私陀仙，就是現在的提婆達多。由於提婆達多這位善知識的緣故，使我能夠具足六度波羅蜜多，而且也具足了慈悲喜捨四無量心，又具足了三十二種大人相，八十種隨形好，如今獲得這個紫磨金色身，具有十力、四種無所畏和圓滿的四攝法，還有十八種不共菩薩們、不共聲聞緣覺的神通道力，如今成爲無上正等正覺，來廣度了很多的眾生，這都是因爲提婆達多善知識的緣故。」

接著又告訴諸四眾：「提婆達多在未來經過無量劫以後，他也可以成佛，名號就是天王如來，具足了應供、正遍知、明行足、善逝、世間解、無上士、調御丈夫、天人師、佛、世尊十號。他成佛時的世界名爲天道。那時的天王佛住持於世間有二十個中劫之久，這二十個中劫之中，他廣爲眾生演說各種妙法，因此有恆河沙數的眾生證得阿羅漢果，也有無量眾生發起緣覺之心，並且還有恆河沙數的眾生發起了無上道心，證得了無生忍，都已經到達不退轉的地步了。那時天王佛般涅槃以後，他的正法還要繼續住世二十個中劫。當他涅槃以後，以全身舍利來起造七寶塔，高有六十個由旬，縱廣有四十個由旬；那時諸天人民，全都以各種不同的華以及末香、燒香和塗香，又用衣服、瓔珞、幢幡、寶蓋，伎樂和歌頌，來供養七寶塔，並且大家都來禮拜這個七寶妙塔。這時，在正法住世的二十個中劫之中，繼續有無量眾生證得阿羅漢果，也有無量眾生悟得辟支佛果，並且還有不可思議的眾生發起無上正等正覺之心，都獲得不退轉。」

佛陀又告訴諸比丘說：「在未來世中，如果有善男子、善女人，聽聞了

《妙法蓮華經》中的〈提婆達多品〉，以清淨心而信受恭敬、不生起疑惑的話，這一些人將來捨報後，未來一世又一世都不會下墮於地獄、餓鬼、畜生道中，並且還可以出生在十方諸佛的面前，所生之處總是會聽聞到這一部《妙法蓮華經》。如果他不生在佛前而出生於其他的人間或者天界中，都會領受勝妙的世間五欲之樂；如果是出生在佛前，就會是蓮華化生。」】

講義：請問諸位，你們聽聞《妙法蓮華經》到今天，接著講了這個〈提婆達多品〉；我講到這裡，諸位心中是不是「淨心信敬不生疑惑」？（大眾答：是。）應該要大聲一點答！（大眾大聲答：是！）對啊！因爲這樣對自己大有好處，應該要大聲答出來啊！只要「淨心信敬」，還不必開悟，也還不必斷我見，就可以永遠不墮三惡道。這麼便宜的事，爲什麼不要？當然要嘛！所以，聽聞這〈提婆達多品〉的時候，一定要「淨心信敬」並且「不生疑惑」。爲了這個原因，我在這一品開講前，還特地爲大家說明他是逆行菩薩，就表示他不是故意造惡，他只是爲了眾生，承擔起這個責任來當逆行菩薩；因爲沒有人願意幹這種事情，這個叫作罵名千古。你看，他入滅以來已經二千多年了，還常常有法師、居士們在罵他，眞的叫作罵名千古。可是，有幾多人知道他的逆行菩薩功德呢？世尊這一段開示，等於也告訴我們提婆達多的果位了。所以，也許上一回我說「提婆達多不是等閒的菩薩」時，可能有人心中還有一個問號在。今天咱們來討論看看，世尊已經在什麼地方告訴我們，他是什麼果位。

回到經文來，佛陀告訴諸比丘們說：「當時那個國王，就是今天我釋迦如來；當時那位教授國王《妙法蓮華經》的阿私陀仙，就是現在的提婆達多。由於提婆達多這位善知識的緣故，使我能夠具足六度波羅蜜多。」這是第一部分，後面還有慈悲喜捨等。首先說，具足了六度波羅蜜多。為什麼特地要講這一句話？因為佛陀看到很多人，身為菩薩修學成佛之道，確實很努力，但是總會發覺到：他們只對其中的一度在努力，其他五度全都擺在一邊。這些人一天到晚就是要修般若波羅蜜，很努力修般若波羅蜜，而前五度都放著不修。也許有人想：「他努力在修般若波羅蜜，不就具足了精進波羅蜜嗎？」我說：不然，因爲他只精進於一種，其他的五度，他全都不精進，哪裡有具足精進波羅蜜多？諸位想一想，是不是如此？對啊！他只在般若上面精進，可是布施沒有精進，愛語也沒有，他見了人都不耐煩；是因爲他只要精進修般若，不論誰去找他，他都很不耐煩。布施不修，愛語也不修，他可能跟眾生同事嗎？一定不可能！哪一天你邀請他說：「我們去發破密文宣救護眾生。」他會說：「我沒空啦！我努力在修般若波羅蜜。」他終究不肯跟你同事，那麼他對眾生的利行就更別談，因爲他連救護眾生去發一些文宣都不願意了，怎麼可能對眾生有所利行？像這樣的人，六度永遠不會滿足的，因爲布施首先就通不過了；連布施一些自己的時間都不肯，只是布施一些自己的體力與時間都不肯，何況其他的布施？那麼第一度就不肯修，好像不蓋第一層就想蓋第六層樓一般，怎能蓋得起來？

那他們專門在般若波羅蜜裡面去深入，《大品般若》、《小品般若》，每天努力作訓詁的工作，專在那邊作文字上的研究：這一句是什麼意思，那一句是什麼意思。他研究了一、二十年以後說：「喔！我懂了，我研究了好幾遍了。」可是出來一講，善知識們才剛一聽，「噗哧！」一笑說：「原來是依文解義。」他只是在作學問，他不是眞的在實證或者研究般若波羅蜜多。結果善知識送了一頂高帽子給他：「你講得好啊！」給他一頂高帽子說：「送您一頂高帽子，上面寫著四個字：佛學專家。」意思是說他不是菩薩。你看，他根本沒有辦法具足六波羅蜜，爲什麼他不能具足？因爲他對前五度都不修。

六度波羅蜜是有它的次第性，我這一世剛學佛不久，大概才二年、三年，那時也還沒有破參，我就知道這個道理。有一次禪坐會內部的幹部訓練，那是在某一個寺院裡面，輪到我講的時候，我就製作了大字報，一頁又一頁，我的題目就叫作〈淺談菩薩道〉，專講六度；當時我就說過六度互攝的道理，也說過六度有其次第性的道理等等。那時候其實聽懂的人很少，我也沒聽誰講過這些道理，可是自己就會從心中冒出這些東西來。我當時就寫了大字報，然後就一一講解出來。不曉得他們當時錄的那些錄音帶還在不在，我不曉得，記得那時是有錄音的。

意思就是說，六度是不能獨修的，六度是要次第去修的。那麼修到某一個程度以後，到了最後一度時，你對六度可得要合修了，再也不能單修一度了。當你這六度的內涵已經修圓滿了，接下來才是你開悟明心的時候。否則提早開悟了還是會退轉，或者悟了以後會產生大妄語而自稱成佛。這是事實，我出來度人的經驗就是這樣子。所以有些人在我幫助下終於開悟了，然後他不久就覺得自己比我蕭老師厲害。他得要靠我幫助才能開悟，而我是自己證悟的，他竟然會覺得比我厲害。到後來連我求見於他，竟然都拒不接見，你說他厲害不厲害？他可眞是高啊！可是我說他高，是慢心高不是智慧高。這就是說，前五度他沒有具足修，而第六度裡面那個雙印能取所取空的世第一法，也還沒有證得。

但是我卻不能怪他，要怪我自己，因爲造因的人是我。當年我明知道六度要次第修，但是沒有教他們先把那六度的前五度內涵都修好，我就先幫他開悟了，成爲沒有下面五層樓的第六樓，全都依靠我用手幫他支撐著，後來他不想要我的手幫他支撐，因爲他覺得自己比我行，於是就重重墜下地面，連一樓都沒了。所以我說過失還是在我，我不怪他們，我還是得怪我自己。這就是說，當初我沒有去要求他們先具足修前面五度，然後再教導他怎麼樣斷我見；當初我連斷我見這個法都沒有教他們，就先幫他找到如來藏，要他住在七住眞如位中，問題就出來了，就重新回墮五陰我之中。

但我不希望有人重蹈覆轍，因爲他將會變成一個只知道如來藏表相的人，但如來藏的內涵依舊不知道，他也無法轉依；於是只知道如來藏，自稱開悟了卻來否定第八阿賴耶識。然後也有人效法他，動不動就會宣稱：「我有什麼觀、什麼觀，**我已經是幾地了。**」也有人因為這樣，還自稱說他是百丈大師再來。我聽了覺得好笑，就說了一句台語：「**百丈大師有那麼衰麼？連我見都斷不了？**」百丈大師眞的沒有那個人那麼衰啦！還得要讀了我的書，聽了我的退轉徒弟明講以後，才會知道如來藏在哪裡，而我見竟然還具足存在，竟然會以一個開悟菩薩的身分繼續供奉一貫道的老母娘鬼神？

所以，沒有具足全體六度的時候，我就幫他開悟了，他就會出問題，而且不願意被我攝受。不是善知識不攝受他，是他不願意被善知識攝受，因為他自覺比幫他開悟的善知識更有證量，自認為成佛了。問題就出在他的前五度根本沒有修學，然後第六度雙印能取所取空的知見也沒有。但是不能怪他們，要怪善知識，那個善知識就叫作蕭平實；所以當時的蕭平實是可惡的人，因為沒有先教他們把基礎打好，然後就用手把二樓、三樓……五樓幫他支撐著，所以後來他不要我幫他支撐，也就垮了！因為那個模板不能拆，那個模板的名稱就叫作蕭平實。當那個一樓到五樓的模板一拆了，他離開模板，就下墜地面上，連一樓都倒壞了。但我也不全然是惡人，因為我幫他開悟以後，已經在悟後起修的課程中宣講了《成唯識論》，幫他把前五度的道理都宣講了，也幫他把第六住位的「雙印能取所取空」的道理都為他詳細宣講了，只是他自己不受教，不肯去把以前欠缺的部分補足，自以為比善知識更行，想要取代善知識，才會有今天這樣的偏邪言行而致退轉。

所以，懂得《妙法蓮華經》就有這個好處，當你把它聽完，會知道說：不是單單證眞如而有般若就能成佛，因為成佛須要具備的功德是非常多的。明心了，對不起！還只在三賢的住位中；眼見佛性了，對不起！還在三賢的住位中；能夠破邪顯正了，對不起！還只是第五行、第六行菩薩而已，或者只是初迴向位的菩薩而已；文筆很犀利，外道凡夫都沒有辦法應對，對不起！還只是初迴向位。你看，單是從這裡去瞭解，就知道成佛不是那麼容易的事。可是有多少人知道呢？都不知道！所以到了末法時代，連六識論的凡夫大師們都可以自稱成佛，因此才會有一本書叫作《看見佛陀在人間》；那樣的凡夫被尊稱為佛陀，他們的六度能有什麼實證？都沒有！所以聽聞此經的好處，就是你會瞭解到整個佛道的境界；當你全部聽完了，就會知道：成佛應該是那樣成的，而我們現在悟了以後，自我檢查一下：跟經中說的佛陀境界有沒有完全相符合？結果是沒有。既然沒有，那就還不是佛嘛！還講什麼已經證得佛地眞如？很簡單啊！

所以，以前最早期弘法時，那時正覺同修會還沒有成立，我就跟一些同修們講過，我說：「你們不要自以爲成佛了，因爲我是自己參究出來的，我都知道距離佛地還很遙遠，我很清楚知道自己還不是佛。雖然我所悟的是眞實的，但還不是佛，你們千萬要小心。」因爲那時候我們會裡，有好多人正在流行月溪法師那一些書，他們才剛讀了以後認爲：「哇！遍滿虛空大自在。原來月溪法師成佛了。」我說：「你絕對不要相信他是佛。」結果他們不聽，於是成爲會裡第一批退轉的人。所以，《法華經》的重要性無以倫比，但是少人能知，眞的很少人知道。

六度波羅蜜一定要具足，但是具足了還不算成佛，還要繼續把它圓滿；圓滿六度以後，把佛法的道次第和實相般若整個通達了，才能入地。入地以後還有很多需要修的，三地滿心前，你得要有四禪八定、五神通，最後加上四無量心，也就是慈悲喜捨。這時得要有慈無量心、悲無量心、喜無量心、捨無量心，然後你的三地無生法忍功德才能圓滿。圓滿了三地無生法忍的功德，你就有了猶如谷響的現觀。所以三地滿心菩薩每天撥個時間上座，然後就以化身出去了！他以化身去為他方世界的有緣眾生說法，然後化身在那邊說法，他自己在這邊聽著化身在說法，好像山谷裡面的聲音迴響一樣；為什麼說是迴響？因為其實是在這裡說法，但是卻從那邊的化身講出來，而你在這裡聽到化身說的法，好像山谷的回音那樣再傳送回來，這就是三地滿心猶如谷響的現觀。

有的人在我幫助下開悟了，也有的人從退轉者那裡聽聞了密意，就去大陸號稱說他是第四地的大菩薩。那我就要問了：「你既然宣稱是超過三地的菩薩，請問你的猶如谷響現觀在哪裡？也拜託你哪天化個身影來台灣為我說說法，而你在那邊聽聞你自己的化身說了什麼法，也請你告訴我吧！」都沒見個影！所以我說：「他們那些人知見根本都不具足，亂說一氣。」連十住位的如幻觀都沒有，就別說十行的陽焰觀、十迴向的如夢觀了，竟然公開宣稱自己是四地菩薩，還供奉一貫道的鬼神，宣稱老母娘那個凡夫鬼神也有開悟。好笑的是，在大陸竟然也有人信。眞的有人信，不管多麼荒謬的教主出現在人間都會有人信，因為有那種愚癡無明的眾生，就會有那種荒謬的教主出現在人間，所以這個人間眞的無奇不有。

當然，「無奇不有」還有善的解釋，例如像我們講這麼深妙的《妙法蓮華經》，諸位也會信，眞是難得啊！也眞的是無奇不有。對啊！從一個證悟者立場，不管是什麼內容，都是有好壞兩面的；壞話也有善的一面，好話也有惡的一面。

沒有具足慈悲喜捨之心，四無量心的定境不成就，單單具足四禪八定及五神通與無生法忍，還是不能滿足三地心的。慈悲喜捨的境界，我們今天就不說它，因爲那是另一個層次，那是另一種定境，如果要把經中每一個部分的名相都講完，這《妙法蓮華經》就是會像提婆達多爲當年因地的釋迦菩薩所說的一樣，眞的要說上一千年。得要那樣才叫作大法、妙法，可是我們沒有一千年的時間可以用；縱使想要講，也沒辦法，因爲咱們壽命沒那麼長，現在是五濁惡世呢。當慈悲喜捨完成了，滿足三地心，生起猶如谷響的現觀，然後進入第四地次第漸修，最後等覺位中百劫修相好，完全在修集福德；在這整整一百劫之中，取得色身的目的就是要布施內財，取得人間財產的目的就是要布施財產。

所以，百劫之中無一處非捨身處，無一時非捨命時，只怕人家不來求。

人家不來求，福德的成就將會很慢。最好是剛一受生就家財萬貫，然後才剛長大不久，立即有人來要這些家財，於是馬上布施；布施完了，立即就有人要來求你布施身體，當下又布施給他。因爲財物都布施完了，日子也不太好過，既然有人來要身體，趕快給了，這樣最好啦！所以，這兩個人你都要感激，因爲他們免除了你的麻煩，不然你得要活到六七十歲，全都活在沒有大財富的境界中，接下來的時間都無法作大布施。哎呀！巴不得趕快有人來要這個身體，馬上就布施給他，要肝臟、要什麼都好：「來！一起來，就去醫院門外自殺了，立即送進醫院裡器官移植。」布施完了，馬上又去投胎，這樣才會快，這樣一百劫就可以很快完成。這整整一百劫都是爲了修福德；因爲菩薩地所應修的十度波羅蜜，他全都完成了，智慧也全都修完了，現在就是成佛所須要的福德，得用整整一百大劫去修，所以叫作「百劫修相好」。

這百劫修福都完成了，三十二大人相就具足圓滿，八十種隨形好也具足圓滿了。接著就在某一尊佛座下當一生補處菩薩，以出家的聲聞相輔佐某一尊佛，然後上生於兜率陀天等待，有時下來人間安排一下，就是等待人間你過去世所度的眾生得度的因緣成熟；等到誰該入地了，或者誰已經入地而應該進到五地、七地等等，你就觀察那些因緣，等到緣熟了就來降生於人間，這時便成就了你的紫磨金色身、十力、四無所畏，也圓滿了四攝法，並且還發起了十八種不共菩薩以及聲聞緣覺的神力，這個神力從你的道力而來，這時候才能稱之爲成等正覺。

所以，成就爲無上正等正覺不是那麼簡單的事情，但是 世尊成佛以來已經很久了，這回依著願力配合其他的往世九百九十九位兄弟，來滿願而示現成佛時，一樣是可以廣度眾生，但現在得要爲大眾宣講《法華經》了，推究到最早的緣起卻是提婆達多這位善知識。此世弘法以來一直都在說明提婆達多的不是，大家印象中也都知道：提婆達多是個大惡人，竟然敢要害佛，而且還破和合僧想要分裂僧團，惡事幹盡了，結果下墮地獄。現在最後答案揭曉，原來他是個逆行菩薩，整個翻轉過來了。可是，這眞相不能提前講，如果提前講了，卻又說：「提婆達多以前對我釋迦如來是如何如何不好，才會有今天的果報。」人家一定會說：「他是你的善知識，你爲什麼會常常說出他的過失？」眾生就聽不下去了。所以這個謎底要最後才能揭曉，不能先揭曉，要到最後宣講《法華經》這個時候才能說。

這樣，提婆達多這個逆行菩薩所示現出來的一切的惡行，才能成就功德，因爲要藉著提婆達多來顯示：佛地是多麼偉大，功德多麼圓滿，令人無法想像。要藉他來顯示世間法及佛法中的各種因緣果報，度眾生才會比較容易。所以你將來弘法的時候，如果有個徒弟專門跟你搞鬼，來顯示你的法多麼勝妙，你那時當然會知道他就是你的提婆達多。這個提婆達多，你得要到最後才能揭曉，不能先講。所以，在五濁惡世度眾生，得要有人出來示現才對，可是難得有人願意示現逆行菩薩。話說回來，諸位也可以想一想：提婆達多那麼早以前就能爲因地的 釋迦菩薩宣講《妙法蓮華經》，那麼他當時的證量有多高？因爲他一定不是依文解義來講解的。若是依文解義來講解，何必講到一千年之久？由此看來，他的證量顯然很高，卻能夠依舊依於本願繼續來當 釋迦如來弘法時的逆行菩薩；那麼 世尊授記他將來成佛，當然是絕對可信可受之說；而諸位信受 世尊這個〈提婆達多品〉時，就不會再於心中有所懷疑，將來生生世世不墮三惡道中，「**生十方佛前，所生之處常聞此經**」，可就大大得利了。

以前第三次法難的時候，有人氣憤塡膺。我說：「**諸位不要生氣，這是我們的好機會。」爲什麼呢？因爲我們的法固然勝妙，可是你不能無因無緣去顯示你某一個層次的勝妙。現在有人提出這個質疑，正好有機會把它作個答覆而寫出來，然後印出來給大家看。這是我們的好機會，否則你特地要去寫《燈影》這樣的書，還眞是師出無名，淺學佛法的眾生們會罵我們「愛現」。對啊！如果不是他們扮演那個逆行菩薩的角色，我們不能夠去寫〈八九識並存的過失〉（編案：即是〈略說第九識與第八識並存…等之過失〉）的文章，就不可能把六識論、七識論、八識論、九識論、十識論，全部楷定爲八識論；一定沒有機會，這是個大好機會。然後正覺這個法是否那麼勝妙、那麼廣大？我們藉著人家的質疑，寫了《燈影》出來，並且好快，才三個半月就出版了，讓大家瞧一瞧：正覺這個法有多麼勝妙，不可推翻。藉這個機會，使正覺的勝妙法，在台灣佛教界得到肯定，而且幾乎是全面性的肯定，除了密宗喇嘛。因爲雖然有一些人心服而口不服，終究也是心服，這也算是一種肯定。從那時候開始，從《燈影》出版一個月以後，台灣佛教界不會有人罵了，除了密宗那些藉佛法歛財的人以外；因爲密宗不是佛教界，他們不屬於佛教界，屬於外道界。

所以，扮演逆行菩薩是很不容易的，因此有人說：「他們怎麼樣、怎麼樣，**老師您都不生氣喲！**」我說：「**我幹嘛要生氣？這是我的好機會。**」也就是說，他們製造了一個機會，讓我出來現一現，不然我有機會來表現正覺法教的勝妙嗎？沒有！再也找不到機會表現了！所以依照我所預料，果然後來就是這樣的發展。我當時作的預料如今一一實現了，因此逆行菩薩很難得，所以咱們不會去跟他們計較；因爲扮演那個角色很不容易，甚至於他們自己也不知道，很可能是往世曾經發了願，要扮演這個角色；但因爲胎昧自己忘了，也有這個可能，因此不能夠單從一個很單純的表面去判斷一件事情。

單從表面所見來判斷，不是一定準確的，因爲背後有你所不知道的原因。所以，世間人講的眼見爲憑，我說往往不足以爲憑。如果完全奉行眼見爲憑的標準，那些魔術師早就比比爾蓋茲更有錢了，因爲比爾蓋茲還要努力工作去生產，魔術師只要一直變就好了！例如把鑽石拿過來，一顆變二顆，二顆變四顆；只要一直變下去，他不必多久就會比比爾蓋茲有錢了，因爲他只要去銀行借錢買一顆十克拉的好鑽；有沒有十克拉的鑽石？有呵！或者去跟人家借一下就好了，隨即就變出來自己的一顆，把原來的還給人家；然後回家自己一直變下去，成爲最有錢的人，那是不是眼見爲憑？對啊！「他們眞的變出來了，我親眼看見了」，但那只是個幻術，眼見不足以爲憑。何況背後的因果所牽涉的是過去無量世，以及往世發了什麼願而產生現在的事相，這些事相都不是單從表面事實看得出來的。

從表面的事實看來，提婆達多是個大惡人，但其實他是扮演逆行菩薩的角色。那麼，提婆達多在佛世到底是什麼果位？因爲如來既然說：是因爲提婆達多善知識的緣故，所以很快成佛。又說今天再次示現成佛來廣度眾生，也是因爲提婆達多的緣故。結果授記說，提婆達多「卻後過無量劫」，就是從現在算起以後頂多無量劫，都還不說是一「大」無量劫就可以成佛。未來無量劫便可以成佛，那他是什麼果位？成佛需要三大無量劫。那你想想看，他是只剩下一個無量劫，不是恆河沙數的無量劫，他只是再經過一個無量數劫就能成佛了。所以，要把他所有的神力、慧力都隱藏起來，去示現一個凡夫破法的模樣，這眞的很困難。他過後一個無量劫就可以成佛，那麼他在佛世是什麼樣的果位？大家心中應該就有一個理解了。前面被授記的那些大阿羅漢迴心成爲菩薩，有的人是幾個無量數劫、幾個阿僧祇劫，而他只是一個無量數劫而已，那麼你想，這一定是個大菩薩，特地配合釋迦如來在五濁惡世來演這一場無生法忍的大戲，並且貫徹始終演到底，演到下地獄都演，這眞的不容易。

「卻後過無量劫，當得成佛，號曰天王如來，十號具足。」十號具足才能夠稱爲成佛，如果十個名號的功德不具足，怎能稱爲成佛？那一些已經號稱成佛的人，你只要問他們其中的一種，看他們懂不懂？全都不懂啦！眞懂其中一種的人，就不敢自稱成佛了。所以十號具足的人，才有資格宣稱成佛，而且無可挑戰，因爲祂本來就是具足那十號的各種功德。那麼，提婆達多將來成佛名爲天王如來，到那時成佛的天王佛，住持於世間有二十個中劫之久。一個大劫有四個中劫，他的正法便已住持二十個中劫，請問那個世界是人間的世界嗎？當然不是，因爲人間最多就只有一個住劫——一個中劫叫作住劫，接著就是壞劫，然後就是空劫。一個大劫有四個中劫：成、住、壞、空。他住世二十個中劫，正法又住世二十個中劫，這表示他的佛國不是在人間，所以他那個世界叫作天道世界，已告訴你是在天上，不是在人間。

那麼，他將來成佛是二十個中劫之中**「廣爲眾生說於妙法」**。**「廣爲眾生說於妙法」，那又是在講《妙法蓮華經》啦！二十個中劫廣說《妙法蓮華經》，就是他用一部《妙法蓮華經》來函蓋一切佛法，就是把《妙法蓮華經》次第詳細加以述說二十個中劫，所以這二十個中劫之中，他住世的期間有恆河沙數眾生證得阿羅漢果。我們很多人知道說，將來 彌勒菩薩來成佛的時候，龍華樹下三轉聲聞法輪時，各有九十六億、九十四億、九十二億眾生得阿羅漢果。哇！不得了！好多喔！因為 釋迦如來的時候，證阿羅漢果的人可以算得出來。可是 彌勒菩薩來成佛的時候，那龍華三會聲聞法輪，這三轉的每一次都是九十幾億人得阿羅漢果，不得了！但是比起天王佛，那又不足道哉；畢竟還算得出來，都是九十幾億。

九十幾億就是你所知的數目，可是未來天王如來時是恆河沙眾生得阿羅漢果，恆河沙眾生有幾億人？你沒辦法算，實在太多了，無法計算；這是因為他二十個中劫廣演《妙法蓮華經》，當然函蓋三乘菩提，然後還有無量眾生發起緣覺心。也就是說，在《妙法蓮華經》之中也宣說了因緣觀，所以這恆河沙眾生裡面都是阿羅漢，這些阿羅漢之中有無量人同時也發起緣覺心，雖然沒有證得獨覺果，因為他們不想要在未來無佛之世成就獨覺果，所以他們發緣覺心，所以是證得辟支佛果。證得緣覺果時也是辟支佛，但不是獨覺，因爲他們是因緣覺，是藉著天王佛宣說因緣觀，所以他們「發緣覺心」時就證得緣覺的果報，一樣也是辟支佛。

那麼，還有無量的眾生，如同恆河沙數那麼多，發起了無上道心。這表示說，開悟明心了，也就是證得大乘的人無我。《楞伽經》所講的人無我，不是二乘菩提的人無我；是由於證得第八識而現觀五陰的無我，所以證得大乘法中所說的本來無生。而且這一些證得大乘人無我的人，他們當然是菩薩，於是「至不退轉」。也就是說，至少進入第七住位而不退轉，退轉了就不是第七住菩薩了。他們都不會退轉，然後天王佛般涅槃以後，正法住世二十中劫；他自己成佛時住世二十個中劫，他的正法在他入涅槃後也住世二十個中劫，這在人間是不可能的。且不說時間，單單說眾生，會不斷地生死以及退轉，但是這一些人全都不退轉，並且正法還繼續住世二十個中劫。這二十個中劫也眞的不得了，因爲二十個中劫裡面，會有菩薩阿羅漢們繼續演說正法，也會有菩薩們繼續演說《法華經》。

那麼天王佛入滅之後，大眾以他的全身舍利（舍利就是遺體），以他的遺體全身（翻成中文時特地不翻作遺體而譯作舍利，就覺得很尊貴，其實就是全身不壞的遺體。如果火化了以後就叫作碎身舍利，即使全是骨灰而沒有一顆舍利了，也叫作舍利，依舊是火化後的遺體。所以你如果要供養的佛舍利，應該叫作舍利子，是結成一顆顆清淨的樣子，又叫作堅固子，也可以供養），他的弟子們就以他的全身舍利來起塔供養，就是以他死後不壞的色身來起塔供養。那麼大眾為他建造了七寶塔，高六十由旬，縱廣各四十由旬；這個七寶塔眞的巒高廣，而諸天人民全部都來供養。那供養的種類就很多了，以「**雜華、末香、燒香、塗香，衣服、瓔珞、幢幡、寶蓋**」，並且加上「**伎樂**」和「**歌頌**」，這樣來禮拜供養七寶塔。

在這七寶塔建造好之後，整整二十個中劫裡面，有無量的眾生證得阿羅漢果，也有無量的眾生證悟辟支佛果。那麼，還有「**不可思議眾生發菩提心，至不退轉**」。不可思議的眾生，就是指菩薩；就像你們，你們就是「**不可思議眾生**」。還沒有進入正覺的人，就叫作可思議眾生，因為他們不信受如來藏妙法，不信受此經；或是信受了，都還不懂眞如是什麼，也不想求證。不可思議的眾生就是眞正的菩薩，發起了菩提心而實證了，並且到達不退轉；

不退轉是至少在第七住位常住不退，可能也有人是到了初地，也有人到達五地、八地等等，總之至少就是第七住位的不退轉住。

這時 佛陀又告訴諸比丘說：「未來世中，如果有善男子、善女人，聽聞了《妙法蓮華經》的〈提婆達多品〉，清淨了自己的心，而且是信受恭敬都不懷疑，並且知道是什麼道理，所以沒有疑惑，」如果不知道那個道理就會有疑惑，知道了提婆達多是個善知識，知道他是逆行菩薩的道理，對於他爲何被授記的事，心中沒有疑惑。那麼，由於「淨心信敬」加上沒有疑惑，就表示說這樣的人善根因緣成熟了，至少不會墮入意識思惟所思所想之中，最少是證初果的人。世尊說：「能夠淨心信敬而不生疑惑的人，」這不可能是對三乘菩提一無所知的，所以說：「這樣的人不墮地獄、餓鬼、畜生，永離三惡道，未來捨報後出生於十方佛前。」也就是說，只要有應身佛出生在人間，他就會遇到。

請問諸位，將來有應身佛在人間應化時，你會不會遇到？（大眾回答：會。）太棒了！你們一定會遇到，所以未來 彌勒尊佛出現於人間時，即使你們有人生在極樂世界中，那時你也會回來聽聞《妙法蓮華經》；因爲你在極樂世界也會看見的，所以你也會暫時回來，這樣子就是「生十方佛前」，淨選有佛的地方出生。「所生之處常聞此經」，意思是說，你不會遇到化身佛，你未來世「生於佛前」時，將會每一次都遇到應身佛。但是前提要記得：對這一品要「淨心信敬不生疑惑」。世尊又說：「信受〈提婆達多品〉的人，如果萬一出生在人中或者天界中，『受勝妙樂』，生活資財與眷屬等，都不會是有所缺乏的；如果是生在十方諸佛淨土而『佛前受生』，一定是蓮華化生。」這麼好的事，為什麼不要？當然要「淨心信敬不生疑惑」，那麼今天聽聞這〈提婆達多品〉就是個大收穫，因為你已經懂得逆行菩薩的道理而產生大福德了。

《妙法蓮華經》上一週講到一百一十八頁第二行，今天要從第二段開始：

經文：【於時下方多寶世尊所從菩薩，名曰智積，白多寶佛：「當還本土。」釋迦牟尼佛告智積曰：「善男子！且待須臾。此有菩薩，名文殊師利；可與相見，論說妙法，可還本土。」

爾時文殊師利，坐千葉蓮華，大如車輪；俱來菩薩亦坐寶蓮華，從於大海娑竭羅龍宮自然踊出，住虛空中；詣靈鷲山，從蓮華下，至於佛所，頭面敬禮二世尊足。修敬已畢，往智積所，共相慰問，卻坐一面。智積菩薩問文殊師利：「仁往龍宮所化眾生，其數幾何？」文殊師利言：「其數無量，不可稱計；非口所宣，非心所測；且待須臾，自當證知。」所言未竟，無數菩薩坐寶蓮華，從海踴出，詣靈鷲山住在虛空。此諸菩薩皆是文殊師利之所化度，具菩薩行，皆共論說六波羅蜜；本聲聞人，在虛空中說聲聞行，今皆修行大乘空義。文殊師利謂智積曰：「於海教化，其事如是。」

爾時智積菩薩，以偈讚曰：「

大智德勇健，化度無量眾；今此諸大會，及我皆已見。

演暢實相義，開闡一乘法；廣導諸眾生，令速成菩提。」

講義：上一週說到世尊授記提婆達多，那麼授記完了，也說到後世之人如果信受〈提婆達多品〉，這個人一定不會墮落三惡道，並且都可以在佛前蓮華化生。那麼，接下來的經文是：

語譯：【從下方世界追隨而來的多寶世尊的隨從菩薩，名爲智積，他向多寶如來稟告說：「應當可以回去本土了。」這時釋迦牟尼佛告訴智積菩薩說：「善男子啊！你再等候一會兒。這裡有一位菩薩，名稱叫作文殊師利；

你可以和他相見，共同論說勝妙的法義，然後可以回去本土。」

這時文殊師利就坐著千葉蓮華，猶如車輪那麼大；與文殊師利一起同來的菩薩們也都坐著寶蓮華，一起從大海娑竭羅龍宮裡面自然踊出，住在虛空中，然後前往靈鷲山；到了靈鷲山，從蓮華上走下來，來到釋迦牟尼佛的所在，五體投地頂禮二位世尊足下。這樣子修敬已經完畢之後，再前往智積菩薩的所在，互相慰勞，問訊了一番，就各自坐在一面了。這時智積菩薩便請問文殊師利說：「仁者前往海龍王宮所化度的眾生，數目總共有多少呢？」文殊師利菩薩回答說：「我所度化海龍王宮中的菩薩眾，數目沒有辦法計算；這不是用口來說明所能夠講清楚的，也不是用意識心去思惟所能夠測度的；仁者且稍候須臾，自然就會證明我所說的話。」這些話還沒有全部說完，就有無數的菩薩都坐著寶蓮華，從海中踊出，前往靈鷲山住在虛空中。這一些菩薩們都是文殊師利所化度的有情，已經具足了菩薩行，所以全部都共同在論說六度波羅蜜多；這一些菩薩們本來都是聲聞人，所以在虛空中互相演說聲聞的修行法門，如今都是在修行大乘第一義空的眞實義。文殊師利就向智積菩薩說：「我在海裡教化的有情，事情就是這個樣子。」

這時智積菩薩就以偈來讚歎文殊師利說：

「您眞是大智慧，有大功德，而且心地非常勇健，才能夠化度這麼多無量無數眾生；如今在這個法華會上的所有菩薩們，以及我智積都已經親自看見了。

您這樣子演說到淋漓盡致的實相正義，開示以及加以細說的唯一佛乘妙法；廣泛引導諸眾生，讓他們可以快速成就佛菩提。」】

講義：這就是說，當 世尊去到某一個處所，成就某一件法事之後，什麼時候是應該離開，自然有菩薩要來作這件事，所以這時隨從 多寶如來從下方世界一起來到法華會上的菩薩，就得擔任這個角色，也就是智積菩薩，他就來稟白 多寶如來說：「時候也應當到了，可以回去本土了。」這時諸位有沒有想到一件什麼事情？他說時候到了，可以回去本土了，那麼請問：「這多寶如來究竟是已曾滅度，或者未曾滅度？」未曾滅度？如果未曾滅度，爲什麼前面 釋迦世尊又說祂已經滅度很久，大眾才爲祂起建七寶塔，以全身舍利供奉？那到底是已滅度、還是未滅度？很多人都沒想這個問題。

我在十幾年前，悟後讀《阿含經》的時候，讀到《央掘魔羅經》，說釋

迦如來讓 文殊師利菩薩帶著剛剛被度的 央掘魔羅菩薩前往十方共一百佛世界，去請問諸佛說：「釋迦如來爲何可以永不滅度？」這是《阿含經》中的記載，結果那十方世界共一百佛都說：「你們回去請問釋迦如來就會知道。」所以，那時我就想到這個問題：到底 釋迦如來滅度了沒有？如果你說是已滅度了，但祂化身這麼多，那滅度以後怎麼可能還有化身在十方世界利樂有情呢？所以不該說祂滅度。因爲在《央掘魔羅經》裡面就說，釋迦如來得不壞身、不滅身、金剛身，得無際身，顯然不應該有滅度。所以他們二位最後回來娑婆世界，還是得問 釋迦牟尼佛，結果是壽量無盡。

後來又讀到《首楞嚴三昧經》，說到 釋迦牟尼佛的莊嚴報身可以繼續利樂有情七百阿僧祇劫，這個壽命是往世努力精勤修行佛道所成；可是 釋迦如來成佛以後永不入滅度，還要繼續利樂無量無數眾生，又已經具足一切種智了，你說那個莊嚴報身會存在多久？所以就是永遠沒有進入滅度的時候。接著你再來看看祂的自性法身，法身有自受用身，也有他受用身，法身卻是永遠不滅的，那到底 釋迦如來是有滅度或是沒有滅度呢？所以二千五百多年前，那應身看來似乎是滅度了，可是法身如來是沒有滅度的，報身也會繼續永遠存續利樂有情。同樣的，多寶如來無量劫前入滅度了，大眾爲祂起了七寶塔，全身供奉在七寶塔中，只要有應身佛講《法華經》，祂就去聽，那到底是有滅度或沒滅度？所以滅度只是一個示現，不能說滅度以後就是灰飛煙滅了。

聽完了我的解釋，回到經文來，智積菩薩建議 多寶如來說：「當還本土。」多寶如來特地來娑婆世界與 釋迦牟尼佛對話，共同演出這一齣大戲；現在智積菩薩說「當還本土」，那到底祂是滅度了沒有？所以你說滅度也不對，說祂沒滅度也不對；因爲如果沒有滅度，就是還沒有證得涅槃；可是如果說祂因爲先證涅槃所以滅度了，祂卻不是住在無餘涅槃裡面。這就是諸佛的境界，就是無住處涅槃，眾生眞的很難想像。所以智積菩薩說「當還本土」，這句話其實也顯示了其中的道理，因爲大眾明明聽聞 釋迦如來說 多寶如來很久以前入滅度了，大眾也是因此而爲祂起了七寶塔，「全身供奉」於七寶塔中；結果竟然還來到這裡，並且還跟 釋迦如來對話；然後現在智積菩薩請求 多寶如來說「當還本土」，顯然是還在住持佛法，才說「當還本土」。所以單說祂滅度也不行，單說祂沒有滅度也不行。這就是諸佛的境界，因爲是無住處涅槃——不住涅槃也不住生死中。

這時他請求 多寶如來「當還本土」，釋迦如來卻說：「善男子啊！你暫時等待一會兒。」須臾就是不必很久，大約就是幾十分鐘。就告訴他說：「我們娑婆世界有一位菩薩名為文殊師利，你可以和他相見，論說一些妙法，就可以回去本土了。」他請求 多寶如來回去本土，但是 釋迦如來還不放 多寶佛離開；連 多寶佛都還不讓回去，要讓祂暫時再留一下。這當然有原因，因為一切應身佛有四種不可思議，這四種不可思議還沒有具足顯現，當然不能放 多寶如來回去。雖然來者是客，但是 多寶如來也很清楚，必須要等 釋迦如來具足顯現四種不可思議才可以。前面已經顯現了兩個法了：佛不可思議，法也不可思議。這二種已經顯現了，也就是說，釋迦牟尼佛是應身佛，應身佛的境界不可思議，所以能夠作授記等等。多寶如來也來證明 釋迦佛不可思議，祂已經來證明了，證明說《法華經》這個法不可思議；是因為這個《妙法蓮華經》，也就是這個第八無垢識函蓋了一切法；無垢識這個法既然函蓋了一切法，顯示十方三世的諸佛境界相，也顯示了三界的一切境界相，所以法不可思議也顯示了。

但是，娑婆世界菩薩僧的不可思議還沒有具足顯現，只有一小部分顯現出來，就是這些大阿羅漢們迴小向大證悟佛菩提之後被 釋迦如來授記；但這個部分是很小的部分，也就是說，娑婆世界的僧寶，從凡夫菩薩僧的不可思議，接著來顯示三賢位的菩薩僧、入地的菩薩僧——這些迴小向大的阿羅漢們，這些菩薩僧多麼不可思議；因爲他們已經被授記成佛了，眞的很難想像。可是勝義菩薩僧，還有許多許多沒有顯示出來，而且勝義菩薩僧最重要的一位——文殊師利菩薩也還沒有現身，這位很重要的首席配角都還沒有出現，戲怎麼能落幕呢？所以 釋迦如來當然不放人——不放佛，所以要求他們再稍候一會兒，因爲待會兒 文殊師利菩薩來到的時候，不但會顯現 文殊師利菩薩這位勝義僧的不可思議，還會顯現他所度化的菩薩僧眾不可思議，同時也就顯現了 釋迦牟尼佛的淨土不可思議，就是第四種不可思議——娑婆世界佛土的不可思議。釋迦如來的四種不可思議還沒有具足顯示出來，怎麼可以讓智積菩薩把 多寶如來請回本土呢？當然要先留住他們。

釋迦如來才剛說完，文殊師利菩薩坐著大如車輪的千葉蓮華就來了。千葉蓮華，諸位有沒有想到什麼？千葉蓮華，是只有 佛陀才能坐的，其他菩薩坐的都不是千葉蓮華，只有成佛了才坐千葉蓮華。所以，你如果看見了哪一位菩薩，定中、夢中坐著千葉蓮華來，你一確定是千葉蓮華，就知道這是某佛倒駕慈航來了；這菩薩不是一般的菩薩，不是普通的妙覺菩薩。妙覺菩薩還不能坐千葉蓮華，得要成佛以後才能坐這個千葉蓮華。那麼，這個「**千葉蓮華，大如車輪**」，菩薩坐的蓮華中間有寶台，然後四周就是有蓮華一瓣又一瓣，一瓣就稱爲一葉，所以等於那個蓮瓣總共有一千瓣。如果有智慧的菩薩一看是這種蓮華，就知道這大有來頭，非同小可，不是等閒的妙覺菩薩，心裡面就要有底了。

這時跟隨他前來的菩薩們（因爲像這樣的大菩薩不會一個人獨來獨往，一定有追隨的隨從菩薩），這些隨從的菩薩同樣也是坐著寶蓮華，不是普通的蓮華，一般三地、五地、八地菩薩坐的蓮華，還不算數、還不夠珍貴。這一些隨從於 文殊師利菩薩身旁、時常不離的大菩薩，也都坐著寶蓮華，從大海的海龍王宮裡面自然踊出，住在虛空中，然後就前往靈鷲山。

那麼，先在這裡打住，再回頭來說一下。如果不是 佛陀加持，他們從海龍王宮中踊出來，大眾是看不見的；得要來到了靈鷲山，大眾才會看見。

可是 釋迦如來加持的緣故，大眾就看見了，那他們從海龍王宮中自然踊出，在虛空中，然後接著來到靈鷲山。到靈鷲山，當然就從蓮華下來，先不跟智積菩薩講話，先禮佛再說。不論去到哪裡，到了 佛面前，你可別說：「張三，你也來了。李四，你也來了。」你先別講話，先禮佛再說，在 佛面前怎能先跟誰打招呼呢？這不如禮法。所以，到了 佛面前先禮佛，不管你有多麼熟的朋友、同修在場都一樣，要先禮佛。所以，他們就先禮佛，「頭面敬禮二世尊足」。當然要先禮佛，因爲現場有二位世尊，不是只有一位，還要跟誰打什麼招呼呢？所以先禮佛時，當然是要五體投地，那就叫作「禮二世尊足」。爲什麼最後是由 文殊師利來共同演出呢？因爲 文殊師利智慧最高，於所有菩薩之中，一切菩薩智慧無出其右，都不可能超過他，所以最後這一齣戲，當然是留給 文殊師利來演。

諸位也許想說：「喔！那太好了，我一定要好好親近文殊師利菩薩。」問題是，文殊師利菩薩不容易親近，因爲你若沒有那個層次，親近不了，一定要到某一個層次才能親近。我們舉個例子來說，在經中有一個記載，有一次 天王世尊說法，有個女人就坐在 天王世尊不遠的地方，聽著聽著她入定去了。人家聽 世尊說法，法樂無窮，深怕漏掉了一字一句，她老姊竟然入定去了。然後 文殊菩薩就說：「**世尊說妙法，她竟然入定去了，是不是應該請她出定好好聽法呢？**」天王世尊應機施教，因爲這又是一個好機會，於是就故意叫 文殊師利請這個女人出定，文殊師利當然知道他要演什麼戲，他就來到這個女人旁邊，在她耳朵一彈指，結果她不出定。

沒辦法讓她出定，於是想方設法就一直表演下去，不然就把她坐的地方截斷出來，把她往上托到欲界天吧，也出不了她的定；乃至上托到了梵天，仍出不了她的定。好奇怪！把她往上托到梵天去了，也出不了她的定，就是沒辦法讓她出定。一般人大概想說：「**這個女人定力太好了，連文殊菩薩都出不了她的定。**」現在先不揭曉這個謎底。然後 天王世尊就指定一位菩薩說：「**下方世界有一位罔明菩薩，他可以來幫這個女人出定。**」這罔明又名棄諸陰蓋菩薩。據《大智度論》說，他來到這個女人身旁一彈指，她就出定了。請問誰厲害？誰厲害？文殊菩薩一彈指間，就能一念之間具足三大阿僧祇劫中所證的三昧，竟不能使這女人出定，看來是罔明菩薩夠厲害，對不對？可是沒有人知道那是什麼道理。罔明菩薩的證量只有初地，就能使她出定了，文殊師利是成佛以後倒駕慈航，竟然出不了這個女人定，是什麼原因？罔明菩薩不過是個初地菩薩，這當然有原因。

古時候禪宗祖師有時候會拿這個公案來考人，如果你被考倒了，就好好再去參。克勤大師也常常拿這個考人，多數禪師都被他考倒，我沒有被考倒。這個道理其實不難，說破了，你就知道。文殊的智慧代表究竟佛地無垢識的智慧，那太深妙了，一個凡夫女人沒有辦法跟他相應的，從人間彈指叫不出定，再把她托上欲界天，又弄出無邊天樂等極大音聲，也不能使她出定；文殊菩薩把她一天又一天往上托去，越往上去，她越難出定。知道這個道理嗎？因爲越往上，定越深，越深就越難出定。文殊菩薩當然知道他該演什麼戲，天王佛指定他來演，他一念之中就知道 佛陀要他幹什麼，就故意表演給大家看，把她托到梵天去還是出不了定。

好了，不理她，換罔明菩薩來，「罔明」是哪個「罔」呢？就是羅網那個網，網子那個網，去掉糸字旁。罔明的意思是什麼？是無明啊！無明菩薩，表示說才剛剛入地，還有許多無明，這樣的菩薩跟凡夫最容易相應，凡夫們很容易親近。你要是到三地滿心以上，四地、五地、七地就不太容易親近。

如果是 文殊菩薩，凡夫根本沒辦法親近的。所以，世間眾生最容易親近的是初地菩薩，因爲他還有許多的無明，所以罔明菩薩以無明種子跟她相應，一彈指就出定了。因爲那個女人無明深重，都住在定裡面，定越深就越跟無明相應，沒有辦法跟般若實相相應，所以這罔明菩薩來到她身旁輕輕一彈指，她馬上出定就解決了。所以，還沒有明心的菩薩們，如果遇見了 文殊菩薩，根本不曉得要從哪裡求法？可是遇見了初地菩薩，特別是剛剛入地的菩薩，就可以跟這個初地菩薩一直魯啊、魯啊、魯啊。台語說的「魯」，聽懂嗎？就是纏著他，反正就是要法；而初地菩薩就會給，給得也恰到好處，也剛好就是這凡夫菩薩剛剛可以受用的法，不是很深的法。所以，最深的層次，壓軸的好戲，當然是 文殊菩薩來演；誰能夠演這場出女人定的戲呢？要讓罔明菩薩來；他怎麼排都排不到法華會上這場戲，因爲前面八地、九地、等覺都還排不到，何況他才是初地而已。

所以講太深的法，對凡夫菩薩而言並不適宜。而這件公案中，當然也有很深妙的義理，其實是隱喻第八識眞如心的自住境界，就好像無明一樣，誰也喚不起這個第八識女人出定，只有罔明菩薩以「離諸陰蓋」的方法，才能使這個第八識女人出定，最後成爲無垢識而不住於妙覺下至凡夫的定境中；而這個第八識定，永遠不住六塵境界，這種定卻是沒有人能使「她」出定的，最後還是得要由 天王佛以三昧來使「她」出定。但是這道理又太深了，也無法公開來講。就好像我們這樣講《法華經》，若是在外面去公開演講，一定每一場都會有很多人退席，因爲他們眞的聽不下去。爲什麼聽不下去呢？因爲沒辦法相信，而且也聽不懂，當然沒辦法相信，也就聽不下去了。

然後想一想說：「這蕭平實這樣講，有什麼根據？」找來找去，翻遍了三藏十二部經，也找不到根據。他又不懂得明心的境界、見性的境界、初地的境界，你要叫他們相信這個，眞的很困難。所以，大型演講絕對不可能講《法華經》，最多就是作一作科判，依文解義一番，大家來捧個場說：「我有到了，師父！您講完了，我可以回去了。」就這樣而已，但這叫作虛應故事。若是眞要像我這樣子公開宣講，能夠講給誰聽呢？眞的沒辦法講。所以，這整部《法華經》裡面前後的次第，都各有它的因緣。許多人聽《法華經》聽到〈提婆達多品〉時，都還沒有想到說：爲什麼還沒有看見 文殊菩薩？因爲他很忙，度的眾生很多，想要勞動他的話，得要有大因緣。

所以《法華經》看來好像快要結束了，有智積菩薩請求　多寶如來還歸本土了，當然這時才是他該出現的時候；還沒有人開口請　多寶如來回本土時，文殊菩薩還不須要出現。這時人家請求了，表示他應該出現的時候到了。所以，世尊向智積菩薩說這幾句話的時候，文殊菩薩當然立即感應到，於是立刻從海龍王宮踊現出來，從虛空中來到了靈鷲山。那麼，智積菩薩一看見文殊菩薩坐的千葉蓮華，當然知道這菩薩不是等閒的菩薩，而且要知道他不是像妙覺菩薩一般的等閒。一般的等閒是說什麼？跟普通的菩薩等閒，是用一般的菩薩拿來相提並論；但　文殊師利菩薩這個非等閒，是用妙覺菩薩來相提並論而說他非等閒，是說他是遠超過妙覺菩薩、遠超過最後身菩薩的人，才能坐千葉蓮華的寶座。

那麼，這時既然來到靈鷲山，頂禮過二位世尊，二位世尊當然就大大方方接受頂禮了，因爲他現在示現的是菩薩相，不是示現作世尊的法相。演戲就是要這樣演，文殊菩薩不可以說：「我是成佛倒駕慈航來當菩薩，我來見你們二位佛，當然不頂禮。」不可以這樣，你既然在演菩薩的戲，你就要演像一點。演戲本來就是這樣，如果戲團老闆來串演一個角色當僕人，對他的職員所扮演的老闆，就是要稱呼那個演員爲老闆，在戲裡面還要好好奉事老闆——奉事他的職員，演戲就是這樣。文殊菩薩現在就是演戲，所以照樣還是要禮拜二尊佛陀，這二位佛陀也不會說：「你不用啦！你是佛陀倒駕慈航，不用禮拜、不用禮拜。」該怎麼演就得怎麼演。禮拜完了，文殊菩薩就走到智積菩薩面前來「共相慰問」。因爲智積菩薩是 多寶如來的侍者，當然要跟他共相慰問。

二人坐定之後，智積菩薩當然知道這場戲得要演完才能走，就故意問 文殊師利菩薩說：「仁者前往龍宮所化度的眾生，究竟有多少人啊？」因爲既然要示現第三種菩薩僧的不可思議，當然要問「其數幾何」？否則就無法顯示應身如來第四種佛土的不可思議。智積菩薩也很清楚這時該問什麼，因爲他隨著 多寶如來到處去聽《法華經》，已經聽很多遍了，知道如果沒有請 多寶如來回歸本土，最重要的角色是不會出現的，當然得要提出來請問。因爲，逆行菩薩的不可思議已經示現過了，就要請最重要的菩薩出來了，這時候就要請 多寶如來還歸本土；這麼一請，講《法華經》的應身佛當然就會說：「再等一會兒，還有應該示現的部分沒示現完。」於是就有 文殊菩薩出現，才能夠具足顯示四種不可思議。因此他就故意問：「仁者，你度化的這些眾生，其數幾何？」文殊師利當然也知道他會這麼問，就告訴他：「其數無量，不可稱計；」沒有辦法計算，說你沒有辦法用任何的度量衡來顯示、來秤量、來計算到底有多少人，又說：「這不是用言語所能夠宣示出來的，也不是用意識心所能夠去測量臆度出確實人數，因為確實沒辦法講。」然後就吩咐智積菩薩說：「且待須臾，自當證知。」意思是說：「就算我講了，也很難令人相信，如果你智積菩薩再等一會兒，就可以自己證實而知道這數目眞的無法計算。」

這是什麼意思？這是在顯示應身佛所度化的眾生是無量無邊的，也是因為身邊有妙覺菩薩在幫忙度化；而妙覺菩薩威德力、智慧力不可思議，能夠攝受無量無邊的眾生，所以應身佛身邊都有妙覺菩薩，化身佛身邊就不一定了。所以 文殊菩薩剛剛還在講話的時候，話都還沒有講完，就有無量無數菩薩全都坐著寶蓮華，從香水海中踊了出來，也都來到靈鷲山的虛空中。這無量無數的菩薩們，都是 文殊師利菩薩所化度的，已經具足菩薩行了，也就是說他們都已經滿足六度波羅蜜多。那麼，他們滿足六度波羅蜜多，到底是幾地的菩薩？滿足六地。你看！我們親教師眞行！我話才剛完，他馬上應口而出：「七地。」因爲他們滿足六度波羅蜜多以後又修行很久了。親教師就是親教師，就是不一樣。

入地以後要修十度波羅蜜多，那麼第六度滿足以後要進入第幾地？第七地啊！十度的第六度波羅蜜多滿足了。意思是說，三賢位也修六度波羅蜜多，但是還不能滿足；到了六地滿心才能算是滿足六度波羅蜜多，那就進入第七地了。這一些人是七地菩薩，至少得要七地，因爲都已經滿足六度了，所以他們都坐著寶蓮華而來。他們其實是跟在 文殊師利身後來，只是 文殊菩薩到得太快了，而這些菩薩跟著來就慢了一點，也不過就是差那麼幾句話的時間和禮拜二尊佛的時間而已，「**從海踊出**」就來到這裡。

隨後而來的菩薩們前來的時候，都還在討論著六度波羅蜜多；可是這一些人本來都是聲聞人，以前是在香水海的虛空中，剛被度化的時候，都是在論說聲聞行，結果現在都是在論說六度波羅蜜多，如今都是在修行大乘第一義空的眞實義。看到這麼多無量無數的菩薩們，他們所說的都是什麼樣的法，文殊菩薩就不用再解釋了，讓智積菩薩自己看。所以 文殊菩薩就很簡單的說：「我在香水海裡面的教化，那一些事情就是這個樣子，你自己看吧！」

智積菩薩看到了，當然要讚歎；因爲這不是一般妙覺菩薩所能作得到的，所以他以偈來讚歎：「大智德勇健，化度無量眾；今此諸大會，及我皆已見。演暢實相義，開闡一乘法；廣導諸眾生，令速成菩提。」要度化這樣的菩薩，眞是須要大智慧，還要有大功德才行。想想看，在香水海裡度這一些七地以上的菩薩們，你們誰能去度他們？能被他們所度就很不錯了，還能去度他們？對啊！如果有哪個七地菩薩哪天來了，我趕忙下座，請他說法，我跟隨他就好了，我還坐在這裡丟人現眼啊？所以 文殊菩薩要度這一些七地的菩薩們，度了以後還繼續攝受他們。也就是說，這些人是很久以來就被文殊師利菩薩所度，然後漸漸進修已經到了七地以上了。都已經具足六度波羅蜜多了，已經到七地以上了，還繼續被 文殊菩薩所攝受。那你想想看：文殊菩薩的智慧如何？他的功德如何？如果要攝受這麼多的菩薩，而且都是無生法忍和威德那麼勝妙的菩薩們，當然一定是要大智慧，還要有大功德才可以；並且還要很勇猛、很雄健，才有辦法攝受這麼多的大菩薩眾，而他卻是 釋迦如來座下的菩薩。

這些大菩薩眾不單是威德重、功德大、智慧妙，而且還是無量眾，諸位由此想一想看，文殊師利菩薩是凡夫們所容易親近的嗎？這樣一想也就明白了。一般的凡夫眾生，他們大妄語都不打草稿的，也都不先拿秤子把自己掂掂看：到底自己有幾斤幾兩，就信口開河說「我是報身佛」、「我是應身佛」、「我是化身佛」；各各自稱成佛，其實全都是凡夫。因為，連一些教相上的事情都不懂了，基本的斷我見內涵也都不懂，何況能說是成佛呢？連三賢菩薩都排不上班啊！人家說排班，對不對？不管是歌仔戲或者布袋戲，要上演以前都要先排班：所有角色，出將入相，都要先走一回，讓大家看看有多少角色等著要上場，這叫作排班。戲開演之前先要排班，可是你看那一些自稱活佛、自稱法王的外道喇嘛等人，他們能夠排得上班嗎？一個也排不上！連最低階位都排不上。

那麼諸位從這裡來看一看，應身佛是什麼樣的境界？才能夠攝受這一種妙覺位的菩薩。而妙覺菩薩文殊，他所攝受的眾生是七地以上的菩薩眾，而且無量無數，大家對他都心悅誠服，願意被他攝受，這樣共同安住於應身佛釋迦如來座下。你想想看，這樣的妙覺菩薩不可思議，卻是應身佛所攝受的；然後回頭再來想像一下，應身如來是什麼境界？你根本就無法想像。那麼，智積菩薩一見之下當然就知道，所以作這樣的讚歎，恰如其分。讚歎完了以後，當然不能夠說：「只有我智積看見。」所以智積菩薩還得要繼續作一個證明：「今此諸大會，及我皆已見。」如今在這個法華會上，眞正是個大會，因爲無量無邊的菩薩以及十方來的無數諸化身佛都在，當然叫作大會。「在這個大會上面所有的菩薩眾，及諸化佛乃至我智積個人都已經親自看見了。」

這樣證明以後，當然得要再繼續讚歎 文殊菩薩。讚歎 文殊菩薩就是讚歎 釋迦如來，讚歎 釋迦如來就是讚歎 多寶如來。讚歎 文殊菩薩，爲什麼就是讚歎 釋迦如來？有一句話說得好：「水漲船高。」你要說明一艘船有多高，你就說明水有多高就行了，那船呢？永遠浮在水上，船一定比水高；所以你讚歎水有多麼廣大、有多麼高，也可以繼續形容那海水風浪有多麼大，而那一艘大船在無垠無邊的大海上；在那麼大的風浪中，它卻很平穩地繼續在行駛，就顯示出那一艘船有多麼偉大了，所以你形容那大海也就夠了。因此，智積菩薩現在只要讚歎 文殊菩薩就夠了，會讚歎的人是這樣讚歎的。

就好像有人很會讚歎，讚歎正覺同修會說：「你看！他們正覺的老師們是多麼厲害，多麼行啊！」那他就是懂得讚歎蕭平實的人（大眾笑…）對啊！確實是這樣啊！會讚歎的人就這樣讚歎。

所以接著讚歎 文殊師利菩薩：「演暢實相義，開闡一乘法。」他就讚歎文殊菩薩說：「您這樣子演述法界眞實相裡的眞實義，是這樣子暢所欲言永無休止，所說無邊的深妙與廣大，來開示、闡明唯一佛乘的勝妙法。」這樣讚歎 文殊菩薩。也就是說，智積菩薩在法華大會即將結束之前，必須要把三乘菩提回歸到唯一佛乘來。所以你看，他講話恰到好處，不必很多話，一點點都沒有走樣，恰如其分。該說什麼，他就說什麼，話不多，就這麼幾句該說的話，已經把它說出來；包括讚歎 文殊菩薩和 釋迦如來，也包括「所有的佛法其實就是唯一佛乘」：「開闡一乘法。」全都歸結到一乘法來。因爲所有的佛法，其實本來就是一個佛菩提道，沒有所謂三乘可言，但因爲五濁惡世眾生的根性不同，不得不區分爲三乘菩提來演說；乃至於針對更下劣的眾生，只好再細分成五乘菩提，就是人乘菩提、天乘菩提，以這二種人天善法作爲一個跳板，才有辦法講到聲聞菩提、緣覺菩提來。

這都是方便的施設，所以，你們可以看到《阿含經》中的記載，凡是有外道來求見佛陀，佛陀都先為他們講「施論、戒論、生天之論」，看他們聽不聽得進去；這是先說布施有什麼因果，持戒有什麼因果，是應該如何才能夠生天，解說天界有幾個層次。如果連天界的境界都不相信，這個人你就別跟他談佛法；甚至於連二乘菩提，你都不用跟他談。什麼苦、空、無我、無常都不用談，因為他連欲界天、色界天、無色界天的境界都不相信，你還跟他談什麼佛法？

所以，佛陀說法一定有個層次，「施論」是布施的論義，「戒論、生天之論」，是談持戒的因果，以及諸天的層次，這些要先談。如果聽得進去，具足信心，佛陀就說這個人心地清淨，好像一張白色而且織得很緊密、很紮實，並且是已經精製清淨變成純白色的毛布料，成為很細緻的毛布料，已經很清淨「易為染色」，你要染成多麼漂亮的顏色都行；他已經變成這樣了，這時才為他講「欲為不淨」，能接受了，再講「上漏為患、出要為上」；這也聽進心中去了，才為他講苦、空、無常、無我等四聖諦，讓他證得聲聞菩提的初果，成為法眼淨的人。

如果「施論、戒論、生天之論」，他聽不進去，心中依舊有所疑，佛陀就只講到這裡。所以，唯一佛乘的法不是那麼容易講的，那些否定第八識、否定如來藏的人，根本不可能成就二乘菩提；像這樣的人你跟他講唯一佛乘，他們怎能聽得進去啊！他們如果表面上聽信了，嘴上也跟你說：「我相信啦！唯一佛乘啦！」他其實只是在敷衍你，心中根本不信。

智積菩薩就這樣讚歎 文殊師利菩薩，說他在香水海海龍王宮裡面宣講的，都是這個一乘法；不但是演述，而且暢所欲言；既是暢所欲言，當然是講得很深很廣；這樣去「開闡一乘法」，追隨他而修學的菩薩們，當然都是被他「廣導」；被 文殊菩薩所廣導的眾生是很有福報的，因為可以「速成菩提」。所以你看，他沒幾句話，已經讚歎應身佛 釋迦如來，讚歎 文殊師利菩薩，也為大眾證明，最後歸結到唯一佛乘。接著向大眾宣示：這麼多的無量無數跟著 文殊菩薩修學的菩薩們，一定會很快就成就菩提。你看，他沒有幾句話，把該講的、該證明的都作完了，那你說這智積菩薩等閒不等閒？當然不等閒！

可是不等閒的原因是什麼？是因為他跟隨著 多寶如來，各處去聽《法華經》已經聽很多了，知道一定要歸結到唯一佛乘來。早就知道說，所有的應身如來座下，都有不可等閒而且沒辦法思議的妙覺菩薩，所以他就作了這個總結讚歎。可是，這樣子總結讚歎了之後，是不是這齣戲就演完了呢？還沒有，因為 文殊菩薩該為 釋迦如來示現的佛土的莊嚴、勝義僧的莊嚴，還沒有示現完，所以 文殊師利就開口了：

經文：【文殊師利言：「我於海中，唯常宣說《妙法華經》。」智積問文殊師利言：「此經甚深微妙，諸經中寶，世所希有。頗有眾生勤加精進，修行此經速得佛不？」文殊師利言：「有娑竭羅龍王女，年始八歲，智慧利根；善知眾生諸根行業，得陀羅尼，諸佛所說甚深祕藏悉能受持；深入禪定，了達諸法，於剎那頃發菩提心，得不退轉，辯才無礙；慈念眾生猶如赤子，功德具足；心念口演，微妙廣大；慈悲仁讓，志意和雅，能至菩提。」】

語譯：【文殊菩薩接著說：「我在大海中，只說一種經，這一種經典就是《法華經》；除了《法華經》以外，我不演說別的經典，唯常宣說《妙法華經》。」智積菩薩接著就問文殊師利菩薩說：「這一部經典非常地深奧而微妙，是諸經中最寶貴的一部，世間非常地希有。有沒有眾生是很殷勤在這部經上很精進而修行，而可以很快成佛的？」

文殊菩薩回答說：「有娑竭羅海龍王的女兒，年紀才剛剛八歲，既有智慧而且很利根；善於了知眾生的種種根性，以及心行和所造的種種業，並且她已經得到了總持，諸佛所說非常深奧的祕密法藏全部都能受持；也深入於禪定，並且了達一切諸法；她可以在一剎那的短時間裡發菩提心，而得不退轉，辯才無所障礙；而且以慈心憶念眾生猶如自己剛剛生出來的嬰兒一樣，她的功德已經具足圓滿了；她的心中只要一起念，口中就能夠滔滔不絕地演說出來，所演說出來的法義是微妙而且廣大的；她的心地是很慈悲而且是很仁和而能夠禮讓的，在她的心志中，凡是生起了意向的時候都是非常的溫和儒雅，她現在是可以成佛的。」】

講義：智積菩薩講完了，於是 文殊菩薩立刻說：「我在大海中，永遠都只演說《法華經》。」這就顯示這一部經是如何的勝妙，因爲其實《法華經》就總攝一切經；假使不是眾生的根器差別，諸佛其實可以只說一部經，現在的三乘菩提及人天乘諸法，全都可以放在《法華經》中來說，以此經函蓋一切經典，所以 文殊菩薩在海龍王宮中只講此經。那麼他這麼說，智積菩薩當然要問，這部《法華經》是這樣地深妙；像這樣深奧而沒辦法想像的微妙，當然是經王，一定是諸經中最寶貴的一部，世間是很難聽聞、非常希有的。因爲《法華經》的宣講，是只有應身佛才會宣講，化身佛不講；而諸菩薩在應身佛的咐囑下，得要在特別的地方不斷地宣講《法華經》，所以眞的很希有。釋迦如來化身佛那麼多，不講《法華經》，就是在 釋迦如來座下才能聽講，當然希有。那麼，這樣希有的經典函蓋了一切經，這樣的經典顯然是很難修習的，你想要修學熏習並不容易；因爲如果是凡夫而且落在聲聞法裡面，一聽到說要講《法華經》，他馬上就離席了，都不想聽，他們的心性還不成熟，會認爲這應該叫作天方夜譚，沒辦法相信；所以遇到如實說的時候，眾生能夠聽聞信受就已經很不容易了！也眞的不容易，諸位聽《法華經》這麼久了還繼續聽，並且聽得津津有味，確實不容易。

那麼像這樣的經典，竟然有人能夠「**勤加精進，修行此經**」而速得成佛，這顯然很難想像；因爲這麼深奧廣大微妙難知難解的經典，竟然有人能夠很快把它修完，而且很快就成佛。這智積菩薩眞是故意問的，他就是故意要問。

爲什麼他要故意問？因爲法華會上這些被授記的大阿羅漢菩薩們，他們還沒有完全瞭解到《法華經》顯示出來的應身佛四種不可思議，他們還沒有完全瞭解，所以智積菩薩就故意配合 文殊師利菩薩來加以提問。他們都知道該講什麼，該問什麼，該答什麼；他們全都知道，就是這些被授記的大阿羅漢轉成的菩薩們還不知道，他們得要繼續聽；所以智積菩薩故意問，文殊菩薩當然知道早就該講這一些。

文殊菩薩就說：「有海龍王的一個女兒，年紀剛剛八歲，」龍王宮裡的歲數跟人間不一樣，不要當作人間的八歲，不要把她當作一個人間的小女娃。龍宮的八歲到底是人間的幾歲？我沒去查，諸位若有興趣，可以自己去查查看。文殊菩薩說：「她的年紀剛剛才八歲，」虛歲滿足才剛剛八歲，「但是她很有智慧，根性很猛利；她善於了知眾生的信、進、念、定、慧等五根具足了沒有？善於了知眾生過去無量劫來，到現在爲止，到底造作了哪一些身口意行，成就了哪一些善業、淨業和惡業，她都善於了知，而且這位龍女已經得到了佛法的總持。」陀羅尼就是總持，總持的意思是說，以簡單的幾個法，攝受了所有其他的勝妙法。

譬如說端午節，再過幾個月就到了；端午節煮粽子或者蒸粽子，在台灣中南部都是用煮的，北部是用蒸的，但不管是煮或蒸，整串放下去以後，那整串綁在一起的地方作綱，放下去煮的時候，那綱一定放在最上頭。煮好時，你想要把那整串粽子拿起來，不必一顆一顆去抓，只要把綱抓住一提起來，整串粽子就全部拉起來了，所以那個綱就是那整串粽子的總持。佛法中也是一樣，總持的意思就是說，以一些偈頌編造出來總持所有的佛法，這叫作總持，陀羅尼譯為中文就是總持。但是有些人誦持咒語時只知道記住那些文字，卻不知道那些文字中的意思，就不能運轉那些咒語，也就是沒有能力為人解說咒語—沒有能力運轉陀羅尼—就說他沒有得到旋陀羅尼。那麼得了旋陀羅尼時，就是有智慧來運轉陀羅尼，就是把那總持加以運轉，也就是能依照總持裡的所有文字所代表的諸法，來一一為人演說佛法——用那個總持來為人說法。

這位龍女，已經「得陀羅尼」，得到佛法的總持了。換句話說，她對一切佛法無所不知；當她全部都知道了，就可以依於每一個法而為人解說，所以說她「諸佛所說甚深祕藏悉能受持」，表示她已經有旋陀羅尼了。文殊菩薩說：「諸佛所說的一切祕密藏，不管有多麼深奧，她全部能夠受持，而且她深入各種靜慮和定境，因此凡是須要經由靜慮才能知道的，須要經由禪定才能了知的境界，她已全部了達，沒有一法不知。」這意思是說，三界中的諸法，也已經全部都知道了，不但是三乘菩提而已，不但是唯一佛乘，連三界中的一切諸法也都知道了。又說：「她只要在一剎那之間發菩提心的話，就可以得到究竟的不退轉，而且辯才無礙，沒有誰可以質疑她。」「辯才無礙」的意思，文殊菩薩幾乎是稱讚說：「連我文殊師利也不能把她難倒。」譬如說，諸佛與諸佛之間，沒有誰可以難倒誰，因爲大家全部都知道，還能難倒誰？意思是相同的。

文殊菩薩又說：「這位龍女，她以慈愛之心憶念眾生，猶如一般人憶念剛剛出生時的嬰兒一樣。」赤子，嬰兒剛出生時，皮膚都是紅通通的，不是嗎？出生還沒有週歲以前，他只要肚子餓了，哭起來渾身也是紅通通的，就是心性單純的意思，這叫作赤子。赤子意思是什麼？也是最沒有能力、最依賴的孩子，他最依賴你，他連翻個身都沒辦法，連走路、連拿東西來吃都沒辦法，事事要仰仗於你，對你絕對忠誠，那他就是你的赤子。那麼，像這樣的孩子對你完全仰賴的時候，會不會忤逆你？一定不會忤逆。會忤逆是因爲翅膀硬了——他的皮膚已不再是紅色的了，所以五歲開始，忤逆一點，十歲時更會忤逆；到了青春期，忤逆得更厲害，叫作反叛期。如果是赤子，他根本都沒辦法行動，自己根本無法生存，就算你把食物放在他身邊，他也無法生存，因爲他連拿都拿不到；所以赤子之心代表什麼？代表最乖。他的心是最乖的，最乖的心就叫赤子之心。這樣的孩子就是表示說，他剛出生不久，事事要仰仗於你，那你當然對他就會照顧得無微不至。

這位龍女對眾生是這樣慈念——把眾生當作赤子一樣來慈念，這表示說，她對眾生的慈念是非常地強烈、非常廣大、非常深厚的。「**她慈念眾生竟然猶如赤子一般，而且功德已經具足了，**」功德具足了，表示她的福德修集已經圓滿了。接著還讚歎她：「**心念口演，微妙廣大。**」她只要心裡面想起要爲眾生講什麼，嘴裡就立刻講出來，沒有不能演述的法；「**演述出來之後，也都是很微妙的法，都是很廣大的法。又加上她是很慈悲而且很仁讓的，**」慈悲與仁讓，是二個表現在外的表相。慈，就是一切眾生如果有所須，她都願意去利樂；悲呢，是一切苦難的眾生，她都願意加以救濟。仁，就是永遠都有仁和之心，不生氣。並且能夠「讓」，是與眾生無所爭，這些都是成佛必須具備的條件。

釋迦牟尼佛在天竺示現，外道們常常無根毀謗；眞的是無根毀謗，說 釋迦如來跟他們搶供養。然而諸佛之所以成佛，是福德具足圓滿才能成佛的；想一想，轉輪聖王也可以有三十二大人相，只是不明顯，那是多大的福德才能成就的？例如金輪王可以「王四天下」，四大天下都歸他所有；可是轉輪聖王的金輪王都還不能夠被授記，因爲都還沒有開悟。結果 世尊是轉輪聖王不當了，去當菩薩，然後修行無量福德與智慧才能成佛，那要修集多大的福德？哪裡會欠少福德！要跟他們去爭供養？根本不用。所有諸佛如來福德都是具足圓滿的，如果祂要享受供養，要什麼沒有？祂只要繼續當轉輪聖王就夠了，連當菩薩都不用；所以外道不知，才會毀謗說 佛陀跟他們爭供養。甚至於還有一些出家法師狂妄無知地說：「人爭一口氣，佛爭一爐香。」諸佛還要爭那一爐香喔？笑死人了！那種法師眞的叫作無知。佛陀永遠都是願意讓給眾生的，絕對不跟眾生爭；但眾生不知道，以爲 佛陀跟眾生在爭。

那麼，文殊菩薩說：「這個龍女已經具備慈悲仁讓，」是說她成佛的條件已經有了，又是「志意和雅」，她心中是很溫和而且很優雅的。溫和優雅，這要怎麼形容？「和雅」，就是說眾生所有的任何習氣，她全都沒有；連菩薩們殘留的習氣，她也沒有了；更別說阿羅漢們所有的習氣，這叫作「志意和雅」。所以，你若是想要看見 佛陀微笑，是很困難的；如果你跟在 佛陀身邊，看見 佛陀突然微笑時，表示一定有事情，你得要趕快請問：「佛陀是爲什麼事情而笑？」一定有事情，然後你請問了，佛陀就有一部經典講出來。平常要看見 佛陀微笑是不可能的，因爲 世尊的習氣種子已經斷盡了；一定是有事情出現，於是 佛陀觀察因緣而看到過去多少劫以前的某些事情，導致現在世這個人如此，才會微笑。

佛不妄笑，不像世間一般人，看見一些世間調戲等事情就會笑，所以一天到晚都是對無意義的事情笑個不停。佛陀一定是有很深很遠、很重要的因緣出現，於是以宿住隨念智力去看見無量劫前的某些事，所以才微笑。因此，佛陀跟菩薩們不同，當然跟阿羅漢更不同，至於凡夫就更別提了。那龍女已經到達這樣的層次了，所以 文殊菩薩接著就授記說：「能至菩提。」她是隨時可以成佛的。所以你看，文殊菩薩是不是等閒的妙覺？不是啊！他可以跟人家授記成佛的，說她「能至菩提」。這時智積菩薩當然得要配合來演一下，智積菩薩怎麼說呢？當他把話說完又是怎麼樣呢？

經文：【智積菩薩言：「我見釋迦如來，於無量劫難行苦行、積功累德，求菩提道未曾止息。觀三千大千世界，乃至無有如芥子許非是菩薩捨身命處，為眾生故然後乃得成菩提道。不信此女於須臾頃便成正覺。」言論未訖，時龍王女忽現於前，頭面禮敬，卻住一面，以偈讚曰：「

深達罪福相，遍照於十方；微妙淨法身，具相三十二；

以八十種好，用莊嚴法身；天人所戴仰，龍神咸恭敬；

一切眾生類，無不宗奉者。

又聞成菩提，唯佛當證知；我闡大乘教，度脫苦眾生。」】

語譯：【文殊師利菩薩說完了，智積菩薩接著說：「我看見釋迦如來，經過無量劫以種種難行的苦行，才累積了無邊的功德，是這樣求菩提道而不曾止息。觀察釋迦如來往昔無量劫在三千大千世界中的每一個地方，甚至於小到像芥子那麼小的地方，都不能說那不是釋迦菩薩曾經捨棄生命的地方，這是為了眾生的緣故，然後才可以成就佛菩提道。我不相信這位龍女在一須臾之間就可以成為無上正等正覺的佛陀。」話都還沒有說完，這時龍王之女忽然顯現在他們的面前了，然後頭面禮敬於佛陀和這幾位大菩薩，就站在一旁，接著以偈頌來讚歎說：

「非常深入地通達了一切罪與福業的法相，而智慧已經普遍地照耀於十方世界；非常微妙的清淨法身，而且具足了三十二種的大人相；

又以八十種隨形好，來莊嚴清淨的法身；這是諸天所頂戴和敬仰的，也是龍神全體都來恭敬的；三界一切眾生之類，沒有不宗奉於佛陀。

又聽聞到具足成就佛菩提，這事情只有佛陀應當來為我證知；我龍王女闡揚大乘的法教，度脫苦難的眾生。」】

講義：諸位聽到龍王女這樣講，有沒有聯想到什麼？當她一出現就用這十句話先來讚歎 佛陀：「深達罪福等法相，乃至無有眾生不宗奉者。」接著講她自己：「又聞成菩提，唯佛當證知；我闡大乘教，度脫苦眾生。」有沒有覺得她很高，對不對？高到不可想像？對啊！她最後四句就是說：「我又聽到有人說我可以成佛，這個事情只有佛應當為我證知；我是闡揚大乘教的，我度脫了苦難的眾生。」有沒有覺得她好像……喔！太高了！不可想像。對不對？她才一出來就這樣示現，這就好像有小朋友，譬如國小三、四年級好了，國語剛剛學會；假使有一天，他到野外踏青郊遊，突然聽到一個房子裡面人家在唱詩：「春眠不覺曉，處處聞啼鳥，夜來風雨聲，花落知多少？」這位小朋友會覺得裡面那個人怎麼樣？「眞的很了不起，那個人出口成章，那意境好高喔！」對不對？

又好像說，還在凡夫地的人，看到我們《公案拈提》中寫的頌，心想：「這些意境好高喔！我怎麼想都想不通。」對啊！龍女一出現就像是這樣，讓人引生這種感覺。所以有人說：「這〈超意境〉CD裡面的詞，到底是講什麼？我是很聰明的人，可是怎麼思惟都想不通，到底是什麼意思？」你們聽到這種說法時，會怎麼答？你們會說：「如果你想要懂，就來正覺修學啊！」對不對？他會問你們說：「你眞的懂？」「當然懂啊！」那他就會覺得你們好厲害，怎麼會懂那個？正是因爲不可思議，所以他無法想像。同樣的道理，龍女出來時該如何讚歎佛，她就如何讚歎；自己該如何示現的，她也示現了，就是示現說她可以成佛了，而且公開講：「聽到菩薩說我可以成佛了，這唯有佛知道，佛應當要爲我證知。」這口氣多大！她是當著 佛陀面前說的，當然大家就得要信她。所以這裡面當然是會有下文，我們即將要講解時，時間又到了，所以今天只能講到這裡。

今天諸位如果是搭捷運過來，或者從東邊過來的話，會看到我們九樓陽台那麼大一片的 LED 廣告燈，但是還沒有設定好。我們的基本設定，那些字是藍色的，底色是淺藍色的，然後隨著你閱讀的速度，底色會漸漸改變爲一般的藍色，總共有三種藍色，看起來會非常美、非常調和。可是廣告公司沒照我設計的意涵去設定，因爲他剛裝好，現在軟體還沒弄好；但是以後還會有彩色的圖案等等，我們破密就要破徹底。爲什麼要設在九樓呢？因爲十樓是正覺教育基金會，就有親達賴的民意代表—大同區、士林區親達賴的市議員—去向市政府民政局施壓，那民政局就去向教育部施壓，說我們掛的那個布條不是教育性質，硬說是宗教行爲。那我們堅持說：「那明明是在教育社會，避免社會人士繼續受到喇嘛教的性侵害，那是教育行爲。」這樣爭執了很久，最後第四度來函說，認同我們是教育行爲，已經不是宗教行爲。（大眾鼓掌…）但是我們接著在字幕上打出來的這七句，全部都屬於宗教行爲。（大眾笑……）因爲我們改裝在九樓，而九樓這裡是正覺同修會，不是正覺教育基金會。基金會只能搞社會教育，我們這裡是同修會，所以我們作這個宗教行爲，沒有人可以干預；因爲我們是合法成立登記在案的佛教單位，我們的名稱叫作佛教正覺同修會，全名是社團法人佛教正覺同修會。我們既然是佛教，廣告燈上講解宗教的事，親達賴的人士就不能夠說我們有問題。

當然，也有政府機關問我們說：「你們跟密宗的問題到底解決了沒有？」（大眾笑……）我們幹部答覆很妙：「也可以說解決啦！也可以說沒有解決啦！沒有解決的原因是他們不斷地向我們作人身攻擊，抹黑、抹紅我們，所以算是沒解決啦！」這樣政府單位有些擔心，但是我們幹部又說：「其實也可以說是解決了，因爲我們講密宗的法義錯誤已經十年了，他們沒有一個人敢寫一篇文章、出一本書來說他們正確，也沒有人敢來跟我們討論他們密宗的法義，所以也算是解決了。」那他們才有一點寬心。因爲政府機關最好就是一直都沒事，不要沒事找事。他們也怕我們是沒事找事。那我們也表達立場：我們眞的是在救護台灣善良的民眾，不要被那些仿冒的假佛教給騙了；因爲假藏傳佛教四大教派都是仿冒的假佛教，都不是正牌佛教；如果要依著作權法來講，他們是要被起訴的，因爲他們是冒牌的仿冒品。當然我們也附送了很多證據、資料上去，凡是政府有關單位，我們盡量把資料送給他們。

以前你們有看到那一本《達賴眞面目》，現在改由正智出版社來出版，全部是銅版紙印刷，大本的手工精裝本，一本要賣八百塊錢的；因爲那個成本很高，而且你若是賣得不貴，圖書館也不太想收藏的，所以要定八百塊錢台幣，相當於美元二十幾塊錢。但因爲還沒有全部裝釘完成，就請印刷廠先趕出幾十本來，我們先送給這些政府單位。因爲我們裡面的圖片（那些彩色圖片也有新拍的，我們大陸同修眞的也很拚，聽說假藏傳佛教的寺院正在大掃除，所以那些雙身像的遮羞布都拿掉了，就趕快去，二、三個人找住持喇嘛供養禮拜，請求他帶領著去參觀，然後由一、二個人趕快去拍攝，調虎離山成功啦！所以，這一些新拍攝的照片也放進去）。當然這一本書，我們現在送給政府機關的時候，是還沒有加上那個書腰廣告辭。將來會加上書腰，就是一本書會有一個下標，有一個書腰把書圍起來，那書腰裡面有四個大字：兒童不宜。但一樣會在書局上架，來證實說：達賴等人眞的就是這樣。告訴那些反對我們破密廣告的人說：「你們大家都說我們那個布條寫著『喇嘛跟女信徒性交』有多麼粗魯，但是達賴他自己的書裡就是這麼寫的，更粗俗，讓你們自己瞧嘛！連他們供奉的佛像也是這樣的嘛！」

那本書很精美，大家拿到了說：「喔！這麼有品質的書。」然後再加上《狂密與眞密》一套，還有其他的文宣品等等，我們這回送出了不少。陸陸續續還要送給那些新聞媒體，如果新聞媒體他們要繼續報導說「密宗多麼好、喇嘛多麼行」的時候，他們自己心裡應該也會心虛的；就是要讓他們先心虛，以後漸漸不敢再講密宗的好。

但是我們破達賴的文宣要繼續廣泛流通，當大眾都知道他們都在說謊的時候，他們就說不出口了——現在是明知道說謊也說得出口。當大眾都知道的時候，他們就說不出口了。我們要作到這樣子，這一面廣告牆長度有二十一米，我們那個 LED 的破密廣告牆就是二十一米；將來可能還會放上一些彩色的圖片，因爲這是花很多錢訂作的很精緻的東西，是可以弄上一些彩色圖片，將來也許偶爾放上一天半天雙身法的像，但不要弄得太清晰，這樣子會增加一點教育效果，才會有震撼效果。有震撼效果才會引起民眾的話題，這樣社會上一看到喇嘛就說：「垃圾教！」（台語，意為不清潔的污穢宗教。）

眞的是這樣，因爲我們有好多同修在發文宣的時候，民眾剛拿到時以爲是在宣傳喇嘛教的，同修們告訴對方說：「不是，我們是在破斥喇嘛教。」對方就很歡喜拿過去，就附帶一句話說：「垃圾教！」我們同修聽了眞的是好感動。這一些持續的行動，都是在宣示我們的決心。接下來十九年，我們還有十九年要繼續努力，要在台灣把喇嘛教密宗趕出佛教。將來在大陸就會更辛苦，因爲大陸現在不像台灣多元化社會，你講什麼都沒問題；大陸目前受限於宗教法規，喇嘛教這個全球最大的邪教依然被大陸的宗教法規保護著，可以繼續堂而皇之姦淫良家婦女……；諸位這樣想一想就會知道，將來在大陸要把喇嘛教趕出佛教、要復興中國眞正佛教的困難度會有多高。今天如果有機會，你們看一下，那廣告燈的底色竟然是白的，實在是沒有什麼格調，看起來就是很普通。依照我的設計是三個顏色很調柔，你看起來就是覺得賞心悅目；只是那些文字很刺眼，慢慢再修改，我們會一步一步來作。接著我們美編設計的同修們，會去設計更精美的圖樣出來，文字我們就看情況需要，隨時再來作調整。這些都是題外話，卻是與復興佛教的大業有關。接下來回到《妙法蓮華經》，上一週一一九頁我們已經有略說了，等於是講過語譯的部分。今天是應該從第一行詳細開始講解。

文殊師利菩薩說：「我在這大海中，只有常說……」這個「常」字不是常常，而是始終都是這樣，永遠都是這樣，都不改變，「我一直都是在宣說《妙法蓮華經》，而且是只說這一部《妙法蓮華經》。」因為他有說了「唯」字！「唯常宣說《妙法華經》」，就是永遠都只演說這一部《妙法蓮華經》，不說別的經典。這個意思是在表達什麼呢？這麼簡單一句話，是說 文殊師利菩薩大約是在 世尊向這些阿羅漢們授記的時候，大家都只注意誰被授記、將來成佛是什麼名號，誰會比較早成佛、誰會比較晚成佛等等，可是大家都沒注意到 文殊師利。他到底什麼時候離開的？沒有人知道。他就是去了龍宮，因為要把無數的菩薩們帶領出來，顯示應身如來 釋迦佛的淨土世界是如何的莊嚴，竟然還有無量億菩薩——沒有辦法詳細計算的菩薩們，而且都已經是七地以上的菩薩——都已滿足七地心了。

有這麼多的菩薩是 釋迦如來的弟子，這在顯示什麼？顯示 釋迦如來的淨土不可思議。一般眾生只會看到這個地球上的山川林木，有很多的汙穢，人類吃的食物也都是以不清淨的東西產生出來的。你們有誰眞正吃過清淨的食物？都沒有！你們吃的食物都是從泥巴裡長出來的，泥巴清潔嗎？含藏著多少不淨的東西。是從泥巴長出來的，你就是喜歡吃嘛！你還眞喜歡呢！有時買菜還嫌：「這菜乾巴巴的，不肥美。」那麼想要肥美該怎麼辦？施肥啊！施什麼肥？諸位想想看，堆肥最好啊！施化肥長出來的就是不肥美，所以就是施堆肥。那堆肥呢，好多人遠遠見了、聞了就說：「好臭！」趕快走開了！可是你吃的食物卻是用堆肥培養出來的蔬菜水果，那你說說看，你吃的食物清淨嗎？不清淨。

所以眾生看到 釋迦世尊的這個娑婆國土時都叫作穢土，不是清淨土；但是卻不知道 釋迦如來這個娑婆世界香水海裡面（因爲釋迦如來不是只有住持這個娑婆世界而已），在很廣大的香水海裡面，都還有 釋迦如來所度化的許多大菩薩們；那些菩薩們是 文殊菩薩所率領、教導的，而 文殊菩薩只爲他們演說《法華經》，那是一年又一年、一劫又一劫，就是單說《法華》；是以一部《法華經》函蓋三乘十二分教，全部都函蓋，就這樣子演說佛法。所以，文殊看著知道授記進行差不多了，就去把這一些菩薩們帶出來，顯示 釋迦如來不是只有人間這個穢土，而是還有其他的佛土，是大眾所不知道的。

所以帶過來的菩薩有無量無邊不可計數之多，這是第一個證明。這是 釋迦如來四種不可思議裡面的佛土不可思議，由 文殊菩薩再度重新證明。然後顯示說，釋迦如來所說《法華經》是如何勝妙，因爲他在大海龍王宮中也是只演說《妙法蓮華經》，永遠都是說這一部經。所以這一部經，你如果要深入去講的話，可以講個沒完沒了；因爲它就函蓋了一切佛法，這就是重新再顯示 釋迦如來的法不可思議。

釋迦世尊的佛土不可思議、法不可思議，就顯示 釋迦如來不可思議。可是這個道理有誰懂？沒有人懂！凡夫們都用自己的境界說：「**佛陀跟我是一樣的，我現在成佛了，我的境界就是佛的境界，所以釋迦如來的境界就是我現在的境界。**」凡夫大師們是這樣想的。那些六識論的佛門凡夫、佛門大師，一個個都是如此，哪裡想得到 釋迦如來的四種不可思議。所以，文殊師利菩薩就這樣一句話，間接把 釋迦如來佛土的不可思議、以及法寶的不可思議顯示出來，襯托出 釋迦如來的不可思議。因爲世間凡夫肉眼所見，其實看不出什麼，只看見說：「**釋迦如來跟我們同樣是一個人類，同樣是二個眼睛、一個鼻子、一張嘴巴，也沒有三頭六臂。**」他們往往是這樣看的。

釋迦如來又不是魔術師，不可能一天到晚變什麼東西給眾生看，那麼尊貴的佛陀怎麼可能隨隨便便就來耍神通，讓眾生歡喜、來信受？絕對不會！

三界至尊總是要以三乘菩提的證量來攝受眾生，可是眾生看不出來，因此得要 文殊菩薩刻意來演這一場戲，就把海龍王宮中這麼多的大菩薩們都帶過來，大家一看才知道說：「真的不能想像啊！」根本不可能想像 釋迦如來還有這麼多的大菩薩弟子們，由 文殊師利菩薩在教化著。可是這樣子還沒有具足把 釋迦如來座下菩薩僧的尊貴顯示出來，也還沒有顯示出 釋迦如來座下菩薩僧們的不可思議，所以還得要由龍女來示現。當這海龍王之女示現了以後，大家才會知道 釋迦應身如來不可思議，有這樣的弟子。

文殊師利菩薩講了這一句話說：「我於海中，唯常宣說《妙法華經》。」智積菩薩當然知道該怎麼再問，他們就是一唱一搭來演一場戲。他們兩個，一個就像主持人，一個就像司儀，這樣子來安排這一場度化眾生的戲該怎麼演。所以智積菩薩就故意問 文殊師利菩薩：「這一部《妙法蓮華經》，非常深奧而且非常微妙，可以說是一切諸經中最寶貴的經典，世間難以值遇、難以聞見、難以理解，非常希有。像這樣的經典，有沒有眾生很殷勤加以精進，修行這部經而能夠快速成佛呢？」故意要問說，釋迦如來座下的眾生有沒有人勤加精進而能夠實證這一部經圓滿快速成佛？他是故意這樣問的。他難道會不知道嗎？他陪著　多寶如來到處去聽諸方應身如來演說《法華經》，早就知道了。

但他故意這麼問，文殊菩薩就有機會可以顯示應身如來　釋迦佛座下菩薩僧的不可思議，所以　文殊師利菩薩就說：「有海龍王的女兒，年紀才剛剛八歲，非常有智慧而且根性非常猛利；善於了知眾生的五根以及眾生的種種身口意行，也善於了知眾生所造的一切善業、淨業、惡業等等。」除了善業、淨業、惡業以外，還要加一樣——叫作無記業；因為無記業是函蓋世間的技藝等法，只要不用來行善造惡，全都是無記業。「她對眾生所有的業都知道，而且得到了總持，」已經獲得佛法總持的時候，當然「她知道諸佛所說甚深祕藏，」所以諸佛都有祕密法，就是金剛心如來藏，這個祕密法的金剛心如來藏所函蓋的一切種子，也就是一切功能差別，「這個智慧，這一位龍王女也已經全部能夠受持了，不但如此，她也深入了禪定。」

禪定，有未到定，有根本定；也可以從另一方面來說，有引發靜慮、安住靜慮、辦事靜慮。但六度中的禪定度又名靜慮度，所以不是單指定力、定境而已，也含攝對於實相的參究與深入思惟；但一般而言，是指四禪八定的修習與實證。四禪八定還沒有實證的人，但已有定境的實證，都是在初禪到四禪之前的定境，由於善根尚未全面具足而未能發起禪定，因未到初禪乃至未到四禪，就叫作未到定；或稱爲未到地定，尚未到達初禪地乃至四禪地的緣故。未到地定的修證，有不同的差別，例如在欲界中修禪定，定力非常好，能入定三、五個鐘頭，但是住在一念不生的境界中一直住下去，初禪卻始終起不來，那叫作未到初禪地的定境，由於未到初禪地，所以叫作未到地定。

又例如有人得了初禪以後，覺得初禪裡面還是有三塵，還是麻煩、覺得還是鬧，不想住在三塵裡面，想要具足遠離五塵；當他面對五塵中的三塵時該怎麼離？他就想：我應該住在自心內境裡面，才可以離開剩餘的三塵。本來在欲界裡面是有五塵，發起初禪而把五塵中的香塵、味塵滅掉了以後，在初禪中，色塵、聲塵、觸塵都還在，這三個要怎麼滅除？他就想：「我要離開這三塵。」所以繼續深入於禪定，不愛樂這三塵；時間久了他就離開初禪，繼續回到未到地定深入；可是在這個未到地定中久住，始終到不了二禪，由於未到二禪地，但已經超過初禪地，所以這個未到地定是二禪前的未到地定，也稱爲未到地定。那麼三禪前、四禪前都同樣有未到地定，只因爲尚未達到三禪地、四禪地，才名爲未到地定；所以未到地定是一種定，它眞的是定，但不是初禪到四禪等根本禪定。

諸佛菩薩固然都得修證四禪四空定，合稱四禪八定；但四空定通常是外道所修所住，所以佛門裡面不把它稱爲根本定，外道則往往把它稱爲根本定。佛門中不說那是根本定，是因爲佛門的菩薩們不住在四空定中，認爲住在四空定中沒有意義。一般而言，菩薩們多是一直到三地滿心時，才不得不去取證四空定，那是爲了要滿足禪定的實證——想要滿足觀禪、練禪、熏禪、修禪等，才須要實證四空定。那這樣就是略說有二種定了，就是未到定與根本定。可是有了這些定，還沒辦法用來利益眾生，只能夠炫耀：「你看我一入定就是一個月，然後才出定；這一個月中我不會死掉，雖然我的呼吸停了、心跳也停了，但沒有死啊！」還是好好的出定。只能炫耀而已，但是對眾生沒有什麼利益，所以他接著得要修四無量心，然後再去發起五神通來，就可以爲眾生辦事了，便叫作辦事靜慮。所以從實證與作用來說，利樂眾生的定有這三種。若是從實證的層面來說，則是引發靜慮、安住靜慮、辦事靜慮三種。

但是，龍王女「深入禪定，了達諸法」，不管什麼樣的定境、定力，以及相應的一切諸法，她全都了達，所以她在這樣子的境界中，只要在一剎那間發起菩提心，也就是發起成佛之心，她就可以得到究竟不退轉，辯才無礙，還能短短的幾十分鐘裡就示現成佛了。那麼，她這時候的心境─現在還沒有成佛─是跟諸佛陀沒有差別的，是「慈念眾生猶如赤子」。她很疼愛所有的眾生，猶如自己剛剛出生的孩子一樣。才剛出生一二個月、三五個月、一二歲的孩子，什麼都不懂，很依賴父母。她的心態就是覺得眾生都很依賴她，因爲很多眾生須要她來度化，必須要依賴她才行，所以她「慈念眾生猶如赤子」；而她成佛所須要的功德已經都具足了，所以她在龍王宮中，有時也爲菩薩們說法。請問她爲菩薩們說法，那些聽法的菩薩們是幾地菩薩？七地滿心和八地、九地的菩薩，她是爲這些菩薩們說法的，所以「心念口演」，她想什麼法就講什麼法，凡是想到而講出來的法「微妙廣大」，所說的都是很微妙的法，而且非常的廣大，你無法想像她所說的法可以函蓋到多麼廣的層面。

「慈悲仁讓，志意和雅，能至菩提。」這是說「她的心地既慈又悲，想要利樂眾生，而且也不忍看見任何眾生受苦，所以叫作慈悲，而且不曾跟任何菩薩們有過任何的爭執，是很仁愛而禮讓的。她的心志是非常溫和、非常儒雅，而她是隨時可以成佛的。」是隨時可以到達菩提道的究竟位。文殊師利菩薩就這樣子公開說，無數人天，而且釋迦如來的十方諸來化身佛，也都在現場，文殊菩薩就這樣公開講。想一想，她是什麼樣的菩薩，文殊菩薩爲她的事情，可以當著十方來的化身佛面前，當著應身如來 釋迦佛與 多寶如來面前這樣講，說她已經可以成佛。如果 文殊不是如來倒駕慈航，能有身分當眾說這些話嗎？而他的目的也是要顯示說：釋迦如來座下的僧寶之中，像這一種勝義菩薩僧是不可思議的。龍王女就是勝義菩薩僧，雖然不是出家人，但龍王女顯然已是妙覺菩薩。如果妙覺菩薩還不能稱爲勝義僧，那有什麼人可以稱爲勝義僧？

當 文殊菩薩這麼說完了，智積菩薩當然故意要爲大眾質疑，才有機會解除大眾心中的疑惑；所以他也眞會演，演這個反派的角色，演得很像。接著智積菩薩就說：「我看見釋迦如來，在無量劫難行的苦行修太多了，」很難行的苦行是修過無量劫而不斷累積了一切功德，「是如此來求佛菩提道而精進未曾止息，才能成佛。」積功與累德是二個層面，功是自受用，德是他受用；功就是功能，不斷地修行智慧與福德，把自己所應該具備的如來藏中本有的功能藉著修集福慧而全部發起，這就是積功。例如現在大家常常在用電腦，絕大多數人對於電腦裡面所有的功能並沒有完全瞭解，大概都是瞭解自己所需要用到的那些部分；所以有的人瞭解這個部分，有的人瞭解那個部分，全部瞭解的人是很少的。同樣的道理，當你悟了以後修到七地、八地、九地，你對於如來藏全部的功能，還沒有具足瞭解，所以要繼續往上修行；修到妙覺位，積功才算完成，你對於如來藏的一切功能差別才算完全了知，但還無法全部發起來使用，這叫作一切種子的智慧已經具備了，得到自受用的功能了。

可是光有智慧不行，這只是自受用，還得要有他受用的部分；若還沒有他受用的部分，你的福德就不圓滿，還不能成佛，所以還得要有他受用的部分；這部分便叫作德。德就是在成佛的過程中，不斷利樂眾生，永無窮盡地利樂眾生，這樣叫作「累德」；乃至將來成佛以後，繼續不斷地利樂眾生，也是累德。把對別人利樂得很多的事情所成就的功德累積起來，使他受用功德完全具足圓滿；你越去利樂眾生，就越有智慧能夠利樂眾生，也越有智慧使利樂眾生的功效達到最大，然後被你利樂的眾生就越來越多，你的福德就跟著越來越廣，這也叫作累德；這就是他受用的部分，這個福德也必須圓滿，這都是要三大阿僧祇劫去修行。

智積菩薩說：「我看見釋迦如來，是於三大無量數劫中難行的苦行都去行，別人作不到的，祂都作得到，這樣去修習自受用功德、累積他受用功德，就這樣子不曾停息過，求菩提道未曾止息。」難行的苦行，現在佛教界有誰作到了？咱們自己都作不到了，不要說別人。我們現在作的，只是去捅千年來最大的馬蜂窩喇嘛教，也還比不上　釋迦如來的無量苦行，都還比不上。縱使說我過去世被人家刺殺過，其實也是佛門六識論的小乘法師殺的，但他們都推說是外道殺的，那就不談它；那麼那一世被殺死了，也是一下就死了，也就過去了，痛苦也只是一會兒，也不會痛苦很久。可是　釋迦如來求法，奉事善知識是怎麼奉事的？光看〈提婆達多品〉就知道了。

世尊曾經修了很多的難行苦行，例如往世遇到一個跟佛法完全無緣的女人，爲了度她，就陪她一世。如果換了你，你會說：「討厭死了！」不必二年，你就跟她離婚了，還可能陪她一輩子喔？不必二年，搞不好一、二個月，你就離開她了。可是，釋迦如來因地就這樣去陪她一輩子，然後下一世就把她度了。就這樣一世又一世修行，許多人作不到的，祂都去作。有一世，看到老虎沒有奶餵小虎，祂就捨身飼虎；把自己的身體捨了，故意去給那老虎吃。你願意作嗎？你先自己問問看。這表示說，這難行的苦行，你沒有行嘛！

而我們現在去捅那個天下最大的馬蜂窩，也是很多人一起在作，而我有一切種智的分證智慧，以及過去世在密宗而了知它的祕密，可以來回應他們，不怕他們來扳倒我們，我來作你們的靠山。所以這樣說起來，你們的難行還不是最難之行。老實說，我這個難行也不是最難之行，我們音樂CD的製作人蔡師姊，有一次跟我說：「老師！這一次終於報了老鼠冤。」小老鼠之間的冤仇很小，所以閩南話中說小老鼠之間互相報冤，其實是很小的事情；表示那兩隻小老鼠之間的冤，最大能大到哪裡去？當然大不到哪裡去嘛！蔡師姊是人同此心、心同此理以爲我們的心態也是這樣。

以前在天竺被他們從北方一直趕，趕到南方海邊，最後沒得生存，只好投生到震旦來——我們說是中原。正法在印度不能生存了，只好生到中國繼續弘傳。可是弘揚到後來，就是到了元朝以後也就完蛋了，沒有辦法再弘揚了，因爲元朝皇帝都修密宗的歡喜佛，都很喜愛修雙身法。好不容易明朝朱元璋拉回來正法中，但是明朝的皇帝傳了幾代，又開始喜歡雙身法了，因爲宮中那麼多女人，他們就這麼辦，於是又開始搞起雙身法，當然就信密宗喇嘛了，接著是平定天下後的整個清朝皇帝全部都是。我們沒有機會弘揚如來藏正法，只好去西藏受生，看能不能從密宗裡面把它翻轉過來。西藏如果整個都翻轉過來了，皇帝也許就會跟著翻轉過來。可是結果還是失敗了，我們以前在西藏被殺死了三百多人，傷者無數。但我們如今不殺他們，我們沒有那個仇恨心，我們反過來還想要救他們，否則何必要把法義寫到那麼詳細希望他們讀懂？這就是說，喇嘛教根本是外道。爲什麼他們不是佛法？爲什麼是外道？簡單來說，最多只要十萬字就能把密宗是外道的道理講清楚了，但我們爲什麼要寫到那麼多給他們讀？因爲想要他們明白。寫了那麼多，雖然他們這一世不能得救，下一世也許就會得救。

我們作了這件事情，佛教界沒有人敢作，道教界、佛學界也都沒有人敢作。以前有一個學五術的（不是練武那個武），五術就是山、醫、命、卜、相。他在網站上發言：「這密宗是怎麼不對、怎麼不對。」有人就建議他說：「我拜你爲師，你教我。這個密宗這麼邪惡，你爲什麼都不公開講出來？」他說：「這個馬蜂窩是天下超大號的，我捅不起啦！以後留給別人去捅。」因爲喇嘛教密宗確實是超級大號的馬蜂窩。馬蜂是最兇猛的蜂，而且那個馬蜂窩是超級大號的，因爲他們已經不斷地累積一千餘年了。但我們去捅這個馬蜂窩，目的不是要報復；是因爲他們會使更多人繼續投入，死後下墮三惡道中，因此我們要作這件事情，主要是救護眾生，包括救護那些造惡的喇嘛們。

但是這也算是難行能行之一，因爲幹這件事情吃力不討好；咱們沒有絲毫利益可得，而且捅了這個馬蜂窩，等於跟全天下大部分的佛教大山頭們樹敵，因爲有好多大法師「後宮嬪妃」好多，你們知道嗎？我們捅了密宗這個超大馬蜂窩，等於也捅了那些修密的大山頭，這對我們有什麼好處？完全沒有好處。所以，有些政府官員問說：「你們這樣子評論藏傳佛教，有什麼好處？」我們幹部回答說：「對我們完全沒有好處。」我們基金會執行長也說：

「我們完全沒有好處，而且還可能惹來身家性命的危險，但我們還是要作。」所以，現在有些政府官員對我們是很認同的，因爲知道我們確實沒有好處可得，但是我們要作，這也屬於難行苦行之一。

可是這個難行苦行，跟釋迦如來往世因地那些難行苦行來比，又算不上什麼苦行了。而且，我心中還覺得這是一個樂行，你們知道爲什麼樂嗎？因爲這種一千多年來完成不了的豐功偉業，作成功了可以救護很多人，這功德很大，功德大就表示福德大。如果能夠把佛教中這個密宗毒瘤給割掉了，不再有冒牌的佛教，佛教就能正本清源，然後就變清潔了。這個長流水變清潔了以後，大家都可以喝了，便能利樂很多人，功德當然很大。如果你有想到這個功德很大，那你挨家挨戶去發那些文宣的時候，就不會想：「腳好痠好痛。」你就不會這樣想了。因爲這個機會不多，機會眞的不多，打從有佛教以來，像這樣的機會眞的不多。那麼還要不要覺得說：「哎呀！我好委屈喔！我去發這個救護眾生，有時候還要挨眾生罵。」可是被讚歎的人，比挨罵的人多吧？眾生看了我們的傳單以後，大部分都是讚歎說：「你們眞有勇氣！」罵我們的人很少，只有信密宗的人。

但是你要想一想，這種委屈不算什麼，釋迦世尊以人天至尊的身分，祂有時候定中天耳清澈，聽到某某外道在罵自己；到天亮時，世尊就提前去托鉢，其實托鉢時間還沒有到，就先到了罵祂的外道那裡去，直接問說：「你昨天晚上罵了我什麼、什麼、什麼。」全部講出來，那外道只好承認。因爲人家都知道了，只好承認。然後 釋迦世尊就說：「我且不說我的法，我就用你的法來說給你聽。」就把外道的法說得很詳細，連外道自己都不知道還有那麼多法，然後外道說：「奇怪！我自己都不知道有這些法，怎麼你知道？」然後 世尊看他信受了，接著才說：「你這些法什麼地方不對。」然後才開始講施論、戒論、生天之論，外道聽進心裡去了，世尊又開始說：「欲爲不淨，上漏爲患，出要爲上。」然後便講了「苦、空、無我、無常」等八聖道之論，外道就成爲佛弟子。

但，有的外道是完全沒有辦法被度的，因爲得度因緣還沒有成熟。釋迦如來爲他解說一大堆，他就是聽不進去。雖然如此，至少那外道以後不敢再罵 佛陀了，那麼 世尊才離開外道，進入村鎮去托鉢。以人天至尊身分，爲了外道、爲了凡夫眾生們，都親自去跟外道論法。那你想，以我們現在的身分去發發文宣傳單，那能算什麼？不委屈啦！一點都不委屈。世尊是人天至尊，尚且都親自去作，我們去作這一些事情救護眾生，也就不委屈了。

而且現在你們出去，人家一看是正覺的人，有時會說：「喔！原來你們規模那麼大。」對啊！現在大眾的感覺就是「正覺的規模是很大的」，是因爲書這麼多又這麼深，講得這麼勝妙，而且全省到處都看到正覺的人在分發傳單、文宣品，全省都看到，就想：「喔！這個團體到底有多大？」而且電視上一看，心想：「正覺有這麼多親教師在宗教台說法，這麼厲害，不是只有一個蕭平實能說法。」佛教界的各山頭，大部分都是一個山頭只有一位法師會說法，其他人還派不上檯面。但我們可以上檯面的老師們還有很多，只是如果派太多人上去講，人家就沒什麼印象了，所以目前就只派十一位上去說法。如果再買到另一個節目，我們會再多派一些老師們上去講。我們有很多老師都很能說法，不是不能說法的。那麼，這些事情給大家綜合的印象是說：「這個正覺道場很大。」有些人會覺得：「這個道場規模很大，不能招惹。」

而且，不管什麼樣的大法師、小法師，只要聽到你是從正覺出來的，他們就不敢再大聲說佛法了，更不敢開口跟你講佛法。他們在你面前不敢開口，因爲知道一定說不贏你，而且他心中還懷疑：「這個人可能有開悟了，我若與他對敵，可能很快就會被他駁倒。」所以，你們這個時候出去行的難行，不算眞正的難行，應當這樣想。

如果你去發文宣品、發傳單，一戶一戶去投，投到腳痠口渴了，你就要起個念頭說：「世尊也都是這樣走路去度外道的，以前爲了度五比丘，從菩提迦耶走路到鹿野苑。」以前我們去朝禮聖地時，搭遊覽車時速平均大約四、五十公里，從菩提迦耶到鹿野苑要走五個鐘頭，所以大約是二百多公里。但世尊都是走路，而且一開始時沒有穿鞋子，打赤腳呵！那時也沒有筆直的柏油路，沒什麼好的路給你走，就這樣子走路去，人天至尊都可以這樣作。而我們有鞋子穿，並且路上沒有石頭等等，我們這樣挨家挨戶去發那一些文宣，其實不委屈啦！眞的不委屈啦！你只要想起人天至尊是這樣親自走路去度那五比丘，你就不會覺得腳痠，要這樣繼續去行你難行的苦行。雖然這個難行的苦行是比不上 釋迦如來，但是對一般的學佛眾生而言，已經是難行苦行了。

那麼修行這一些難行苦行要行多久？要三大阿僧祇劫，才能夠完成積功累德的過程，才是智慧以及福德具足圓滿，這樣子三大阿僧祇劫求菩提道未曾止息。諸位想想看，像這樣三大阿僧祇劫去行苦行，利樂眾生那麼久的時間，你去觀察——以一個三千大千世界來觀察，有什麼地方是釋迦如來不曾捨棄生命的地方？這樣講也許有些籠統，我們打個比方好了，說一個中劫就好，一個中劫到底是多少年？就等於是我們這一個住劫。一個大劫有成、住、壞、空四個中劫，我們地球現在的過程是在住劫，住劫裡面又有很多個小劫，每一個小劫裡面分成一半一半，就是一半增劫一半減劫。當人壽十歲遞增到八萬四千歲時，就是一個增劫；人壽從八萬四千歲遞減到十歲時，就是一個減劫；這樣一增一減就是一個小劫，而住劫正是一個中劫。

我們現在是在住劫之中，這個住劫之中將會有一千佛來人間成佛；如今已經成就四尊佛，在這個住劫後面還會有九百九十六尊佛要來人間成佛，而彌勒菩薩是在五億七千六百萬年後會來人間成佛，也只是第五尊佛；在彌勒菩薩成佛之後，還會有九百九十五尊佛要來人間成佛。諸位想想看，這時間是多久？這樣算起來到底有多少壽命？如果你以人壽百歲來算，且不說百歲，就平均為四萬歲來算好了，在住劫過完時，到底你有多少身體會出生又死掉？你有沒有算過？你要怎麼計算？以這樣來算的話，三大無量數劫，不只是一個中劫，三大阿僧祇劫到底有多少身體出生又毀壞？所以把這三大無量數劫所取得的身體，埋進地裡面去，或者餵給眾生、捨給眾生吃，以一個三千大千世界這麼一個空間來說，眞的沒有一個地方你不曾捨過生命，你眞的無法計算。而世尊不是世世等著壽盡命終，大多數是年紀輕輕就捨壽，把身體布施給眾生。像這樣子去利樂眾生，然後才能夠成就佛菩提道，這是多麼難的事。

所以，最後智積菩薩加上一句結論說：「我不相信這個龍女能夠在短短的時間就成爲無上正等正覺。」他先把成佛的困難說明了。一定要先說這個難處，你如果不先說這個難處，這龍女即使現在成佛了，也不會使人覺得有什麼值得珍惜，因爲大家感覺不到。要讓大家知道成佛是如此的困難，眞的困難啊！只有凡夫才會覺得成佛很容易，凡夫都說：「我這一生便能成佛，就在我身上成佛。」他不曉得他那是魔子魔孫誤會的佛，他不曉得。可是證量越高，你就越覺得成佛很難。且不說別的，就說講經好了，誰像我們這樣講？沒有啊！你找不到一個，可是我看看佛地時，又覺得無法想像，我看不見佛地，不曉得那是什麼境界。

所以我向來都很單純，我不想說我未來世要作什麼，全都交給 佛安排；佛說怎麼樣，我就怎麼樣；一句話，我沒有第二句話，因爲我根本不能想像佛地是怎麼樣，我把自己交給 佛陀就好了，所以覺得自己渺小，微不足道。可是外面的人都說：「這個蕭平實好狂傲呵！」我都不曉得自己什麼時候狂傲過，我曾經用下巴看你們嗎？曾經給誰白眼嗎？罵，可就別說了，都沒有過啊！所以，我這個層次都覺得佛地不可思議，那些凡夫動輒都說：「佛地就是這樣，就是我現在這個境界。」眞的嚇死我！他們講那個話，眞是要嚇死我。我從來不曾動過一剎那這樣的念頭，可是他們都公開在書中大膽說他們成佛了。

所以，一定要把那三大阿僧祇劫的過程，它的困難度和廣處都說明了，然後龍女來示現成佛的時候，大家才會知道 釋迦如來的菩薩僧不可思議。我這一世來人間作這些事情，帶著大家共同來作，有機會讓我講出勝妙法，有機會讓我來幫助這麼多人實證，其實也是在崇顯 釋迦如來的這四種不可思議。大家會看：蕭平實度出來的這麼多老師們，還沒有全部派上場，目前才派十一個人上電視，這十一個人就已經講這麼多正法，以前沒有人在電視上聽過正覺老師講的這種勝妙法；那麼如果全部派出來，他們就會想：「這蕭平實證量一定很高，才會教導出這麼多能說大法的老師們。」

可是接著四月一日，我的新CD出來，主題曲叫作〈菩薩底憂鬱〉，第一句話就是：「佛地難思議，我今在遙。」釋迦佛的境界難以思議，我根本無法想像，所以說我今天還距離很遙遠。那麼，那一些凡夫大師們會想：「這正覺的老師那麼厲害，他們開悟的同修來到我道場，我們沒有一個人講得過他，還不必談到正覺的老師們，那老師們一定更厲害；想來那些老師們的老師蕭平實當然更厲害，可是蕭平實竟然說他距離佛地的境界還很遙遠。喔！那麼佛陀眞的不簡單，我們一定不可能想像出來。連蕭平實都不能想像了，何況我們怎麼能想像佛地的境界呢？」這樣就崇顯出 釋迦如來的不可思議，我就由這樣來崇顯 佛陀。如果我今天說出來：「佛地的境界就只是這樣，我全都知道了。」那麼我其實應該就是天魔波旬。其實說句老實話，天魔波旬也不敢這麼說，因爲他知道，自己對阿羅漢們的境界都還猜不出來，何況是菩薩？而菩薩根本都無法想像佛地境界，他天魔怎麼敢說他知道佛的境界？《法華經》這一品就在宣示這個道理，免得有人狂妄而犯下大妄語業及毀謗 如來的大罪業。

這意思就是說：水漲船高。這一艘小船，水漲到那麼高了，它都不會沉下去；然後又來了一艘船更大，這艘更大的船，就是說你們這些開悟的同修們。原因是說，當你們在禪淨班上完課了，去到各大山頭，沒有人敢講話了；那麼增上班的開悟同修們講話，他們就更不敢回應了，沒想到後面還來了一艘更大的船，就是我們的親教師們。可是親教師們後面還有一艘大船，而那一艘大船的船長，竟然說 佛陀開的那一艘船，他無法想像。那你想想，佛陀那一艘船有多高廣？這一品講的就是這個道理。智積菩薩最後故意作這個總結：「**我不相信海龍王的這位八歲女兒，能夠在很短的時間內，就可以成爲正等正覺。**」他故意替眾生講出這一句話。其實他何嘗不知道？因爲他看過應身佛講《法華經》，看過太多了，無數劫來已經有很多佛成佛，都講過《法華經》，他也都陪侍著 多寶如來去聽過了。

但他故意要這樣講，因爲眾生會認同：「**終於有人替我出來問了！我想問，但不好意思；我想質疑，也不好意思提出來。這智積菩薩太好了，幫我**

質疑了。」那就看看　文殊菩薩怎麼回答吧！大家要看好戲了。而這個戲眞的很精采，如果大家事先都知道結果，那戲就不精采了，對不對？現在大家都還不知道，但已經有智積菩薩提出這個質疑來。可是他這一句話還沒有講完，龍王女突然出現了，然後向二尊如來頭面禮敬，禮敬完了，住在一邊。佛弟子要懂得規矩，向　佛陀或大菩薩禮敬完了，不能就站在佛菩薩面前，不管誰都不可以擋在佛前，所以龍女就站在一邊。

然後就以偈頌來讚歎，先來講前二句：「深達罪福相，遍照於十方；」這二句在講什麼？「深達罪福相」，這叫作豎窮種智；「遍照於十方」，叫作廣通權智。一個豎向的，一個橫向的。什麼叫作豎？也就是說，這如來藏中一切的種子——一切功能差別，祂已經深入源底，沒有不知的，所以罪相、福相無不了知。「深達罪福相」是很重要的事，《楞嚴經》就是顯示這個「深達罪福相」，世尊以十種狀況來說明人類的心態與行爲。這十種狀況的惡業造了以後下墮地獄，是住在什麼樣不同的地獄中？下墮地獄的果報領受完了，在這個正報受完之後還會有餘報，他會來到餓鬼道，那時他將會成爲什麼鬼？總共有十種不同類的鬼。眾生會成爲十種不同類的鬼之中的一種，又是爲什麼會成爲這一種鬼？或是成爲那一種鬼？都有它的原因。

這十種不同的原因而使他下墮於不同的地獄中，報完了成爲十種餓鬼道有情中的一種；當他在鬼道中受報完了來到畜生道時，他將會成爲什麼樣的畜生；而畜生有更多種，也都各不相同；在畜生道中受報完了，回到人間的時候，他將會成爲什麼樣的人？諸佛如來全部了知，這就是「深達罪福相」。龍女知道這些道理，所以如此讚佛。但是，爲什麼能夠「深達罪福相」？是因爲了知如來藏中的一切種子，所以知道什麼樣的惡業會下墮什麼地獄，接著會成爲什麼樣的鬼，再下去會成爲什麼樣的畜生，然後回到人間來時，他將會是什麼樣的人，一一了知。這就是說，對如來藏中的一切種子都具足了知了，所以能夠這樣子斷言而不會有差錯。因此，這個「深達罪福相」就成爲豎窮種智的表相，是要不斷地往種智深入，到最究竟的地步才能無所不知。

接著說「遍照於十方」，先要豎窮種智以後才能遍照十方；就是一定先要「深達罪福相」以後，才有能力「遍照於十方」。如果你這個部分的智慧還沒有完成，要如何觀察十方世界一切眾生，有各種不同的根性、不同的因緣呢？一定沒有辦法具足觀察。所以一切菩薩們將來會怎麼樣走在成佛之道中，全都在如來的法眼、佛眼鑑照之中；沒有哪個菩薩敢說：「我最厲害了，諸佛都不知道我。」沒有人敢這麼說，連等覺、妙覺菩薩也不敢這麼講。所以，那一些凡夫眾生們以爲說：「我跟人家騙了一些錢財，佛也不知道。」笑話！十方世界下了什麼雨，總共下了多少滴，諸佛都能知道了，何況是他這樣一個微小的眾生？不必談到佛，身邊好多鬼神全都知道了，而他完全無知，竟然還能夠說諸佛都不知道，沒這回事啦！

所以，一定是因爲「深達罪福相」，對一切種智具足圓滿了，因此可以遍觀十方世界的一切有情，才能從天界最高四空天有情，以及色界最高的四禪天主，下到地獄最卑賤的受苦眾生，無所不知，這樣當然能夠「遍照於十方」，這就是橫向的窮通種智。所以，若是有人自欺欺人說：「我跟人家說我成佛了，佛陀又不在我身邊，祂怎麼會知道我大妄語？」那眞的叫作愚癡人！菩薩是很清楚瞭解這些事情的，所以大菩薩的心態，大家對於 佛陀是怎麼樣看待的呢？就是覺得在 佛陀面前時，自己就好像是個六、七歲的孩子一樣：「佛陀是我的老爸，我想什麼，我爸都知道；我能作什麼，我爸也都知道。」就像是這個樣子。

所以，修證越高的時候，跟 佛陀之間的道情（因為那不是親情，而是道情），就越發地密切，但是末法時代的大師們，似乎沒有人知道這個道理。所以「遍照於十方」表示 佛陀對十方一切眾生都具備了究竟觀察的能力，就能夠針對不同的有情施設不同的權巧方便，來利樂不同的有情，無所不知。所以，這種方便權巧的智慧，佛陀是具足圓滿的，因此就是廣通權智——權巧的智慧具足圓滿。你看，這龍王女二句話，顯示出 世尊如來是什麼樣的境界。現在沒有人知道它的涵義，我們如果不講，沒有人知道其中的涵義是這麼深。

接著再從表相上來讚歎，是從福德上面來讚歎，前面這二句是讚歎智慧，可是還有福德：「微妙淨法身，具相三十二；」非常微妙的清淨法身，到底是講什麼？是講那個色身嗎？當然不是，當然是講 世尊的無垢識已經成就了。只有諸佛如來才能成就無垢識，妙覺菩薩都還叫作異熟識。咱們大家就叫作阿賴耶識，所有七地以下菩薩的第八識都稱為阿賴耶識，實在很差，沒辦法跟諸佛相提並論。因為等覺、妙覺，即使是 彌勒菩薩現在也覺得 佛陀的境界難思議，何況是等覺菩薩？彌勒菩薩是妙覺菩薩，當來下生成佛，但是大圓鏡智還沒現前，成所作智也還沒現前，已經修到妙覺位了，都還覺得佛地難思議。那你想，十地、九地或者八地，仍然是異熟識的境界，他怎麼敢對諸佛生起一絲一毫的慢心呢？那八地以上菩薩都不敢對佛有一絲一毫慢心了，七地以下菩薩就更別說了。可是，這一些七地以下的菩薩們不敢起慢心，凡夫外道的密宗喇嘛們，卻具足慢心，各各都說：「**我成佛了，而且我是報身佛，比釋迦如來更高。**」就是假藏傳佛教四大派那些外道。

那麼，由一個人的言行，你就知道那個人的證量。達賴喇嘛明著說、暗著說他是觀世音菩薩化身。我們不免要問一句話了：「**觀世音菩薩的化身是那麼差呀？連我見都斷不了喔？**」對啊！他連我見都沒有斷，因爲他認爲意識是常住相續不斷的。可是，我們正覺同修會禪淨班的學員都會問他一句話：「**請問，你這一世意識是從上一世來的嗎？**」只要問他這一句話就好了。將來你們如果有因緣遇見，只要問他這一句話。他一定不敢回答，因爲他很聰明，他也讀過我許多書了；他雖然沒有智慧，但世間智很聰明，他當然不敢答，當然知道這一句話裡面有文章。但他如果敢答說：「**是啊！我這個意識是從上一世來的。**」那你就問他：「**請問老兄，你是喝了孟婆湯嗎？請問**

你喝的孟婆湯是什麼味道？天下沒有孟婆湯，那只是民間傳說的故事。如果你的意識是從上一世來的，請問你上一世姓甚名誰？你上一世幹了什麼行業？爲何這一世出世時什麼都不記得？你說說看啊！你幹了什麼事？」他講不出來的。

所以，只有凡夫會覺得　佛陀境界沒什麼，證量越高就越覺得不可思議。你看龍女這一句「微妙淨法身」，就表示說　佛陀已經證得無垢識，不是異熟識的境界，也就是說祂的變易生死已經斷盡了。可是七地未滿心以下的菩薩都還有分段生死，雖然是故意留惑潤生而有，但是三界愛的習氣種子還在，那不能跟八地以上的菩薩相提並論。那習氣種子，人家八地菩薩是全部斷盡了，所以七地以下的菩薩也無法想像他們。然而三賢位的菩薩又說：「那些地上菩薩的智慧，我們無法想像。」當然更不會對　佛陀起慢心了。因爲只要悟了之後，有善知識繼續指導，願意被善知識攝受而繼續深入修學，就會知道現在自己明心的階段還是叫作阿賴耶識，要到八地心才算是異熟識。「那八地以上菩薩都不能想像佛地的境界，咱們明心以後又如何能夠知道佛地無垢識法身的境界？」你又如何能知道？當然不知道！

所以，龍女稱讚說：「微妙淨法身，」這個法身是究竟清淨的。先不說異熟識，先說阿賴耶識階段的初地菩薩，已能斷盡分段生死了；入地以後，修到第七地滿心時，三界愛的習氣種子全部斷盡了，這對一般菩薩來講，已經是究竟清淨了，可是竟然還不足以成佛，因爲還有異熟生死在——那些無記性的異熟果報種子的變異還沒有斷盡。接下來八地、九地、十地才三個階位，想要斷盡這個異熟種子的變易生死，就要花掉一大無量數劫。你想想，這最後一大無量數劫修完三個位階之後，還要用整整一百劫去修福德，然後才能成佛變成無垢識，那你想：無垢識的境界容易修嗎？這是究竟的清淨，內外俱淨，才能夠有大圓鏡智跟成所作智的大神用。祂這個「微妙淨法身」顯示出來就是無垢識的境界，然後因爲有無垢識的境界，才能夠使三十二種大人相具足而且明顯地顯示出來。

所以悉達多太子剛降生，阿私陀仙來爲他占相，一看就說：「您這個太子不可能當國王，一定會成爲無上正等正覺，所以他不會是轉輪聖王。」淨飯王問：「爲什麼會這樣？」淨飯王很想把他留下來當太子，未來當轉輪聖王，不想讓他出家。阿私陀仙說：「看來是不可能，因爲他的三十二大人相太明顯了。」轉輪聖王也有三十二大人相，但是不明顯，悉達多太子的三十二大人相非常非常分明，所以阿私陀仙斷言將來不可能留下來當轉輪聖王，一定會出家成爲無上正等正覺。話才說完，這仙人已經悲號啼哭，爲什麼呢？因爲他已經看見了，釋迦如來成佛的時候，自己已經死了，而自己的業會生到天上去，不能時時親近如來。那你想，這「具相三十二」有那麼好修嗎？眞的不容易修啊！

這三十二大人相要修到很清楚分明，是要用整整一百劫的時間去利樂眾生的。有因緣就爲眾生說法，可是眾生如果什麼時候來要眼球，把湯匙拿來當場就挖，沒有第二句話；因爲這是整整一百劫的等覺位之中要修的事，專修福德。誰要一根手臂，當場就砍給他；誰要什麼，當場就給；要所有財產，財產就給，就這樣布施。取得色身的目的，是爲了去修足應該修集的福德，然後把那個福德再去受生而取得更多財產，接著又繼續布施出去；套句現代的話，叫作轉投資。本來你留在這家公司裡面，你的本業中有這一些錢，例如你這一百萬元可以去賺一百萬元；但是你轉投資另一家獲利極大的公司以後，結果這一百萬元可以賺回一千萬、一萬萬元。你就像這樣繼續去利樂有情，取得了財產是爲了布施，取得的身體也是爲了布施，就這樣一百劫中努力布施色身財物，才能夠使三十二大人相非常清楚分明地顯現出來，就由祂的無垢識在祂的色身上面顯現出來。

這意思是在讚歎什麼？「具相三十二」，舉出 世尊的三十二種大人相，意思就是在讚歎說，釋迦如來可以攝受一切有情；因爲眾生看表相，當那一些仙人、天人們看見 悉達多太子這三十二大人相的時候，就知道將來一定會成佛。然後眾生看見 如來的時候，如來說法是那麼勝妙微妙廣大深廣，又有不可思議的五通，加上三十二種大人相示現出來。這樣大多數眾生就會信受，就能夠攝受一切眾生。有一部經裡面記載，這一部經，我大約是二十年前讀的，說 釋迦如來入胎降生以後，住在母胎中一樣是廣作佛事；在母胎中變化出極高廣的宮殿，在裡面攝受許多菩薩，爲菩薩們說法。那你怎麼想像？眞的沒辦法想像。

又如有一次說法時，有一個女人一直懷疑：「釋迦如來不見頂相，我當然是看不見，因爲祂不見頂，可是還有一個馬陰藏相，我總是應該要看見吧！」她想要看 釋迦如來的馬陰藏相。釋迦如來很慈悲就故意讓她一個人可以瞧見，於是那個女人就信受了。你看，大家都沒看見，就只有她一個女人看見，唉呀！我說她也眞夠偉大的，能感應 如來爲她這麼作。可是，如來就這麼慈悲，即使是一個人，只要有善根，也要攝受。她只因爲這個看不見，所以心中不信；後來她看見了，立刻就信受了，所以她隨即成爲三寶弟子。所以「具相三十二」，已表示 釋迦如來可以攝受一切有情。即使一部分有情這一世不被攝受，但他們未來世被攝受的種子也已經種下去了，這就是成佛時所必須要有的功德。沒有三十二種大人相，還跟人家說他成佛了，那叫作妄想佛。所以你看，龍王女這四句話函蓋了這麼多的意思。即將成佛的人，就這麼簡單扼要直接顯示出來；怕的就是聽的人沒有智慧，聽不出這個道理來。

龍女接著說：「以八十種好，用莊嚴法身；天人所戴仰，龍神咸恭敬；一切眾生類，無不宗奉者。」每一種大人相，各有八十種隨形好，一一隨形好又有無量的好相，你要很詳細去觀察才看得出來。有好多人在造佛像，誰眞的能如法造得出來？造不出來。當年 佛陀去天上說法，優塡王很想念；因爲有好久沒有看見 佛陀了，他好想念。於是就找了一塊很大的牛頭栴檀香木，現在如果還有那麼大的沉香木可以雕成佛像，大概要幾億元了。他找不到工匠，沒有一個人可以把　佛陀的三十二大人相如實雕出來，他很發愁。所有工匠來了都說：「我沒有辦法。」最後是誰來了？是釋提桓因的臣子毗首羯磨，就化身為一個工匠來幫那個優填王雕出來，當然還是不可能完全像，但總是天下最像的了，你就可以想像困難度。

所以，佛陀的莊嚴相，你要怎麼去思議？即使以化身來示現，我們都難以描述，因爲那個神韻是最難描述出來的；就以這三十二大人相所衍生出來的八十種隨形好，來莊嚴清淨法身，如來的應身及自受用身，往往就同時稱爲法身（因爲是以無垢識妙法而住持的緣故，可以利樂一切有情，包括妙覺、等覺菩薩乃至於凡夫菩薩，這時應身就同時尊稱爲法身，因爲是法性所顯之身），就以這八十種隨形好用來莊嚴這個法身。所以，這六句顯示佛地的境界來讚歎說：釋迦如來是一切天、一切人所頂戴、所景仰，一切護法龍神都很誠懇而以至誠心來護持，當然對　釋迦如來都是很恭敬的。那麼，看到諸天天主、天人以及一切人間的大富長者、國王和大菩薩們，都這麼恭敬禮拜歸依，而且所有的龍神都來恭敬護持，那麼一切的眾生類還有誰不宗仰奉事呢？龍女就以這十句話來讚佛。

「又聞成菩提，唯佛當證知；我闡大乘教，度脫苦眾生。」讚佛之後得開始宣示自己了：「又聽聞有人說，我可以立刻成就無上正等菩提；而這件事情只有佛不久之後可以為我證實，這事情只有佛陀才會知道；」事實也真的是這樣，因為只有已經到佛地的諸佛才會知道，文殊菩薩本是佛陀的身分，倒駕慈航來幫助 釋迦如來，因此示現作妙覺菩薩；其實他本來也是佛，所以他當然也知道。只有 佛陀才會知道誰即將成佛，一定是 佛陀才會知道，但是她故意提出來講：「又聽聞文殊師利菩薩說，我即將要成佛了，這事情只有佛陀會知道，而且即將會為我證明；」「當證知」，就是即將會為她證明給大家知道，然後就宣示：「我龍王女闡揚大乘的法教，」意思是說：「我不講聲聞菩提、緣覺菩提，我是闡揚大乘的法教，」所以說：「我度脫了苦難的眾生。」這是不是大話？真的是大話，可是為什麼人家敢在 佛陀面前講？因為有那個實質。

有那個實質，講出來時就不是世俗人說的「講大話」；如果沒那個實質，當然不敢在佛陀面前公開講出來。你想想看，如果你開了一家黃金百貨公司，從金塊、金條、金幣、金龍、金飾、金殿，什麼樣的黃金產品你都賣，全部都是純金的，你究竟了知黃金；那麼有人用推車推來一車黃金說：「**我這個也是黃金。**」這表示說，他有把握能經得起你檢驗，證明他的貨眞是黃金，才敢這樣來。因爲你賣的是眞金，而他知道你是專家，也知道自己黃金是眞金。你賣的如果是眞金，他推過來的那一車如果是假金，他就不敢來，因爲會被你當場一驗就拆穿了。

同樣的道理，有二位如來就在眼前，還有倒駕慈航的 文殊師利菩薩，也有倒駕慈航的 觀世音菩薩在現場，龍王之女當眾說：「**我闡大乘教，度脫苦眾生。**」有一句話說：「**沒有三兩三，豈敢上梁山？**」你想要上梁山泊去當好漢，得要有那個本領。龍王女就是有這個能力，所以她這個話在顯示什麼呢？顯示說：「**我是隨即可以成佛的，只是我在觀察因緣。**」這四句話就是在自己授記成佛——授記自己給大家看，說「**我現在要成佛了**」。她是當著 佛陀的面說的，近代那些凡夫假佛們，全都是 佛陀入滅幾千年以後對著凡夫說：「**我成佛了。**」有種你就在 佛陀面前講嘛！不然就來正覺講堂，來我面前講講看。連我們證得道種智的人，都不敢講成佛的事；他們我見都還具足存在，可都有膽子講成佛。即使 佛陀已經示現入滅二千五百多年，我們也不敢講自己隨後就會成佛；可是你看，龍王女就當著這麼多位如來的面說出來，說「自己隨後可以成佛」。

這意思在告訴大家什麼道理？告訴大家說：所有的妙覺菩薩度化眾生，不是只有在一個小小的地方。譬如以妙覺菩薩 彌勒而言，他不可能只有在這個地球上度化眾生；整個三千大千世界，那是非常多、非常多的星球，一個太陽系就是一個小世界。一千個太陽系是一個小千世界，一千個小千世界才是一個中千世界，然後一千個中千世界才是一個大千世界；一千個中千的世界就有三個千：小千、中千、大千，稱爲一個三千大千世界。那你想想，一個娑婆世界到底是有多少星球的眾生要度？你想想看啊！所以不要以爲說：「啊！彌勒菩薩最好了，他現在都在兜率天宮享福了。」他正在享福喔？他除了要在兜率天中爲諸菩薩講解唯識增上慧學以外，還得時時抽空安排這娑婆世界很多星球中的很多佛教界人事，他可得要預先安排，將來成佛時才能順利度化因緣成熟的眾生。

如果 釋迦如來遺法的佛教——不管哪一個星球上的佛教，有一些事情他必須要出面處理時，他會很快就來，很快就處理；所以他很忙，忙得不得了，處理完了馬上就又走了。所以你們不要小看自己，你們都在當來下生　彌勒尊佛的鑑照之下。我們就說一件簡單的事好了，以前我們有一位老師對我有一點小意見，我想：「麻煩了，我要另外找一個人來代替她的職事，很麻煩。」正在愁。因爲愁，我就寫了一些文字，要送給她；我那天才寫完，那天晚上　彌勒菩薩就去跟她講；也只講了一、二句話而已，然後她隔了三天才問我那幾句話是什麼意思，我爲她講清楚，我的困擾也就解決了，她的問題也解決了。爲什麼　彌勒菩薩要特地來作這件事情？爲什麼呢？正是爲你們啊！眞是爲你們，不是爲我，也不是爲那位老師，而是爲你們。因爲我如果沒有辦法順利作下去，你們的道業就會受影響；你們的道業若是受影響了，他將來主持龍華三會時，那些阿羅漢的數目就會減少，這些都是息息相關的事。息息相關啊！所以他將來龍華三會時（龍華三會都是聲聞法，是宣講三次的聲聞法，每一次都有九十幾億人成阿羅漢，但天竺的億不是我們的億，是以一千個千爲億），要保證那時的所有人都可以成爲阿羅漢，那個數目很大，他得要多麼忙，你們知道嗎？而且每一個星球都要照顧到，他不是在兜率陀天講一、二個鐘頭以後就睡午覺去，沒有那個時間啦！你們要瞭解這個道理。

所以，成佛的事情不是那麼簡單的，誰可以成佛、將來何時成佛、成佛時的狀況，諸佛都知道。可是，這位龍王女「年始八歲」，她自己都已經很清楚了，她知道說：「這時就是我該成佛的時候了。」因爲諸佛成佛時不是單單考量自己，還要考量到過去佛、現在佛，也要考量到未來佛以及所有弟子們的狀況，得有整體考量之後才能夠作下何時成佛的決定。但是你看，龍王女在 多寶如來面前、釋迦如來面前、文殊菩薩面前、觀世音菩薩面前，這等於是在四尊如來面前，還有 釋迦如來召回來的無量化身佛面前，她這樣子說：「又聞成菩提，唯佛當證知；我闡大乘教，度脫苦眾生。」這口氣眞的好大！而她是不是有那個本質，大家當然要探究，對不對？我們當然也一樣要探究，可是要等下週二了。

今天跟大家談兩件事，一件是說：我們住在台灣是很幸福的，瞧瞧日本這一回天搖地動，我們以前九二一大地震，跟他們可沒得比，差太多倍了。日本這回叫作禍不單行，不是祝枝山說的「禍不單行昨日行」，而是「禍不單行現在行」，怎麼叫作現在行呢？因爲天搖地動之後房子等倒了，接著海嘯來了，核能電廠又爆炸，然後現在寒流又來了，下起雪來。喔！這眞是……，所以有人感嘆說：「到底日本人是造了什麼業。」講這一句話，他是沒有惡意，但是我們聽起來也是爲日本人蠻難過的。所以這樣想起來，還是住在台灣幸福；雖然以前被人家欺負等等，那都過去了；這就是說，共業有時候很難說，但是在共業的局面之中還是有別業，別業裡面又有千差萬別，所以不管別人怎麼造惡業，咱們不理會他，咱們只管造善業就對了。

第二件事情是說，爲什麼人不能有兩個頭、四隻手？如果可以有兩個頭，可以同時處理兩件事情；有四隻手，這邊這台電腦上作事時，另一邊同時也在作事，可以作更多事，該多好！但就是沒辦法啊！好在有你們當我的頭、當我的手，分擔了好多、好多工作，否則不曉得該怎麼樣去作完。上一週，有一天一直在趕稿子，趕到沒時間就忘了下座走動，一整個下午在電腦前面坐了四個鐘頭都沒下座，結果那天晚上就覺得左邊臀部開始麻木，沒有知覺了；後來發覺這樣作事不行，所以現在要用定時器。只要一叫，立刻下來走一走、動一動。現在有好多事情要作，想一想，我們才不過這麼小的弘法事業就這麼忙，那 彌勒菩薩要在三千大千世界裡面安排將來成佛的事，他會有多忙？可想而知，眞的是如此。

所以說，假使能夠於相於土自在，我們現在作這些工作就會很輕鬆；可是到了將來能夠於相於土得自在的時候，卻得要化身無量，事情又更多，一定會多出很多倍，也還是作不完，這就是成佛之道裡面永遠不會改變的事實。所以現在大家很努力、很辛苦，這是事實，但不要喊累；因爲將來證量越高就會越累，要知道這一點。今天《妙法蓮華經》要從一一九頁倒數第二行開始，今天是兩段一起講：

經文：【時舍利弗語龍女言：「汝謂不久得無上道，是事難信。所以者何？女身垢穢，非是法器，云何能得無上菩提？佛道懸曠，經無量劫勤苦積行，具修諸度然後乃成。又女人身猶有五障：一者、不得作梵天王，二者、帝釋，三者、魔王，四者、轉輪聖王，五者、佛身。云何女身速得成佛？」爾時龍女有一寶珠，價直三千大千世界，持以上佛，佛即受之。龍女謂智積菩薩、尊者舍利弗言：「我獻寶珠，世尊納受，是事疾不？」答言：「甚疾。」女言：「以汝神力，觀我成佛復速於此。」當時衆會，皆見龍女忽然之間變成男子，具菩薩行，即往南方無垢世界，坐寶蓮華，成等正覺，三十二相、八十種好，普爲十方一切衆生演說妙法。

爾時娑婆世界菩薩、聲聞、天龍八部、人與非人，皆遙見彼龍女成佛，普爲時會人天說法，心大歡喜，悉遙敬禮。無量衆生聞法解悟，得不退轉；無量衆生得受道記，無垢世界六反震動，娑婆世界三千衆生住不退地，三千衆生發菩提心而得受記。智積菩薩及舍利弗，一切衆會默然信受。】

語譯：上一週講到最後是龍王女這位大菩薩，自己宣稱可以成佛了。【她這一些偈講完之後，當時舍利弗尊者心中有疑，就向龍女提出質問說：「妳說不久就可以得無上道而成佛，這個事情很難令人信受。爲何這麼說呢？因爲女人之身是汙垢不淨的，並不是成佛時可以使用的法器，怎麼可以說妳馬上就可以得到無上正等正覺？佛菩提道是非常懸遠而且曠大的，必須要經過無量劫很勤勞辛苦，不斷地累積功德、福德而修行成功，也必須具足修行六度波羅蜜、十度波羅蜜，然後才能成就。而且女人之身有五種障礙：第一、不能作大梵天王，第二、不許當釋提桓因，第三、不能當魔王，第四、不許當轉輪聖王，第五、不可以當佛陀。妳現在是女人之身，怎麼可以說現在就可以成佛？」當時龍王女有一顆寶珠，這個寶珠價值三千大千世界，她當時就用這顆寶珠，雙手奉持上供於釋迦牟尼佛，佛陀當時隨即接受了。這龍王女就向智積菩薩以及尊者舍利弗說：「你們看我獻上寶珠，而世尊隨即納受，這個事情快不快呢？」二個人都答覆說：「很快。」龍王女就說：「以你們的神力，來看我現在成佛的事，還會比這件事情更快。」

當時大家看見龍王女忽然之間就變成男子，已經具足了菩薩行，隨即前往南方的無垢世界，坐在寶蓮華上，成就正等正覺；具足三十二大人相、八十種隨形好，普遍地爲十方一切眾生演說妙法。

這時娑婆世界的菩薩們、聲聞們、天龍八部、人類及非人，因爲佛陀加持力的緣故，全都遙遠地看見那位龍女已經在南方世界成佛了，並且普遍爲當時大會中的一切人天說法；於是大家心中非常歡喜，就在娑婆世界這邊，向南方由龍女所成的佛陀遙相敬禮。這時無量眾生聽聞到龍女所成之佛所說的法，也就理解而開悟了，獲得不退轉住；另外又有無量眾生被龍女世尊授予佛菩提道，預記他們不久就可以開悟了；這樣受記之後，無垢世界就感應到了六種震動；由於這六種震動的緣故，又回過頭來影響到娑婆世界，有三千位眾生從此住在不退轉的境界中，然後又有三千位眾生發大菩提心而獲得佛陀的授記。所以這時智積菩薩和舍利弗尊者，乃至一切大眾中參與法華聖會的人，全部都默然信受而不再有質疑的聲音了。】

講義：這個事情很玄呵！好像很玄，可是你如果弄清楚了，也就不玄。當時舍利弗向龍女說：「妳剛剛唸的偈，自認為不久就可以成就無上道，這個事情確實很難令人信受。」因為確實很難信受，哪有人自己在 佛陀面前自稱馬上要成佛的？因為現前看見的是當來下生 彌勒尊佛，那是五億七千六百萬年後的事。這龍女好大膽，竟然在 彌勒菩薩的前面，說她就先要成佛了；而且還是自己說的，不是 世尊說的，當然要質疑她：「妳這個事情眞的很難令人相信。」可是提出來質問的時候，一定要有質問的理由，不能夠指說人家不對、質疑人家時，結果沒有提出理由，那就是無理的質疑。不論是懷疑或質疑，一定是要合理的懷疑、合理的質疑。所以，舍利弗尊者提出這樣的質疑時，當然要解釋為什麼這樣質疑。

他解釋說：「為什麼我這樣質疑呢？因為女人之身是汙垢而不清淨的，而且不能當作成佛時所用的法器。」所以你們看過所有的諸佛，沒有一尊佛示現女人身的，對不對？都沒有嘛！但是聽到這裡，你是不是要說佛法裡面不平等？其實不會不平等，只有聲聞法裡面才不平等，大乘法裡面都是平等的。她現女人身是有她的因緣，有的人在入地前轉易爲男身，有的人在八地才轉易爲男身，有的乃至到了等覺、妙覺位才轉易爲男身，可是也還有菩薩故意要示現爲女身。你們看 觀世音菩薩不是大多是現女身嗎？對不對？眾生看見了就覺得好像媽媽一樣可以依靠。母親是最親切的，父親有時候還有個威嚴，子女會覺得不太好親近。但媽媽都可以依靠，如果覺得有什麼委屈，往媽媽身上一靠說：「媽媽！如何、如何……。」可以訴苦一番，對不對？媽媽就會疼惜他。所以你看，觀世音菩薩常常示現女人身，不是沒有因緣，而是有緣由的。

所以，在大乘法中沒有所謂的不平等；那個人的願是這樣，或者因爲往世很多劫來的因緣就這樣子，那就繼續示現爲女身。但是，如果眞要說起來的話，依世間法的表相來看，眞的，女身是垢穢。我們說垢穢，密宗卻說那是寶物，說那叫作紅菩提心。我說的是還沒有到更年期的女人，妳們都知道喇嘛教講的紅菩提心是什麼。所以其實如果有人有心，一一收集起來就送給密宗道場去：「你們不是要紅菩提心嗎？我爲你們蒐集，給你們越多越好是吧？」說什麼話嘛！眞是！所以他們講那個話，眞要叫作瘋子講的話。可是不管密宗的喇嘛們怎麼瘋，人間都會有人信；不管有什麼宗教多麼邪，也都會有人信；永遠不必怕沒有人信，因爲這裡是娑婆世界又是五濁惡世。

現在舍利弗說：「女身垢穢，不是成佛的法器，妳怎麼可以說現在就要成佛了？」提出這個質疑，看來似乎確實很有道理。然後再提出另外其他的理由：「成佛過程的佛菩提道，是好比懸在很高的地方、懸在很遠的地方，妳根本看都看不清楚、摸都摸不到，想要到達那個目標是非常曠大而遙遠的，並不是腳步一踩，一步就到了，所以要經過三大無量數劫，很殷勤、很勤勞、很辛苦，不斷地累積各種清淨行與善行，得要具足修習六度波羅蜜多、十度波羅蜜多，然後才可以成就佛道。妳龍女剛剛才出現，就說妳要成就佛道了，這個事情實在難信。」

接著又提出五個理由來：「妳龍女如今現前是女人之身，可是女人身有五種障礙：第一、不能作梵天王，」有人也許要問：「爲什麼女人不許當梵天王？」請問梵天是在欲界還是色界？在色界，色界有沒有分男女？沒有，色界都是中性身。也許又有人懷疑：「那只是一個思想，人家講了，你就信了？」那不然，我來跟諸位說我的體驗好了！我在十幾年前，當時發起初禪時，那時候是有初禪天身在肉身中的。那麼，有初禪天身的時候就會有天眼，就是可以自己看見初禪天身；但那是屬於報得的眼根，是自然的天眼，而不是屬於修來的天眼。當你住在那裡面時，可以看見自己的身體裡面。

你眞的自己可以看見，結果我所看見的是什麼？身中如雲如霧，沒有五臟六腑。所以，智者大師講「獲得初禪天身時如雲如影」，我就說他講得不對，他講那個影字確實不對，眞的要「如霧」才對。如雲又如霧，因爲根本沒有影，他怎麼可以說如雲如影？初禪天身沒有影子，身內也不是如影，身外也沒有影子，怎麼可以叫如雲如影？所以他的「止觀」講得不對。我就更正，我就以自己的體驗，說是「如雲如霧」，因爲那時候自己心眼往身內去看的時候，好像大晴天上很高的白雲，是很白的，可是身中的雲並沒有那麼濃。天上那個層積雲，是很濃的雲，又很白，可是你身上這個初禪天身裡面的雲沒有那麼白，也沒有那麼濃，所以又有一點像很濃很濃的白霧，就介於白雲和早上剛起床時看到的霧之間，比晨霧又濃一點，就像是這樣，這是初禪天身。

初禪天身沒有分男性、女性的，都是一體的，都是同樣的，全都沒有五臟六腑，沒有性器官；而全身的毛孔，從頭頂到腳底都是內外相通，只要正在呼吸而使空氣內外流動的時候，毛孔就會有樂觸，所以每一個毛孔都好快樂。全身沒有五臟六腑，那像什麼？身體裡面就是如雲如霧。表皮只是一層薄薄的，好像最薄的那種保鮮膜一樣，我這樣形容很貼切。古時候沒有保鮮膜，你眞的不太好形容；現在有保鮮膜，就很好形容，就像最薄的那種保鮮膜一樣，只是有很多毛細孔。那麼在每一個毛孔，因爲你不管動或不動，一定會有呼吸，那毛細孔也會跟著有空氣出入，所以每一個毛孔都有快樂，這就是初禪天身。

我以親自的體驗來跟大家證明，初禪天身是沒有男女性的，那你們總該相信了，因爲這是我親自體驗來證明。那初禪天身，你若是想要能夠體驗這個境界，還不是一般得初禪的人就能體驗的，你得要是初禪生起時就是遍身發的那一種，是一剎那間初禪整個現前，而不是從頭頂運運而動然後往下擴展，或者從會陰往上運運而動才去擴展出來的初禪，像那種初禪的發起者，就不會有初禪天眼，也看不見身內如雲如霧，也沒有辦法看見自己的身體就像保鮮膜那個樣子，都沒有辦法；這種初禪的發起，只有事後在胸腔中生起樂觸的覺受而已，所以只有遍身發的這一種，才能夠看得見初禪天身和內身如雲如霧，也才能夠看見初禪天身沒有男女相。

那梵王—梵天王—是初禪天的天王，他是中性身而不是女身，所以女身顯然就是人間或欲界天中的女性，根本不是色界天人，怎麼可能當梵天王？「妳龍女現在還是維持著女身，妳就沒辦法作梵天王。」這是第一個障礙。第二個障礙說：「妳不能當帝釋——不能當釋提桓因。」釋提桓因是忉利天的天主。從我們人間往上，第一個欲界天是地居天，就是四王天，有東西南北四大天王，但這四大天王歸須彌山頂的忉利天天主所管。須彌山頂的忉利天既然住在須彌山頂，當然也是地居天。這個忉利天分成三十三天，東西南北各有八天，八天的中央就是中天，中天歸玉皇大帝所管，他就是佛法中說的帝釋，但他也同時管轄其他三十二天的天王。道教裡有很多上帝，對不對？不是只有一位，那你就知道道教的境界是欲界天中的什麼天了，其實就是忉利天，他們是善法之天。

那麼忉利天王釋提桓因就好像人間的皇帝，例如一后二妃三宮六院七十二嬪妃等；只是忉利天王比中國皇帝的享受更多，因爲他的天女更多，而每一個天女又各有七位侍女，那麼請問他可以是女人嗎？總不能女人去當忉利天王吧！又不是同性戀者可以生天當天主，所以釋提桓因當然要是男人。就好像說，妳們年輕的女生要出嫁，妳會嫁給女人嗎？不可能嘛！而你們男人要結婚時，會娶個男人嗎？不會嘛！如果會的話，那麼人家可就不免要指指點點了，會用異樣的眼光來看你了；因爲不正常，所以女人也不能當忉利天王。接著說，女人也不能當魔王，魔王就是他化自在天的天主。魔王座下的女人可多了，因此他也得要是個男人。

接著，轉輪聖王，轉輪聖王都沒有女人去當的；因爲轉輪聖王如果是女人去當，要統領主兵臣寶，就不方便了。他有七寶，其中之一是主兵臣寶，也就是主持戰爭而且戰無不勝的大臣，那大臣不會接受女人領導。他還有個玉女寶，玉女寶有個好處，說給你們男人聽一聽；你冬天抱著她覺得好溫暖，夏天抱著她感受好清涼，其他就不談了，這就是玉女寶。你想要什麼，她都知道，她都幫你準備得好好的，你根本不必煩心生活上有什麼照顧不到的地方。光是談這二寶就好，是不是得要男人才能當？還有，轉輪聖王，若是鐵輪王，王一天下，管轄一大部洲，不是一個地球，而是一大部洲。那麼銅輪王王二大部洲，銀輪王王三大部洲，金輪王王四大部洲。他們是依鐵輪乃至金輪而向前行，那飛輪去到什麼地方，他帶著象馬兵寶……等就可以跟著到；凌虛而行就這樣都可以到達，是這樣統領一大天下或者一個四大天下。當然這得要是男性才能當，「妳龍女是女人，妳連當轉輪聖王都不行，何況能成佛？」這樣提出來，似乎也有道理呵！

接著又說，女人之身不能示現成佛。你有沒有看過有哪一尊佛是以女人之身來示現成佛的？沒有，所以他很篤定就作一個結論來質問：「妳怎麼可以說女身速得成佛？妳現在是龍女之身。」他就這麼講，也好像都很有道理。

這時候龍女有一顆寶珠，你們看過人家民間畫的雙龍戲珠，有沒有？其實每一條龍都有一顆寶珠，這龍女就把這顆寶珠拿出來奉獻給 佛陀。這寶珠有一個前提：「價直三千大千世界。」世間再也找不到這種寶珠了，對不對？價值三千大千世界呵！這樣一看，莫說王永慶，什麼比爾蓋茲、李嘉誠，香港李嘉誠先生，報導說他是華人中的世界首富，在龍女面前可都瞧不在眼裡了，因爲只像是一個彈丸之地那麼一點點財產而已，跟整個香港都不能相比了，當然也跟地球不能相比。可是人家龍女這顆寶珠是「價直三千大千世界」，不只是一個太陽系世界，她就「持以上佛」，而佛陀馬上就接受了，二話不說。當然該收啊！怎麼不收？因爲早知道龍女要幹什麼了！這時佛陀配合她表演完了，龍女就轉身向智積菩薩跟舍利弗尊者說：「我獻上寶珠，世尊隨即納受，這個事情快不快？」

當然要答：「很快。」可是這裡面到底有什麼意思？也許有人想：「很簡單啊！就是很寶貴的寶珠啊！很有價值的寶珠奉上去，佛立刻就收下了。」這事情不簡單哪！如果要依文解義，當然很簡單；如果依文解義就行的話，佛陀何必那麼辛苦講《法華經》？我記得有一個公案，我曾經拈提過一個公案，好像是慧忠國師，皇帝說：「朕有一顆寶珠價值無量。」慧忠國師意思是幫皇帝下一個定義說：「價值超過一天下。」我後來爲皇帝下了個註腳說：「恰好值得一個天下。」因爲這位皇帝他那顆寶珠就只值得一個天下，他只是這個華夏天下的皇帝罷了。龍女的寶珠可是值得三千大千世界的，二者到底相差在哪裡？這顆寶珠到底在哪裡？難道你們沒有這顆寶珠嗎？想通了呵！原來你們也都有寶珠嘛！怎麼可以說你們沒有寶珠？

也許有人說：「我又不是畜生龍，怎麼會有寶珠？」誰說你沒有寶珠？有好多人小時候，爸爸媽媽就把她命名叫作寶珠，命得好啊！有人說：「唉呀！那是菜市仔名。」（台語）誰說是菜市仔名？寶珠本來是佛法裡面很珍貴的東西，只是因爲這個名詞太好了，很多人就都拿去用，才變通俗了。就好像金蓮，是妙覺菩薩踩的蓮華——千葉寶蓮，那才叫作金蓮。現在金蓮變成什麼？尤其被小說家寫到潘金蓮身上的時候就完了。所以，很多名詞都在演變它原有的意思，本來都是很好的，結果後來都變了。

那麼這一顆寶珠，你也有。如果要說比爾蓋茲那一顆寶珠值多少？值一個微軟。你們的寶珠值多少？比爾蓋茲就比不上你們了。你們不要說：「我財產也沒他這麼多。」誰說你沒有他那麼多？你們比他更多，他拿那幾十億、幾百億美元換不到你這個智慧。哪一天誰拿了錢來說：「我一百億奉上來，請你蕭老師幫我開悟。」我說：「行！但你還是得來參加共修。」一百億元照收，用來救濟貧窮也不錯，但二年半照樣得共修，不可能當場就給他悟了，因爲法不是這樣傳的。所以你們看，一百億元買不到你們的所悟，他還是得要上課二年半，還是得要共修。共修，如果有幸被錄取了，去禪三，那算是幸運，因爲假使親教師寫上一句話：「這個人慢心很重，都瞧不起親教師。」那禪三也不可能錄取，他即使捐了一百億元還是不能去。

等他有機會去了禪三之後，還得要勘驗、再勘驗；可是勘驗再勘驗是有前提的，是他有觸證了；搞不好他去到那邊根本都還摸不著方向，因爲他來共修二年半都在混時間，沒有在用功，一百億元還是買不到開悟。所以這寶珠，其實因人而異。如果是那一隻鴿子的寶珠，根本沒價值，因爲牠很難去把它打磨光亮起來，得要花上很多阿僧祇劫來打磨，否則沒辦法呀！三明六通大阿羅漢觀察那一隻鴿子，八萬大劫後還是鴿子。往前觀察八萬大劫前，牠也還是鴿子，不是人類，你說牠那個寶珠有什麼價值？你要花費多少心力才能使它有價值？因此我說牠的寶珠沒什麼價值。

所以，龍女她現在的寶珠就是「價直三千大千世界」，因爲她要在她所度化的那個國土成佛了，她成佛時的國土就是一個三千大千世界。她隨即要在那個三千大千世界成佛，你說她那顆寶珠值不值得「三千大千世界」？當然值嘛！你如果把它解釋說：「每一條龍身上都有一顆寶珠，你蕭老師當年開悟不也是說驪龍頷下得珠嗎？可是我又沒有殺死哪一條龍。」龍不許失掉那一顆珠嘛！對不對？她龍女把珠獻出去了，她不就沒命了嗎？是沒命了，可是她的珠眞的獻出去了嗎？也只是秀才人情，她這麼把寶珠一捧出來說：「我這顆寶珠價值三千大千世界，因爲我現在可以成佛了，當然有這個價值。」這一捧上去，佛陀當場就接受了。

龍女伸手這樣奉上去，佛就接受供養，很快就過去了，於是她獻巨寶珠的事情就完成了。這時，她回過頭來問智積和舍利弗：「我奉獻寶珠，世尊納受，這個事情快不快？」當然快嘛！所以，一定要如實回答：「很快啊！」然後龍女當然可以示現了；她若不這樣示現的話，釋迦如來座下菩薩僧的不可思議就沒辦法具足顯現了。所以最後一樣，她要具足顯現：釋迦如來座下有這樣的菩薩僧，如此的不可思議。要顯現世尊座下的菩薩僧，是有人隨時可以在他方世界成佛的。因此，她就說：「用你們的神力來觀察，看我成佛的速度，比剛才奉上寶珠而且佛陀接受我寶珠供養的事情還要快。」爲什麼呢？因爲奉上寶珠總得要走上前胡跪，從懷裡取出來，雙手呈上去，佛陀總要伸手拿一下，然後她才回來再跟二位講；現在都不用這一些過程了，一下子就變成男子之身，隨即顯示出來具足菩薩行——具足菩薩行就是福德圓滿、智慧圓滿的法相，隨即前往南方的無垢世界，這表示不是像我們這一種粗重的肉體的汙穢世界。往南方無垢世界，坐寶蓮華，成等正覺；示現三十二種大人相、八十種隨形好，當場就爲十方一切眾生演說妙法，不是只有爲那一個無垢世界的眾生演說妙法。這表示那個世界如同欲界天一樣，與龍宮的世界很相似。

諸位也許想：「這一定是神話，你蕭平實再怎麼解釋也解釋不通了吧？因爲龍女是個女身，怎麼可能變成男身？怎麼可能又隨即成佛？」這其實不難，因爲定果色有這個功能。八地菩薩於相於土自在，有定果色可以隨意變化。那八地菩薩都作得到了，她已經可以成佛了，怎會作不到呢？而且她是龍類，不是人間的色身，有什麼不能變身的困難？還記得我們以前講《維摩詰經》，那《維摩詰經》中的天女就把舍利弗變成女人模樣，阿羅漢都能被變成女人：「奇怪！我怎麼都變成女人了？」對不對？這是一樣的道理，龍女即將成佛了，當然更有能力。這是八地菩薩就作得到了，於相於土自在的時候，是可以隨時變化的，因爲都有定果色，所以這沒什麼難。對我們是很難，對龍女卻沒什麼難，這就是證量。然後就這樣子示現：在南方無垢世界成就無上正等正覺，佛身具足三十二種大人相、八十種隨形好，爲十方一切眾生演說妙法。

所以，你們若是看菩薩的示現，不能只看表相，有時大菩薩示現作一隻畜生，你還看不出來呢！這很難說啊！所以你如果去爬山，或者路上遇見了野狗，那野狗是很有風度的，不是亂吠亂咬那一種不入流的野狗。如果牠是很有威儀，而且帶著很大的一大群狗，那你可要小心，別小看牠，牠也許是個大菩薩示現。有可能因爲很多、很多劫之前，牠有一些眷屬落入畜生道去當狗，牠想要把牠們拉回來人間，只好去示現爲狗，去引領牠們，使牠們不要繼續造作惡業。因爲有的狗專門造惡業，牠不管見什麼都要咬，無怨無仇也咬；也不是說牠肚子餓了，所以咬什麼小動物來吃；牠就是要咬，就是想要欺負對抗能力差的人，所以有的狗是專門造惡業的。

你們如果去到郊外或在哪裡看見有的狗三條腿，可別立刻就跟一般人一樣的想法說：「哎唷！好可憐唷！竟然只剩三條腿。是誰這麼惡劣？打壞牠的一條腿！」你要仔細觀察，牠是否對你猛吠，看來是想要咬你？三條腿的狗，通常所見都會一直吠你；你若不小心還會遭牠咬，你可以從這裡去觀察，就知道牠爲什麼會變成三條腿。其實是因爲有人很生氣，受不了牠，所以處理了牠，因爲牠咬了小孩子或老人，或是無故追著人咆哮及咬人。但有的三腿狗就不會凶，牠是很溫馴的，牠只是不小心被那個陷阱夾斷了腿。如果三條腿的狗是很凶猛的，你就知道，牠那個果報應該叫作罪有應得。菩薩如果看見說，無量劫以前的往世眷屬落入畜生道中；當他於相於土自在的時候，見很多劫以前的很親密眷屬，已經落入畜生道去，他想要去救牠們，就只好故意去投胎作狗，然後以身教去度化牠們，讓牠們遠離惡道。可能要很多世才能夠使牠們離開畜生道，但菩薩還是去作呵！所以，於相於土自在的菩薩，你很不容易看得清楚。

但龍女早就超過八地的境界，現在祂已經示現成佛了，這在教導大家什麼？是要大家別從表相來看　釋迦牟尼佛的弟子們。釋迦牟尼佛的弟子們，大家看到的就是　文殊、觀世音，心想：「哇！不得了。」可是不知道　文殊、觀世音所度的菩薩之中，有些人已經可以立刻成佛，但這樣的弟子示現在外的卻是個女性之身。那麼這樣一看：**「不得了！文殊度的弟子既然可以立刻**

成佛，那麼文殊到底是什麼身分？」這麼一想的時候，不免整個人感動起來啊！毛髮直豎。然後回頭再來想：「文殊是釋迦如來座下的脅侍，那麼釋迦如來到底是什麼境界？」想一想，還眞沒法想像，所以用這個方式來顯示 釋迦如來的境界不可思議，顯示 釋迦如來在世間雖然只有八、九十歲，看起來不過就是這麼小小的一個人身，隨便四王天的哪一個天人來都高大過好多、好多倍；但祂確實是佛，所以不管是哪一天的天人、天主來人間化現爲人身相見時，都要刻意比 佛陀之身稍微矮一點，這是一個禮貌；不能夠示現丈六之身，這是一個禮貌，他們都懂。所以說不能看表相，在娑婆世界的佛法中，看表相一定會出問題。

看表相的人太多了，那一些六識論者都是看表相的，所以他們敢評論說：「大乘非佛說。」大乘法的勝妙，他們是完全不懂的，乃至於連最粗淺的二乘菩提，他們都已經不懂了，所以用自己狹隘的所知所見來衡量 釋迦如來的所知所見，心裡面就想說：「釋迦如來的所知所見就是像我印順這樣，所以我印順已經成佛了。」他的傳記就同意人家給一個書名——《看見佛陀在人間》，這就是凡夫的知見。所以，你的證量越高，就知道佛地難思議，眾生是不可能思議出來的。那麼，龍女菩薩示現出這樣的不可思議，就襯托出應身 釋迦如來的弟子多麼不可思議，更能顯示 釋迦如來多麼不可思議。雖然 佛陀示現在人間就只是一個人的模樣，滅度前示現的不過就是八、九十歲的老人，但是祂的證量就是那樣子難以想像，沒有人可以思議。這樣就顯示出來，應身如來座下的菩薩僧不可思議。

這樣，把四種不可思議都顯示出來，這時諸位應該已經建立一個正確的觀念了，就是說，不管衡量什麼，都不要單聽一面之詞，要看實質。如果沒有那個實質，講得天花亂墜也沒有用，當他口若懸河感得天人散花，也都不算數。當天人散花時，你把衣服下襬拿出來盛，也都積滿了，還是不算數，因為那只能叫作天花亂墜，沒有實質嘛！所以當人家宣說：「**我們師父證量有多麼高。**」你就去檢查他嘛！我以前常常講過，要從最淺的檢查起，不必從高處檢查下來，因為現在沒有誰值得你從高處檢查下來。從最淺的檢查開始：有沒有斷我見？有沒有落在意識裡面？這是第一個要檢查的。如果沒有落在意識裡面，接著再來看他有沒有明心？如果有觸證了，是否真妄不分而不是真的明心？如果真的有明心了，再來檢查他有沒有見性？若有眼見佛性，再來檢查他的般若智慧好不好？有沒有破邪顯正的能力而承擔初迴向位的職責？你一樣一樣往上去檢查，要從最低的地方開始檢查。

說一句老實話，現代南北傳佛教的所有大師們，連最低的層次都檢查不過的。不但如此，你們還得要往下再去檢查，要從最低的層次再往下檢查，檢查那個自稱成佛者的五停心觀有沒有成績？五停心觀都只是對治法，談不上三乘菩提的見道，只是對治法門而已。例如說，他假使修數息觀，已經修了三十年，在禪定上面有沒有辦法上座之後一念不生？結果都是作不到。他大約會反問你：「你功夫那麼好嗎？」你說：「我在跟你講話的時候還是一念不生。」他一聽就傻眼了：「世間哪有這種功夫？」你就告訴他說：「我在跟你講話的時候，還是在念佛，我念佛沒有中斷過。」你看，連基本的功夫他都沒有，更不要說聲聞法中的見道了。所以有時看人家說：「喔！他的道場那麼大，徒眾那麼多，錢財也那麼多。」可是沒有實質啊！每一次一出場，前呼後擁，身後還有人幫他打著寶幢呢！可是，那種有形之物有什麼用？咱們老師們的寶蓋遠勝過他們，可惜他們沒有慧眼才看不見。這才是最珍貴的寶蓋嘛！因為人家都搶不走。所以，這個正知正見的建立很重要：必須要看實質，不看表相。別像六識論那些自以爲大乘卻是聲聞人的法師們。

佛教界從來沒有人像我們弘法這麼苛，不管他是什麼樣的大人物，想要得這個法，就是要從禪淨班開始，沒有第二例，我不想再開新例。因爲以前我們開了例，結果都失望了。以前，我們給一些法師們特大的優惠，他們平常不必來共修，就讓他們來打禪三、證如來藏，結果從我這兒得法，還反過來咬我。我說：「我爲何這麼笨？度這種人。」所以漸漸變聰明了，再也不度這種人了。從那時以後，不管誰來，都得來禪淨班中共修；然後二年半到了，報名禪三時，我就先看親教師們怎麼評定。爲什麼我要這樣作？因爲我們要送給大家的這個寶珠，將來值得三千大千世界。現在看來好像沒什麼，但將來眞的值上三千大千世界；因爲將來你會依這顆寶珠而成佛，那時你要應化、度化一個三千大千世界，那時你是三千大千世界的化主，不單是小小的一顆幾乎看不見的地球上的化主。這麼有價值的寶珠，怎麼可以隨便送給不能尊師重道而只看那件僧衣的人呢？我當然不能隨便送給他們。如果要送，先要看他們的因緣；等到因緣熟了，覺得可以了，我才能拿了他的寶珠來送給他，我還不用把我的送給他。所以要依實質而說，看表相是不準的，所謂的眼見爲憑——眼見眞的不許爲憑。

現在大家都想像不到，現前眼見的一個龍女，以前沒有人見過，只是 釋迦如來座下 文殊菩薩所度的弟子，竟然突然間示現出來，然後隨即成佛了。這時經由龍女成佛後的加持力和 釋迦如來的加持力，多寶如來的加持力以及 文殊與 觀世音菩薩的加持力，讓大家可以看見南方那麼遠的無垢世界，龍女已經在那裡成佛了，正在爲十方眾生說法。這樣一來，這娑婆世界中，所有來到 釋迦如來跟前參與《法華經》勝會的菩薩們、聲聞們、天龍們，所有護法八部以及人類和非人，在佛菩薩加持之下遙見那位 龍女已經成佛，普遍爲南方世界當時法會中的一切人天說法，顯然祂不再是菩薩了。

這時，懷疑祂的智積菩薩、舍利弗，當然也要跟著眾人一起禮拜了，因爲無法想像這個 龍女竟能突然轉成男身就去南方無垢世界成佛。再想回來：**「剛才我竟然有機會跟祂結了緣，我已經跟這位佛陀結過緣了，心中好歡喜。」**當然得要在這裡遙向南方無垢世界敬禮。就這麼敬禮時，有無量眾生在大眾敬禮的時候，聽聞到無垢世界的 龍女所成之佛所說妙法，也就理解、開悟了，都得不退轉地。也就是說，得到位不退了，已經開悟明心了。

得要這樣才是眞正的利根菩薩，看到大眾向南方頂禮，耳中聽聞到南方的龍女所成的佛說法，然後就開悟了，得不退轉。「**聞法解悟，得不退轉；**」眞的要如此。

可是好多人講《法華經》時，這些道理全都不講，只是唸過去就算了。甚至於連唸都不唸，只作科判，竟然把一整部《妙法蓮華經》，在一、二個晚上就講完了，好厲害！如果眞要講快，我會講得比他快，而且是了義之說，所以他們那個還不夠厲害。可是我若快講，他們一定聽不懂。因爲他們如果來求我演說《法華經》，我會告訴他們：「**《法華經》很深，我講《法華經》也是很快的，恐怕你們聽不懂。**」他們如果眞的不信邪，眞的要聽，我就說：「**好！靜下心來，我要講了。**」然後我就說：「**你來得好。**」我就走了，因爲我已經講完了。我眞的把《法華經》講完了，他們就應該悟入佛之知見了。如果他們悟不了，就只能自己承認自己是鈍根；遲鈍的「鈍」，不是頓時開悟那個「頓」。

所以說，「**聞法解悟**」得要是有因緣的，看到這個情形（因爲前面這個公案很長，對不對？）價值三千大千世界的寶珠奉上去，世尊立刻就納受了，然後她就轉身跟舍利弗他們講：「我獻寶珠，世尊納受，快不快？」智積菩薩等人答覆：「很快。」這樣是三重公案了，已經是三件公案了。龍女就說：「以你們的神力來看我成佛，比這個還要快。」四重公案。然後龍女馬上變成男子，具菩薩行，五重公案。馬上又往南方無垢世界示現成佛說法，六重公案。（謝〇〇一直笑，知道我在說什麼，以前他都不會笑，現在好高興，這也是為我所說作證。）然後大家看見了，「心大歡喜，悉遙敬禮」，這不就七重公案了嗎？這時候再不悟，也是難哪！眞的要開悟了！所以才說：「無量眾生聞法解悟，得不退轉；」人家這樣子開悟了，我一個晚上講到口乾舌燥，你們也該悟了吧！

「得不退轉」很不容易，因爲入了第七住以後，往往在沒有善知識攝受的情況下退轉，離開第七住位。如果有人能令一切人悟了都不會退轉，那個法一定有問題，因爲那一定是意識或識陰境界。世間人，誰會否定意識或識陰？凡夫都不會否定意識或識陰自己。如果你教導他們以意識作爲證悟之標的，他們永遠都不會退轉，因爲他們都很愛自己，都想要時時把握自我，也都是要「當自我」；連大法師都這麼講，所以他們就永遠認定自我說：「我要當自我啊！」因此，他們永遠都不會退轉。他們不想斷除我見、否定自我，當然永遠會執著自我，怎麼可能會退轉？

可是來到正覺，你們如果悟的眞是如來藏，那是要把五陰、十八界自我完全推翻的。會外有很多人沒有辦法接受這個正理，你們可以瞧瞧：我們破斥意識，說意識是因緣生、因緣滅，說祂是生滅法，不是眞實心，已經說了二十年，到現在有哪一個道場出來公開講說：「我們承認意識是生滅法。」有沒有？都沒有啊！所以他們是「於意識得不退轉」，眞的不退轉！但意識值不了三千大千世界，只值得一世所擁有的財產。我們要的是，於這個值三千大千世界的寶珠—就是於如來藏—得不退轉，這個可就困難了；因爲這是要先否定自己，承認五陰十八界的自己全是假的，然後接受說：「自己的背後有這個摩尼寶珠『價直三千大千世界』，這個才是眞的。」可是這顆寶珠現在還沒有打磨到很光亮，看起來好像一顆原石，雖然也可以拿來砸人打人，可以拿來做什麼東西，看起來卻似乎沒什麼價值；因爲你還沒有悟後起修把祂打磨光亮，所以你還要繼續修行。

但是，這個「價直三千大千世界」的寶珠在你身上，是本來就已經存在的；祂的珍貴性是本來就存在的，只是因爲流轉生死很久了，所以被汙垢所染、被雜質所黏附著，你悟後要作的就是怎麼樣把汙垢去除掉而已。所以當龍女這樣子示現，無量眾生聽聞到　龍女一說法就知道：「哎呀！原來剛才就已經是了，不必到現在。」所以就理解、就開悟了，因此就「得不退轉」，這樣就成爲第七住菩薩，進入不退轉住了。接著說還有「無量眾生得受道記」，也就是說：「你們將來也是會開悟的。」已經得到見道的記別。

我也常常私下跟很多人講：「只要你在同修會一直浸下去，浸到最後你一定會死掉——當你這個五陰死掉了以後，法身慧命就活轉過來了，最後一定會開悟，只是快跟慢的差別而已。」事實也是如此。所以，古德有一句話講得很好：「寧在大廟睡覺，不在小廟辦道。」爲什麼？因爲小廟裡沒有法。沒有法的地方就是小廟，即使它蓋得非常廣大、金碧輝煌，還是小廟。大禪師住的地方就是大廟，雖然他的廟只是很小的一間；但你事情忙完了，覺得累了，也許大禪師跟旁人在講一句話，剛好開示了一句話，你一聽到也就悟了。你在那邊睡覺比在大山頭等小廟辦道好，眞的這樣。這就是說，大廟裡面，他給你的都是正知正見，他可以讓你不斷地提升上去；提升到一個程度，悟緣成熟了，你也就順勢開悟了。

例如，有一位禪師悟前被師父派去村莊裡面辦事，村莊裡面十字街頭，人家在賣豬肉，豬販吆喝著在賣豬肉，有一個人說：「老闆！給我一斤精肉。」就是要買瘦肉，他不想要肥肉，以前古話叫作精肉。老闆聽了不高興，割肉的刀子往砧板一剁，叉著腰，不滿地大聲反問說：「我哪一塊不是精肉？」那個禪師在旁邊看著、聽著，就這樣悟了，你說怪不怪？人家就是這樣悟了。結果他很高興，辦完了事情很高興回寺裡去，他都還沒開口，師父馬上知道他開悟了。爲什麼呢？因爲他把大人相拿出來，師父一看，知道他現在變成大人了。就這樣子啊！所以無量眾生這時候「聞法解悟」，當然有因由，不是無緣無故的。那麼，看見這麼多的眾生在這個場合裡面悟入了，一定會表現出來，對不對？一定會互相看來看去說：「原來如此，原來如此。」其他證悟的菩薩們一看，也就知道他們悟入了。

至於那些還沒有悟入的人呢？這時候可就具足信心了。學佛人最怕的是沒有信心，以前我剛出來弘法時，大家對我也沒信心。我以前在三個地方講課，其他的地方不說，只說在中央信託局共修的時候，本來有幾十人，但我們最少時是剩下幾個人？你們知道嗎？何老師！還記得嗎？剩下六個。剩下六個喔！因為那時候有個大和尚說：「不要再去上蕭某某的課啦！他講的都不如法啦！」所以人數越來越少、越來越少，最後只剩下六個人。那時少人，其實也有一個原因，因為我講的法大家聽不懂，所以中途有人建議說：「老師！你講那個太深了，我們都聽不懂。」我說：「那問題應該就是你們功夫不夠，那麼先來鍛鍊看話頭功夫再說。」所以就停頓下來，不講那些參禪的事，就講無相念佛，我講了三堂課，然後大家一面聽、一面練習；那時有二十幾人，終於有一些人會了；然後大家就開始有信心。會無相念佛的時候，講看話頭就容易懂；不然你講看話頭時，大家覺得太玄了：「什麼話的前頭？話的前頭要怎麼看？」

就像我們以前在大陸出版一本書，因為大陸宗教類的書籍都要先審批，要作實質審查。那麼審查時就會有很多關，我們當時那一本書還被送到國務院的出版署跟另一個叫什麼署來著？二個單位都要會審，那時他們審批的意見說：「這本書很有水平，」他們不叫水準，叫作水平，「但是充滿了意象性。」因為我講看話頭，他們不懂；可是他們知道這書裡面講的有道理，就這樣最後批准出版。

所以說，在大法師抵制下，那時我們在中信局的佛學社這個班，只剩下六個人，那表示什麼？表示大家對我沒信心嘛！但是我說：「沒關係！剩下一個人，我也教，教到那一個人也都不想聽了，我就回家吃老米。」然後教了無相念佛三週下來，開始有人會了，接著會無相念佛的人數就開始增加；然後大家因爲有信心了，人數開始回復，我就因爲這個緣故乾脆寫了《無相念佛》一書。我在寒假把它寫好，想要出版的時候，有師姊建議我送給大法師出版，讓他可以吸引學人、廣度眾生；可是大法師推三阻四，稿子在他那裡三進三出，最後他告訴我說：「我這個師父都沒有說我是聖人，你這徒弟寫書倒說自己是聖人了。」我說：「書裡沒看見什麼地方說我是聖人呀？」他說：「書裡是沒有這樣寫，但讀起來會有這種感覺。」就拒絕出版，所以才會在正覺印出來流通。但是印出來流通以後，會外人家也是讀不懂，就說：「這個哪有可能？沒有佛號要怎麼念佛？」連專教唸佛的大法師也說不可能，他們對無相念佛也是沒信心。後來我們就一本書又一本書，連續長期地寫出來、印出來，開始從各個不同的層面印出來給大家讀，所以現在佛教界對正覺就有信心了；現在只有密宗繼續罵我們，正統佛教裡面是不太敢罵的。

現在的局面是，如果人家問到說：「師父，我很想開悟。」「那你去正覺。」（大眾笑⋯⋯）這個現象出現了！這意思是什麼？是信心。現在對於開悟有信心，以前說開悟，想都甭想，因爲連專教唸佛的大法師都說：「老實唸佛就好了，一句佛號，你要牢牢地抱著，死都不能放。」可是，這樣的大法師後來也在跟人家講明心見性，這表示什麼？是對佛法有信心了。同樣的道理，因爲《法華》會上現場的無量眾生，看見那一些「無量眾生聞法」理解而開悟了，所以他們信心就生起來了；就好像我們正覺同修會，每年不斷地有人證悟如來藏，我們顯示出來的是什麼？是我們眞的有很多人證悟，而且每年都會有人證悟，所以說出來的法沒有人可以來駁倒，這就是很清楚地顯示確實有法可證。佛法不是思想推理出來的玄學，而是眞實可證的義學，於是大家有信心了。

因此，《法華》會上那些還沒有開悟的眾生，看見「無量眾生聞法解悟」了，信心就起來了。只要信心起來了，將來就有開悟的時候，所以這些人「得受道記」，世尊爲他們作一個將來見道的記別：「你們將來都會開悟。」這個記別是依據有沒有信心來作的，如果根本沒有信心，根本不相信有如來藏，也就是不信《法華經》中說的「此經」，他的十信位功德是還差很多的，佛就不可能爲他記別說他將來會見道。這個記別，你不要以爲說只有 佛能作，後面還會講到常不輕菩薩，常不輕菩薩一天到晚見了人就禮拜：「你一定會成佛。」他不就是跟人家記別嗎？對啊！可是他當時自己都還沒有成佛呢。記別的根據就是因爲信心，身旁好多人眞的開悟了，因爲互相都知道：「啊！原來如此，早知道是這樣就悟了，這麼笨，我爲什麼今天才知道？」互相講來講去都是這樣，旁邊沒有證悟的人看來看去、聽來聽去也都是如此，那就知道說：開悟是眞的可以，是眞實作得到的。信心就生起來了。信心一生起來，他將來就會開悟，也不會再愛樂聲聞法，所以當然要「受道記」。

當這一些人開悟，而那一些人「得受道記」，那 龍女在無垢世界成佛，馬上會感應到，所以那邊就「六反震動」，就是前踊後起、左踊右動、遍踊遍動等六種反覆震動。這樣示現還不夠嗎？夠了吧！所以又有「娑婆世界三千眾生住不退地」，就是被受道記的那一些人中，又有三千個人證悟了！

然後另外有三千個眾生可不一樣哦！是「發菩提心而得受記」，也就是說他們眞的發起了大心願意成佛，而他們將來也眞的會證悟成佛。這時他們「發菩提心」所受到的記別，就等於前面那些阿羅漢被授記成佛的感覺一樣，爲什麼呢？因爲菩薩們修到八地、九地的時候，心裡面都會想：「成佛還得再修行那麼久。」他們會那麼想，因爲根本無法預料，沒有一個很確定、很明確的數字說「我剩下幾劫幾年可以成佛」，沒辦法這樣算，所以覺得成佛還要很久。但我們不會覺得很久，因爲那跟我們無關。可是到了八地以後，就會覺得還要等很久，就好比世俗人等待一件事的時候深心中會覺得很難熬、很難等，這時八地菩薩異熟種子中也會覺得成佛的時間還很遙遠，因爲何時成佛已經跟他有關了；這是因爲他已經進入第三大阿僧祇劫，成佛是跟他息息相關的；可是又看到還需要那麼久，不能想像，有時放下、有時也會想起這件事來。可是現在 龍女這麼一示現，對於凡夫菩薩來說，感覺是不同的：「啊！搞不好，我再幾劫就成佛了。」於是他發這一種菩提心，就受到 釋迦如來記別。

這時智積菩薩跟舍利弗還能質疑嗎？當然不能質疑，他們歡喜都來不及，只能「悉遙敬禮」了，於是「一切眾會」也就「默然信受」，再也不會有人心裡面再突然起一個念頭說：「那是眞的嗎？那是眞的嗎？」因爲他們都已親眼看見了，當然就「默然信受」了。所以你看，《法華經》深不深？深哪！人家是這樣悟的，你來聽《法華經》聽二年了，今天我又再一次點了出來了；其實以前就點過了，那現在也該悟了吧？是不是？是嘛！接下來，還有後面很重要的開示，世尊要爲我們講，那就要進入第十三品的〈勸持品〉。

《妙法蓮華經》

〈勸持品〉第十三

經文：【爾時藥王菩薩摩訶薩及大樂說菩薩摩訶薩，與二萬菩薩眷屬俱。皆於佛前作是誓言：「唯願世尊不以爲慮，我等於佛滅後，當奉持、讀誦、說此經典。後惡世衆生善根轉少，多增上慢，貪利供養增不善根，遠離解脫；雖難可教化，我等當起大忍力，讀誦此經，持說、書寫、種種供養，不惜身命。」】

語譯：【這時藥王菩薩摩訶薩以及大樂說菩薩摩訶薩，跟二萬菩薩眷屬同時在現場。他們都在佛陀面前這樣子發誓說：「我們很希望世尊不必憂慮這一部《妙法蓮華經》的流傳，我們會在佛陀示現進入滅度以後，繼續奉持、讀誦以及爲人解說這一部《法華經》。到了末法後期的惡世衆生善根越來越少，有很多增上慢的人，貪圖眾生的財利供養，因此而增加了他們的不善根，也就遠離了解脫；雖然後末世的那一些眾生們是很難可以教化的，但是我們這一些人那時就會發起很大的忍辱力量，來讀誦《法華經》，來受持解說《法華經》，乃至書寫《法華經》，並且還加上種種的供養，我們一定不惜身命來作到。」〕

講義：這一段經文是進入〈勸持品〉了，勸持的意思，就是勸導大家要受持這一品和這一部經典。受持這一品之目的，是教導大家要好好把《妙法蓮華經》讀誦、受持；甚至於可以爲人廣說，讓它可以流傳不絕，這就是這一品所要講的意旨。

藥王菩薩摩訶薩，他的身分在這裡面沒顯示出來，在《楞嚴經》裡面就有顯示出來，那是證量很高的菩薩，不是一般的菩薩。但眾生總是隨隨便便把菩薩的威名拿來套用，隨便就推崇某某人：「哎呀！你是藥王菩薩。」我記得一九八九年去印度朝禮聖地時，團裡面有人是開藥局的，他們當然會隨身帶有一些西藥；途中有人發生了辛苦病痛，他們就拿些藥給人吃，大家就讚歎說：「哎呀！藥王菩薩來了。」可是他們都沒什麼推辭，好像眞的自認

為自己就是 藥王菩薩。可是 藥王菩薩是何等的證量！咱們都不敢仰望了，然而眾生不知道，就隨隨便便套用他的威名。這是一段題外話。

藥王菩薩摩訶薩以及大樂說菩薩，有二萬菩薩眷屬。那麼諸位先來想一想：藥王菩薩摩訶薩為什麼稱之為藥王？世間的藥能治什麼病？治的是世間病，治不了生死病。可是，能治生死病的人，就能稱為 藥王菩薩嗎？還不行欸！譬如阿羅漢能幫人家治生死病，阿羅漢也往往度了弟子成為阿羅漢，都還稱不上 藥王菩薩，因為他們治不了無始無明變易生死的大病。可是有一天你開悟了，出來當禪師了——因為師父給你禪板讓你出去開山了，那你就能說自己是 藥王菩薩嗎？還不行欸！也許有人想：「我師父給我禪板了，我可以開山了，我可以幫人家破除無明病。」問題是，那個無明病只是破那麼一點點。好大一個無明，你只是幫人家打破一個小小的缺角而已，這樣還是沒有資格稱為 藥王菩薩的。

所以，藥王菩薩他治生死病、治無明病，那是治很深重的病，不是只有那麼小小的損益而已。這表示什麼？是說他的願就要當藥王，不是專治世間病，他連生死病、無明病，都要為眾生徹底療治，所以他稱為 藥王菩薩。

大樂說菩薩跟他一起配合，藥王菩薩來治；當　藥王判定眾生有什麼疑難雜症，就由大樂說來解決掉；眾生有什麼迷惑，他全部解說處理。眾生的迷惑判定後，由大樂說菩薩來宣講，配合得恰到好處。他們有二萬菩薩眷屬，這二萬眷屬與他們二位菩薩都在　佛前這樣子發誓：「我們很希望世尊不要為這一部《法華經》能否久流傳於世間而顧慮，我們在佛陀示現入滅以後，會繼續奉持《法華經》、會讀誦《法華經》，也會為大眾演說這一部《法華經》。即使佛陀的正法到了後末世時，那時眾生善根越來越少，多的是增上慢的人。」

這眞的是事實呵！大家來看看，看現在增上慢的人多不多？可是現在都還不是「後惡世」，現在只是末法時期剛開始不久，「後惡世」是到了末法剩下差不多一百年、二百年那個時候；現在還不是「後惡世」，可是你看現在，「善根轉少」的人是非常多的，藉著佛教的名義，對學佛人能夠騙就騙，就是這樣啊！只要能夠騙得過去，他是不管未來世有沒有因果的；所以凡夫之身也敢製造一個金像給人膜拜，說他叫作某某佛，就放在道場明顯的地方讓大家來拜；他不曉得自己將來會像被人家膜拜的那一尊像一樣，只能待在某一個地方動都動不了，受種種大苦時也都脫離不了，那時才知道有口難言，但現在他是都不知道的。

這個還好喔，因爲他最多不過是騙個一、二十億元嘛！你們聽過許多的宮廟寺院，我就不明講名稱，他們各個都是一、二十億元身價，你們想像不到吧？反過來，我們這麼寶貴的絕妙勝法，我直到現在都弄不到一、二十億元身價，因爲我一塊錢也沒收過，不論是十塊錢、百塊錢或是千萬元，都不曾收過，所以我沒有身價——無價之寶，因爲我這個東西不賣。他們那些都是用賣的，規定說：你們入會五萬塊錢，你要再得什麼，得要再加五萬、十萬元等等，他們都有價碼；所以我說國稅局應該向他們課稅才對，因爲他們都有價碼，有價碼就應該課稅。譬如說，道場裡面幫人家超薦祖先，本來就不應該定價碼，可是他們都有定價碼：梁皇寶懺內壇壇主二百萬元，在內壇而非壇主的人要二百萬、一百萬元不等，外壇又分爲五十萬、三十萬、二十萬元，都有定價。那其實是在作生意、賣佛法，而且還是賣假佛法。

可是他們那些假佛法不怕沒人買，永遠會有很多人願意買，只要造神運動作得成功就會有人買。但因爲蕭平實不是神，所以賣不了，只因爲我們不想當神。這意思是說什麼？末法時代的增上慢人是很多的，他們總是會明著說、暗著說，說他們是聖者，說他們是幾地甚至說已經成佛了，或者以凡夫身自稱是阿羅漢等，其實都沒有那個本質；沒有本質而宣稱他們證得什麼，那就是增上慢人；後山的比丘尼自稱是宇宙大覺者，造了自己的像，每年五月用來給信眾們浴佛，所以每年五月浴佛都是沐浴她的神像，但本質卻是一個未斷我見的凡夫，就別說是明心與見性了，那她不也一樣是增上慢嗎？

增上慢最多的就是密宗，全都是凡夫，結果竟說他們證得報身佛果了，宣稱比 釋迦如來更高，這就是特大號、超大號的增上慢。但這一些人爲什麼能夠成功？是因爲「後惡世眾生善根轉少」。如果大家善根增長的話，一定會有智慧分辨清楚這些都是騙人的。可是當大家「善根轉少」的時候，就沒有智慧去判斷了！判斷不出來，就只看表相：「喔！你看，他的道場那麼大，隨從那麼多，喔！要見他很難。」於是大家就一窩蜂跟上去，這就是「善根轉少」的具體示現。善根轉少的緣故，才可能使那一些增上慢人越來越多，因爲眾生很容易欺騙。如果大家都很有善根、很有智慧，都不容易受騙，增上慢的人就會越來越少，因爲不論他們怎麼樣增上慢的示現全都沒有用，人家都說他們那些說法都是騙人的。

好在現在這個情況有開始在改變了，現在喇嘛們出去跟人家說他成佛了，自稱比 釋迦如來應身佛更高，自稱他成就報身佛。人家開口就說：「騙財騙色！」對不對？對啊！有的老人家還會罵：「垃圾教！」（台語）對不對？是！那麼他們的增上慢就會開始消失了。他們的增上慢消失的原因，是因爲大家善根開始深厚了。那麼這個善根的深厚，就是從諸位努力去廣發文宣、移風易俗所導致，所以那些增上慢的人在台灣就逐漸變少，因此現在要叫作「善根轉多，少增上慢」。可是到後末世時就不一樣了，我們如果不繼續作，十年後、二十年後就會提早成爲「後惡世」了，於是不免成爲「眾生善根轉少，多增上慢」，大師們就會貪求財物、世間法利益的供養。

以前，學佛人見了喇嘛，想要供養他們，還得要雙膝下跪；可是現在佛弟子們見了喇嘛，修養好的人轉過頭去，故意去看別的東西，不罵他們；修養不好的弟子，可就直接離去，不理不睬。喇嘛看見了在家徒弟就說：「你現在怎麼都不來跟我學法？」「喔！師父！您在這裡喔！對不起，剛才沒瞧見。我現在很忙啦！又要馬上趕去一個朋友的約會，現在很忙，對不起喲！」

馬上就走了，他想要再貪錢財供養都不可能，就只剩下那幾位和他上過床的女弟子繼續執迷不悟。這就是說，諸位已經間接救了那些喇嘛，讓他們不會再往下墮入更深的地方；換句話說，繼續往下墮的速度減慢了。可是如果「**眾生善根轉少**」，增上慢的人就會很多。增上慢的人，他們之所以要增上慢，目的就是爲了貪圖大家的身色或錢財供養。貪圖供養的人，由於增上慢的緣故，有雙重遮障，就遠離解脫與大乘見道；他們在解脫果的實證，以及佛菩提道的實證上，他們根本沒機會。這些增上慢人很顯然是落在我與我所裡面，如果不是把我看得很行、很厲害、很重要，或是不貪求我所的錢財與很多的女色，他們就不會有增上慢。

也有人來正覺講堂說他要見蕭平實，親教師要接見他，他不想見，因爲他認爲親教師不夠瞧。我們親教師很有智慧，這麼一聽就知道這個人沒有斷我見，因爲他一定要見蕭平實，連親教師都不想見，連討論都不想討論，認爲只有蕭平實才有資格爲他印證，認爲只有蕭平實有資格跟他講話。但我們親教師也很會判斷，就說：「**我們蕭老師如果爲他印證了，不必多久他就會說他比我們蕭老師更行。**」爲什麼呢？是因爲他落在五陰我裡面。所以只要他說出哪一些話，我們親教師們都很有智慧，一聽就知道這個人沒斷我見，就別提明心、見性，入地的事就更別提了。眞正已斷我見的人絕對不會有這種表現，隨便哪一位義工菩薩，他都願意談：「談談看我能見到誰。」如果有見到了誰，談過了，若是有因緣，自然就會被推薦而能見到蕭平實，這是很自然的事情。

所以親教師們一聽就知道：這種增上慢的人一定是遠離解脫的人，因爲他們是落在我之中，也落在我所之中。爲什麼落在我跟我所中呢？因爲：「**我的證量是這麼高，若非蕭平實，我是不想求見的。**」這就是落在我之中；然後：「**我的身分是很高的，你親教師沒資格跟我講話。**」這個身分就是我所。那麼落在我跟我所裡面，顯然他是個沒有斷我見的凡夫，因此，我們親教師們一聽，馬上就知道了！當然，親教師們仍然願意接見他，他如果不想見，親教師也不會求說：「**來啦！我見你啦！你趕快來啦！**」絕對不會求他，因爲早就知道是個凡夫了。所以親教師們就只是隨緣：「**我開方便門給你，你不見我，那就拉倒。**」這些人就是增上慢的人，那麼增上慢的人難可教化。可是，這些菩薩們仍然願意「**起大忍力**」，來「**讀誦此經，持說、書寫、種**

種供養，不惜身命」。這幾句就沒辦法再解釋了，因為時間又到了，怎麼時間沒有美援的呢！

《妙法蓮華經》上一週講到一二一頁第二行，講了一半。上週最後講到第二行，說「後惡世眾生善根轉少，多增上慢」。這種事情是五濁惡世中必然演變的結果，這也是無可避免的；但是也要瞭解一點，在弘法的事相上會有演變，可是在實證的法上是不會有所演變的，諸位要特別記住這一點。當某些人寫學術論文或者寫書，或者講經說法時，他們在主張說：佛法是經過二千多年演變，然後有改進，後來才成為大乘佛法。那種說法的本質其實是在毀謗佛法僧三寶，因為如果佛法是像他們所講的會演變的，或是可以演變改進的，就表示說大乘是比他們錯亂定義的「原始佛法」聲聞菩提來得好，那他們的意思其實是在指責 佛陀當年還沒有成佛，所以才講不出更勝妙的大乘佛法來。他們的意思是說：大乘經典都不是 佛陀講的，但大乘佛法比 佛陀講的「原始佛法」的聲聞菩提好。

他們這種說法其實是很嚴重的二個錯解：第一個嚴重錯解是控告說「佛法中沒有三轉法輪的妙義」，而四阿含不是一次結集時就全部結集完成，這是第一個指控；第二個嚴重錯解而作的指控是說，大乘佛法遠比二乘佛法更勝妙。因此他們誤認為四大部阿含諸經中只有一小部分是第一次結集成的，其餘三大部阿含諸經都是後來再結集的，那麼大乘佛法就更晚了，他們認為那是佛滅後一千年後的事了，是那時才結集其餘的阿含部諸經，而大乘法是比原始佛法的聲聞法好。那諸位想想看，他們的意思是不是在說 釋迦牟尼佛不是無上正等正覺，所以 佛陀入滅後幾百年、一千年菩薩們著作的大乘經典比 釋迦佛講的法義更勝妙？他們的意思其實是這樣。他們認為佛法「演變」到幾百年後的大乘法時是最好的，那顯然是後代的菩薩們證量比 釋迦牟尼佛更高。這就是那一些六識論的學術研究者提出來的「佛法演變說」，結果變成在指責 佛陀還沒有成佛，因為如果 佛陀已經成佛了，顯然是無上正等正覺，而祂所講的法竟然不如後代的菩薩們創造、編寫、結集成的經典來得勝妙，他們的意思顯然是說後代菩薩的證量比當年 佛陀更高。所以「佛法演變說」是對 釋迦如來以及對了義正法的汙衊。

然而佛法講的內容是實相，實相不會演變；釋迦如來既已成佛，所講的實相法義竟然還需要後代菩薩加以演變才能圓滿究竟，那麼 佛陀當年所講的實相應該不是實相了，這個道理能成立嗎？因此說，佛法不可能有演變的，如果佛法是可以演變的，那就等於在指控 釋迦如來還沒有成佛，也是指控 釋迦如來沒有證得佛菩提，祂當年只是阿羅漢而已，還沒有成佛。所以近代的應成派中觀師釋印順，響應日本人的主張而說出來的見解，是非常荒唐的謬論。但是這個事實竟然沒有多少人知道，直到我們出來作了法義辨正以後，也在《阿含正義》書中舉證《阿含經》中有許多原本就是大乘經，是 釋迦如來早就講過的經典，只是聲聞人聽了以後結集起來變成阿含部的聲聞法；菩薩們聽聞聲聞聖者誦出《阿含經》（意為成佛之道的經典）時的結集內容，很不滿意，要求修正，但被聲聞聖者們拒絕，菩薩們當場撂下一句話說：「吾等亦欲結集。」所以菩薩們半年後在七葉窟外召集千人共同結集，才結集出了大乘經典，才有今天現存的大乘經典。

大乘佛法的實相法義以及解脫道聲聞法，都是不可能有所演變的；而每一尊佛所證的內涵都是究竟而且圓滿的，再加上大乘菩提所顯示的實相法界的法性，永遠都是平等沒有高下的，當然不可能被演變。既然法是不可演變的，實證者怎麼可能說「佛法可以演變」呢？因為實相只有一個，怎麼可能被演變？所以，有演變的永遠只有弘法上的事相——由於未實證佛法的人各有不同的所知，在弘法過程中會不斷地被質疑而不斷地修改，才會有演變，卻沒有牽涉到實相法義；都只是未實證的弘法人自身見解需要不斷地演變，來應對質疑者的說法。依實相法所演述出來的大乘法義不會演變，依實相法而方便施設的二乘菩提法義也不會演變，三乘菩提的眞實義理是永遠如此；無始劫以來的諸佛所說法義是如此，現在十方世界的諸佛是如此，未來無量數的諸佛—包括你們諸位成佛以後—所將宣演的三乘菩提，仍然會是如此不可演變，永遠都不會改變。所以法不會演變，只有弘法者的事相才會演變。那麼弘法者的事相，在大乘法裡面的演變，其實只有人名、地名等等會演變，所說的法義仍然前後一貫而不會演變；誤會者除外，例如清辨、佛護、安慧、般若趜多、寂天、阿底峽、宗喀巴……等人。譬如我們說的法，跟一千多年前、二千多年前，以及 佛陀時代所說的法是始終一樣的，仍然是眞如與佛性，仍然是第八識妙法而沒有演變。也因此，大乘佛教中的實證佛教僧團，也就不曾有所分裂；後來分爲很多宗派，都是由於未實證者的私意而建立不同的宗派，但實證者不可能分宗分派，因爲佛法的實質是整體而非分裂的。

可是二乘法就有演變了，二乘法中那一些聲聞僧開始分裂——主要也是由於未實證二乘菩提的凡夫們不認同上座部阿羅漢們的說法，才獨立出去而分派，才會有最後總共十八個部派。但那十八個部派全部都是聲聞法，沒有一個部派是大乘佛法；而他們演變到後來，開始有人宣稱懂得大乘法，所以那些六識論的小乘聲聞人也跟著寫出一些大乘論來；然而那些所謂的大乘論，不懂佛法或是還沒有證悟的菩薩們不知究理，往往會跟著讀；可是眞實證悟的菩薩們讀了以後都會搖頭嘆息，因爲那根本就不是大乘佛法，只是一些二乘凡夫僧對大乘佛法加以思惟揣測，然後模擬什麼是佛法而把它寫出來，因此就有許多的錯誤。

當實證菩薩們出來指正說他們哪裡有錯，他們就得加以修改；但是他們修改了以後還是錯誤，菩薩又說：「你這樣修改，什麼地方還是有錯誤。」他們又繼續修改，於是那些六識論聲聞凡夫僧說的法，就會一代又一代有所演變；不斷地演變到近代，就是這些六識論者所說的源出於密宗應成派中觀的法，就把般若系列經典妄判爲「性空唯名」。所以只有聲聞法中的凡夫僧人所說大乘法才會有演變，眞實佛法中的三乘菩提不會有演變。在弘法的事相上，實證的大乘法也不會有演變，因爲一向都以同一實證的教團作爲依歸。在弘法的事相上，只有小乘法才會有演變，然後他們對於大乘法的誤會，因此講出來的法不斷地演變，一代又一代地演變，連他們自己本宗的聲聞解脫道的法也不得不跟著演變；因爲上座部的阿羅漢們漸漸入滅了，他們不像菩薩會一世又一世不斷地受生在人間，實證的二乘菩提法義漸漸失傳，就成爲現代南洋佛教誤會二乘菩提的現狀——一堆假阿羅漢胡亂說法。

菩薩捨壽後不會入涅槃，都會留惑潤生繼續受生於人間，所以菩薩的法不演變，弘法的事相也不演變。但是聲聞法，因爲阿羅漢們一代又一代入涅槃而漸漸凋零，所以阿羅漢們一個一個入涅槃去了，實證二乘菩提的人越來越少，沒有人願意再來人間受生。初果二果人死後都往生欲界天中，那麼三果人呢，三果人都往色界一直往生上去；他們都不回來人間，於是聲聞法的弘法者代代凋零的結果，到後來沒有人能證果了，只剩下凡夫弘法者，因此聲聞法的弘法事相與法義就有了演變，演變到後來都只剩凡夫以後，又不肯承認自己是凡夫，結果就是變成增上慢者。所以這裡經文說的，「後惡世眾生善根轉少，多增上慢」，原因就是從這裡來的。

菩薩一代又一代繼續弘傳下來，不但法沒有演變，人也沒有演變，只是改個地方、換個環境、換個五陰、換個人名繼續弘傳，還是那些菩薩們乘願再來人間，不太會演變。所以，我們傳的法跟一千年前，以及跟玄奘菩薩從西天去取經所得回來的法，以及得自於護法菩薩，得自於無著菩薩、彌勒菩薩，得自於 世尊的法，是一脈相傳而沒有改變的。不論是法上或者人事上面，也沒有什麼改變。所以，我們同修會這麼多親教師教給大家的法，還是跟我講的一樣沒有改變。我們同修會二十年來弘揚的法，也是沒有轉變，到現在依舊是二十年前弘揚的眞如、佛性，不會因爲別人來指責什麼地方不對，就趕快來修改。若是修改了就是轉變了，但我們不會轉變，永遠都不會，這就是大乘實相妙法。

所以，佛菩提中的法是不會有所轉變的，有所轉變的都是在聲聞法中未實證的弘法者，只有他們才需要、才會轉變。可是聲聞法的眞實法依舊不曾轉變，所以我們把聲聞法的眞正法義寫出來以後，也沒有人可以要求我們轉變所說的內容。因此我們《阿含正義》就這樣子流通那麼多年了，也沒有人敢上門來說：「你這個《阿含正義》應該要改，要如何演變才會更好。」因爲不可能更好，我們講的就是把 佛陀所講的聲聞解脫道以及緣覺的辟支佛道如實講述出來，而解脫之道的內涵是永遠一樣，不論是無量無邊不可思議阿僧祇劫前成佛的如來所說，或是現在十方世界一切如來所說，或是未來無量無邊不可思議阿僧祇劫以後所成的如來所說，也都不會有所演變；因此，沒有人可以要求我們轉變對於二乘菩提的所說；所以我們的《阿含正義》內容也不會演變，因爲聲聞法本來就應該那樣。

但是聲聞法，也就是現在所謂的南傳佛法，聲聞佛法往南弘傳以後到了西元五世紀時，覺音論師又寫了個《清淨道論》，也就是現在南洋佛教全面信受的論著；他們都只閱讀這部論著而修學，反而不讀《尼柯耶》——南傳佛教的《阿含經》，都只是直接閱讀覺音論師寫的《清淨道論》而修學。但是《清淨道論》的作者覺音論師本身就沒有斷我見，他只是一個凡夫；他寫出來的《清淨道論》，大家努力去修學以後，一千五百多年了，南傳佛教的僧人與凡夫們有沒有變清淨了呢？結果是沒有。變清淨的第一步，至少要斷我見、斷三縛結；可是你們可以觀察，從南洋來到台灣也去過大陸，風行一時的所謂一行禪師，或是葛印卡，還有誰啊？阿姜查；你們看這些人，有誰是斷我見的？有誰在開示中曾經講解過如何斷除三縛結的？連我見應該怎麼斷除都沒有講過，但他們都自稱是阿羅漢；可是從他們的著作來看，他們所說的法都沒有辦法使人斷我見、斷三縛結，落在意識境界中，連取證聲聞初果都不可能。

將來如果有人可以斷我見證初果，那一定得要讀過我們的《阿含正義》，所以聲聞法本身也是不可能被演變的。就是說，三乘菩提的眞實內涵都是不會演變的，會演變的法，就是因爲尚未實證而不能如實了知，所以解說錯誤而被質問了，才需要演變。那麼後代聲聞人不懂二乘法，是因爲阿羅漢與三果人都不會再來人間；所以一代一代凋零以後，最後沒有人可以繼承聲聞法，於是一千五百年前連聲聞法的眞實義也失傳了。也許有人不信說：「那至少還有初果、二果人嘛！」那請問：二果人捨報以後會生到哪裡去？生到欲界天中；他生到欲界天，在欲界天享受完一生而捨報了，來到人間才能成爲阿羅漢。請問：他生到欲界天過完一世再回來人間，要多久？不要說他化自在天，單說往生四王天就好，那時他的一天等於人間五十年，在那裡一樣三十天爲一個月，一年是十二個月，而天壽有五百歲。而且證得二果的人生到四王天去，絕不可能中天，一定很長壽，那他回來人間的時候是多久以後？正法已經不在了，連大乘正法都不可能存在了。那如果是初果人呢？也是要往生欲界天，然後他要七次往返才能成爲阿羅漢，第一次在天上捨壽而回來人間時，人間已經沒有佛教存在了。那麼請問：聲聞菩提能繼續正確地弘傳下去嗎？答案是不可能，最後就變成只有聲聞凡夫在弘揚聲聞菩提，才會由覺音論師寫出《清淨道論》，然後南洋佛教所有人一體遵行不能使人斷我見的論著，聲聞法當然也就失傳了，道理就是這樣。

那麼由凡夫來住持聲聞法，他們往往誤會以後自以爲是阿羅漢；以凡夫之身自以爲是阿羅漢，便成就了增上慢。以凡夫之身自以爲阿羅漢以後，還是會繼續演變的，於是演變成說：「**大乘法我都是知道的，大乘法就只是這樣而已。**」然後他們也來講大乘法，也寫出大乘法的論著，例如佛護、安慧、清辨、般若趜多等人，全都是六識論的凡夫，但他們寫的論都收藏在《大正藏》裡面，大概也已收在《龍藏》裡面。但他們其實都只是凡夫，那你說：他們會不會成爲增上慢者？會！連聲聞菩提都沒有證果的人，自稱懂大乘法，然後自稱是大菩薩，才會寫出《大乘廣五蘊論》的邪論來。像這樣的增上慢人，如果把我們這種依照眞實義所說《法華經》內容講給他們聽，他們一定會起大煩惱，不可能不起大煩惱。因爲，即使是依文解義講給他們聽，他們都會生起煩惱，更別說是像我們這樣如實宣講《法華經》。

那麼增上慢人在世間生存，他們會幹什麼事？就是經文中的下一句：「貪利供養增不善根。」實證三乘菩提的人不會有增上慢，實證三乘菩提的人也不會貪利養。你們也可以觀察海峽兩岸的佛教界，至於歐美、澳洲……就不用談，因爲那些人都是凡夫。海峽兩岸的佛教界中如果有人是實證的，你們可以找找看，他一定不會有增上慢，他也不會貪求利養與恭敬。你們可以在海峽兩岸到處去找找看：有哪位大師沒增上慢？有哪位大師不貪利養與恭敬？你們可以去找找看，十根手指頭你連一根都用不上，更不要說是得加上腳趾頭來算。如果你們還能找得到，那就是在正覺同修會裡面。所以你們看，我們會裡面的老師們，沒有一個人是接受誰的錢財供養等等；當然，出家菩薩例外，我說的是在家菩薩。

因爲正覺裡的出家菩薩有義務要給人家種福田，那並不是生貪；他們得要損失來世福報讓人家種福田，他們得要提供給眾生，作眾生的福田，那是他們的義務；但他們不可以心裡面起念頭說：「我給人家種福田，我的福德損減了。」不可以這樣想，因爲這是他們的義務。如果覺得被種福田以後福德損減，努力爲眾生多作事就行了。我說正覺同修會的在家菩薩們都是這樣子，絕對不受供養的；不但如此，連薪水都沒領。按道理講，領薪水是應當的，至少也要領鐘點費，車馬費至少也應當領；結果都沒有，還自己付車錢、汽油錢。我們會裡面的出家菩薩們證悟以後，當然可以接受供養，也是義務，但是有沒有人開口說：「你多供養一點。」有沒有？沒有。如果有開口，不管是明示或暗示說：「你可以供養多一點。」我告訴你，他的開悟是有問題的。

都因爲沒有增上慢，當然不會要求大供養，有增上慢的人才會要求信眾作大供養。所以當他以凡夫之身——當然這個「他」是指會外的大師們，不管他是出家人或在家人，以增上慢心來安住自己的時候，一定不會承認他有增上慢；但他會認爲自己的證量很高，已經跟諸佛一樣了。等而下之，更嚴重的，就是上品增上慢，還會宣稱他比　釋迦牟尼佛更高，還嘲笑說：「釋迦牟尼佛不過是個應身佛，我們是報身佛。」可是他那個報，我要把他改一個字，（導師這時伸出雙方作環抱狀說）叫作這個抱。那些人全都是增上慢者，所以他們「貪利供養增不善根」。

因爲這樣貪的關係，結果增加了不善根；「增不善根」的結果就是遠離解脫，距離解脫是越來越遠了。那麼這一些人你要教化他是很困難的，很不容易教化，有誰能夠教化他們？諸佛也莫可奈何；因爲這種人，假使 佛在他們的定中（其實他們都沒有定，最多就是夢中），就算 佛入他們的夢中告訴他們說：「你悟錯了，你成爲增上慢了。」他們反而會因此對 佛起瞋，所以這些人難可教化。但是難可教化的人，我們還是得要設法教化；因爲你身爲菩薩，不能退縮。你如果不教化他們，他們就沒有機會反省、沒有機會懺悔，未來也沒有機會發起菩薩性，因此你得要教化他們。但是這種難可教化的人，你不發起忍力——而且是「大忍力」，就無法教化他們。「大忍力」到底要怎麼定義呢？諸位有沒有想過？大忍之力不是普通的忍，得要甘冒生命危險去作，至於被人家誣賴誹謗，那都是小事，都不算是大事。有的人只要被稍微毀謗一下就氣憤填膺，他不但是一肚子氣，整個胸腔也都是氣；可是你身爲菩薩就要習慣，因爲五濁惡世的眾生本來就是如此。

所以，我們這二個月以來，努力在破斥達賴喇嘛、破斥密宗，所謂的「藏傳佛教」四大教派其實都不是佛教，但因爲我們作的動作太大了，所以從中央政府到地方政府都在關心：「你們爲什麼要這樣作？」然後有官員問說：「你們這樣作，有什麼好處？」我們張執行長回答說：「對我們一點點好處都沒有，並且還可能招來殺身之禍。」那政府官員就問：「難道你們不怕？」因爲喇嘛教是千餘年來最大號、天下宇宙最大號的馬蜂窩，沒有人敢去捅它，但我們卻必須去捅它。你們看，台灣四大山頭，哪個敢去捅它？喇嘛教勢力那麼大，號稱在台灣有二百萬信徒，沒有人敢捅它；但我們偏要捅，而且要把它捅到很徹底，要把那個超級大馬蜂窩捅到四通八達，有無量的洞，最後要把它破碎掉。有政府官員問說：「你們都不怕？」我們張執行長說：「不怕，爲了救護眾生，該作的就得作；雖然對我們沒有利益，有殺身之禍也得作。」所以最後政府官員就敬佩了起來。以前他們不曉得那個超級大號的馬蜂窩裡面是在搞什麼鬼（那眞的在搞鬼），不是佛法而硬是自稱最高層次的佛法，那不是搞鬼，還有什麼鬼呢？結果我們就去作了。所以這段期間大家忍辱負重，我還眞的佩服你們諸位菩薩忍辱負重，不管人家怎麼罵，就是要繼續作，這才叫作「**大忍力**」，願意冒著生命危險去作。

因爲對所有的增上慢者，特別是對喇嘛教，那是超級大號的增上慢，已經不是像南傳佛法中，以凡夫之身自稱阿羅漢的增上慢了；他們自認爲遠超過諸佛，說他們都是報身佛。所以那一種增上慢已經是無可救藥的慢，但我們還是得要救，因爲他們從裡到外都不是佛法，從裡到外都不是佛教。釋迦如來正遍知覺，是對如來藏的一切功能差別正遍知覺，是無上正等之法而遍知的，所遍知的內涵是如來藏的一切功能差別。結果那些密宗喇嘛們，抱個佛母行淫到渾身都快樂，說這樣叫作正遍知覺；號稱是學佛，可以愚癡到這個地步！而他們的慢又是慢到這個地步，三乘菩提完全不懂竟然可以自稱是報身佛，可是佛法中有這種不斷我見的報身佛嗎？有這種不知道法界實相的報身佛嗎？諸位就可以想像說，那些假藏傳佛教的喇嘛們，上從達賴下到一切名不見經傳的喇嘛們，是如何的增上慢。

但是會員大會時，我告訴大家說：「**面對那些喇嘛們的無理辱罵，當你們在發傳單的時候，不要起瞋心去回應。**」爲什麼呢？因爲他們既然口中常常說「佛法、佛法、佛法」，那種子已經種進心田去，雖然他們現在是走錯了路，卻也不是他們故意要走錯路，而是因爲他們的祖師們代代就這樣誤導了他們，所以我們要以憐愍心來救護他們，設法救他們回轉。這一世救不回來，至少等到捨報前，他也會瞭解喇嘛教的法義與行門眞的不是佛法。

但是他們會不斷地辱罵你，而你仍然願意救他，這得要有「大忍力」。可是一般的阿羅漢，才剛迴心過來的時候，都不敢作這件事情，因爲他們沒有「大忍力」。你們繼續再聽下去就會知道了：《法華》會上只有 藥王菩薩率領的這些菩薩們，願意發起這樣的「大忍力」。爲什麼要發這個「大忍力」？因爲在末法之世，是五濁惡世的時節，願意在這個娑婆世界，在這個三千大千世界的無量星球之中，來讀誦這一部《法華經》，來受持、解說、書寫，並且還爲這部《法華經》作種種的供養，不論是鮮花、食物、上香等供養，乃至作種種的法供養，不惜身命去作，這就是 藥王菩薩以及他所率領的菩薩眾們願意作的，這是非常困難的事。

前幾週我也說過，擔心我這樣子把《法華經》的眞實義講出來，以前不曾有人講過，不曾有人寫過，而我這樣講，將來也整理成書出版了，少聞寡慧眾生會不會罵起來？我也是有一點擔心，我是已經作好心理準備要被罵的，因爲《法華經》沒有人這樣講過，但是亂罵的人未來世其實不好。可是再仔細想一想，還是應該整理成書出版，不然《法華經》的眞實義就湮沒了。所以，我看到《大藏經》裡面有一些論述《法華》的目錄，沒有去讀它，因爲我想也不值得讀，我也沒有時間去讀它——太忙而沒有時間去讀它。但我曾讀到一個註解，名字叫作《法華玄義》；玄是什麼意思？弄不清楚才叫玄嘛！對不對？我在猜測，可能作者自己也想說：法華的意思，我弄不懂，所以寫出來叫《法華玄義》。或者說，他以爲自己寫出來的，眾生會讀不懂，所以叫作《法華玄義》。不曉得是哪一種定義，因爲我沒有去讀，也不曉得。

但《法華經》的眞實義，確實是難以理解的，不是容易理解的。因此，你要如實宣說《法華經》的意旨而不是依文解義，在末法時代，眞的須要有「大忍力」；因爲末法時代的眾生是難可教化的——五濁具足，單單講一個第八識如來藏的眞如性，都已經不信而難可教化了，何況深妙很多倍的《法華經》的眞實義理，如何能令他們信受？所以，藥王菩薩才會率領這一些大眾們說：「後惡世時，雖然眾生善根越來越少，增上慢的人越來越多，貪利養恭敬而不斷地增加不善根，越來越遠離解脫；像那麼難教化的眾生，我們願意生起大忍之力，在這種五濁惡世中作給眾生看：我們會繼續讀《法華經》、誦《法華經》、受持《法華經》、演說《法華經》、書寫《法華經》，並且還對《法華經》作各種事相上的供養，以及對《法華經》作法供養，喪身捨命亦在所不惜。」菩薩就是要這樣子，如果沒有這個心志，跟人家談什麼菩薩行？

我們早期弘法時人才不夠，我就說：「某某師姊！妳可以出來當親教師幫我攝化眾生。」她一聽，嚇死了，不敢再來上課了。為什麼嚇死了？因為認為說：「你蕭老師講的法跟人家都不一樣，你講的是如來藏，我出來教導人家當然也得教如來藏，會得罪大師，萬一哪天人家來捅我一刀，那時怎麼辦？」怕了，不敢來，就不告而別。還有師姊更有趣，我只是請她說：「妳上來試講，練練膽子，練好了以後或許可以上來當親教師。」結果也不來了，因為怕上台說法。所以你看，這「大忍力」豈有那麼容易就能發起？如果來到現在，像我們現在破斥密宗假佛教的這種動作，她們會更怕，因為是上街頭去直接教育群眾，這擺明了就是跟假藏傳佛教對幹。今大有從內地來聽法的人，我說，就像你們內地講的「對幹」嘛！對不對？事實上就是這樣，所以有的人害怕，不敢參與，但是我們絕大多數的同修都奮力去作。要知道哦！這樣作其實就是 藥王菩薩所講這一段話中的內涵；而能夠這樣子努力復興佛教正法的機會有多少？諸位可以想想看，在剩下九千多年的中國佛教繼續弘傳的過程中，這種機會是不多的。

大陸有些出版社，他們看過我們的書，有一句評語；他們對我們的評語就是：我們是在復興佛教。只是因爲限於某些因素，沒辦法出版我們的書，但他們卻是知道我們在幹什麼；只要有詳細瞭解我們所說的法，他們就知道我們的目的了。我們作到這個地步，難道一切所作所爲，都會唐捐其功嗎？我不認爲！因爲我們一世又一世以來，吃了假藏傳佛教很多虧，以前生在西藏弘法時也曾被他們消滅過；更早以前在天竺，我也曾經喪身捨命，但是結果呢？就是道業的增進非常快速，福德的累進非常快速，這都是事實。所以趁著還剩下的九千多年時間，大家要效法 藥王菩薩一樣繼續努力。當這九千多年過完了，我們都生到兜率天去，然後 彌勒菩薩即將要來人間成佛時，我們就先下來受生，預先布置一番，專程等他來。

那時就是你們要被授記的時候，這是何等重大的事。可是，你準備那個時候要被授記，而你能夠累積正法中的福德資糧的時間還有多少？只剩下九千多年；在這九千多年裡面，能夠爲佛教的復興而去作的機會又有幾次？也沒幾次呵！所以諸位要有這個認知，這九千多年的時間，我們就要把握。像藥王菩薩講的這樣，在這九千多年裡面，把你應該修集的福德努力修集起來；因爲九千多年過後，人間沒有正法可弘傳了，也沒有正法可以讓你聽聞了。所以九千多年之後，你如果不是去極樂世界，不然就是要去兜率陀天的彌勒內院了；可是去了這二個地方以後，你沒什麼機會可以修福德了。換句話說，在將來重新來人間等待 彌勒菩薩成佛爲你授記時，你是應該準備要入地的。要記得這一點，在 彌勒菩薩來人間弘法那八萬多年裡，你是應該要入地的，可是入地所須的福德資糧，就在這九千多年之中，得要修集起來。

我要請問諸位，你在這段時間能夠累積成就入地的大福德，要在哪裡修？你只有在最好的福田、最肥沃的福田、最大的福田裡面去種。其他的福田都叫作貧瘠田，你種下一粒稻穀，最多給你收五十粒的稻穀。但是這一種千載難逢的大福田，一粒稻穀種下去，不是收五十粒，那是收五千粒、五萬粒的稻穀，因爲這種良福田不是時時有。也就是說，選擇福田是很重要的，可是你要種這樣的福田卻又很困難，因為一不小心就種到貧瘠田；種了貧瘠田還算好的，畢竟你種下去還有五六十粒稻穀可以收——每種一粒收五六十粒；可是你如果種錯了田，不是福田，而是種毒田，就是密宗喇嘛教那一些田，那叫毒田，將來要收穫的果實是什麼？那一些稻穀每一粒都有毒，而且很毒；保證比日本福島核電廠旁邊種出來的稻穀還要毒，將來得到的是毒果，而且毒很多世。所以選擇福田很難，可是選對了福田也很不容易種，因為這一種福田很難種——要難行能行、難忍能忍。

所以這一段時間，諸位菩薩們不管鄉愿的民眾怎麼樣辱罵，不論喇嘛教的信徒們怎麼惡意辱罵，你們都願意忍辱繼續去分發教育民眾的文宣品，眞不得了！但這個福德大，所以我們每年還要繼續作，每年都要來辦一次或分批辦幾次，整個台灣東西南北全部都要去發。我們一千多年來，救護眾生維護佛教的工作一直都失敗，沒有成功過。如果這個事業，這一世能夠成功，這福德可就不得了。這樣才能夠符合〈藥王菩薩〉這一段話所說的有大忍力。你們有些人忘了，往世在西藏被殺死，或者被人家砍成重傷，或被人家棍棒打成重傷。隔世以後你們忘記了，我可沒有忘；雖然他們沒有殺掉我，給我一匹瘦馬、二個隨從出去川康，就是被趕出西藏；但是我可沒忘，雖然如此，我們不跟他們記恨，爲什麼呢？因爲打我們、殺我們的主謀達賴五世早已不在人間了，都還在地獄裡面；現在的達賴十四，不是以前那個達賴五世，我們又何必恨他？他只不過是個可憐人，利慾薰心，想要重新再當個小國王剝削民眾罷了，所以我們一樣要救。

也許有的人沒辦法忍受：「達賴是嚴重的破法者，爲什麼你還要救他？」我不是因爲他而救他，而是因爲廣大的眾生而要救他。假使能夠救了他，讓他回心轉意了，他或者讓一半的喇嘛、四分之一的喇嘛、十分之一的喇嘛願意改變，回歸正統佛教，那麼就有更多的眾生會跟著改變，是爲眾生而要救他，不是我們要救他一個人。能夠這樣作，你就符合了 藥王菩薩講的「大忍力」。這個「大忍力」，一定要持續把它增長，將來正法最後五十二年滅盡了，就跟隨著月光菩薩到彌勒內院去，就憑著這九千多年的時間，我們努力去救護眾生，努力把佛教給復興起來，不要讓那一些表相的佛法，也就是常見外道法、斷見外道法去陷害眾生。那麼，我們這樣一次又一次，這九千多年大概須要三次、五次的佛教復興運動，我們希望這一次復興的成果可以維持二、三千年；理想是維持到最後九千年，但是不太可能，我們希望可以維持二、三千年。二、三千年後眞的又不行了，我們再來一次復興，就這樣復興上幾次，諸位的福德就足夠了！

因爲這是在了義而且是究竟正法上面去修福，你去救護眾生，去復興佛教正法，這福德是無量無邊廣大的，這就像《優婆塞戒經》講的「福田勝」，而你布施給眾生的法也是最勝，再加上你爲這一件事情所作的是最殊勝的事業，具足三種勝，這個福德便是最廣大的。所以，雖然有好多同修們擔心我，因爲我沒有侍者，也沒有保鑣，我的生活雜務都得自理，怕我出門買生活物資的時候萬一怎麼樣，擔著心。我說不用擔心，我們該小心的仍然努力小心預防，但是該作的還是要作，我過去世又不是沒有被殺死過，怕什麼？過去世死了，現在不是又好好的嗎？死了不過是換個身體再來而已。

如果你們有這樣的認知，就能生起「大忍力」。有了「大忍力」，你就願意在後末世中挑起弘揚如來藏的大擔子，才能復興正教。弘揚如來藏這個法是個大擔子，藥王菩薩發了這個願，我們跟隨著他，怕什麼？天塌下來有他頂著，怕什麼？最多就是捨命而已。挑起弘揚如來藏的這個擔子是很難的，天下第一難喔！你們如果詳細讀過阿含部的《央掘魔羅經》，佛有說過四種天下最難的大事，但都不如弘揚如來藏的這件事情難。

其中有一個譬喻，我講一個就好，佛陀說到了後末世，如果有人把天下所有的樹木、所有的草，都集合起來捆成超大的一捆，然後有人能夠把它挑起來，行走於天下，這夠難了吧？別說天下，一根大木頭你都扛不起了，佛說的可是全天下樹木跟草，都捆成一個超大號的一捆，結果有人能把它扛起來在人間行走，這是天下最難的。可是這個難還不如一種難事，就是在後末世弘揚如來藏妙法，因爲後末世沒有人願意相信如來藏妙法。我們現在還沒有算眞的到後末世，都已經這麼難弘傳了，那後末世更難。可是越是難越要弘揚，因爲越難的時候，你越是去把它承擔起來，那個福德越大。你看 藥王菩薩發了這個願，光從文字上去理解的時候，不容易理解他這個願的大。

在五濁惡世這個時候，增上慢的人是一大群，都是善根很微小的人，可是仍然要教化他們；不論他們如何難教化，都要教化他們，而教化他們的是什麼法呢？是《妙法蓮華經》的法；這是最難信受的法，但還是要這麼說、要這麼作，這就是 藥王菩薩所說的，對《妙法蓮華經》應該讀誦、受持、演說，還要再把它書寫去流通。如此以外，還要作事相上的供養以及法供養。即使可能因此會招來殺身之禍，也願意去作，要「不惜身命」。諸位也許想：「發這個願，看來也沒有什麼，我也敢發呀！」可是你有如實理解後末世會變成怎麼樣而發願嗎？沒有啊！只是想說：「大概跟現在差不多啦！」這樣去發願了。人家可是如實看清楚後末世會如何，才發這個願。也許有人不信，說：「眞的嗎？」不然我們再來看看，後面的菩薩們發願是怎麼發的。

（未完，詳見第十一輯續說。）

佛教正覺同修會〈修學佛道次第表〉

第一階段

＊以憶佛及拜佛方式修習動中定力。
＊學第一義佛法及禪法知見。
＊無相拜佛功夫成就。
＊具備一念相續功夫—動靜中皆能看話頭。
＊努力培植福德資糧，勤修三福淨業。

第二階段

＊參話頭，參公案。
＊開悟明心，一片悟境。
＊鍛鍊功夫求見佛性。
＊眼見佛性〈餘五根亦如是〉親見世界如幻，成就如幻觀。
＊學習禪門差別智。
＊深入第一義經典。
＊修除性障及隨分修學禪定。
＊修證十行位陽焰觀。

第三階段

＊學一切種智真實正理—楞伽經、解深密經、成唯識論…。
＊參究末後句。
＊解悟末後句。
＊透牢關—親自體驗所悟末後句境界，親見實相，無得無失。
＊救護一切衆生迴向正道。護持了義正法，修證十迴向位如夢觀。
＊發十無盡願，修習百法明門，親證猶如鏡像現觀。
＊修除五蓋，發起禪定。持一切善法戒。親證猶如光影現觀。
＊進修四禪八定、四無量心、五神通。進修大乘種智，求證猶如谷響現觀。

佛菩提二主要道次第概要表——二道並修，以外無別佛法

佛菩提道——大菩提道

遠波羅蜜多

十信位修集信心 —— 一劫乃至一萬劫

資糧位

（外門廣修六度萬行）

初住位修集布施功德（以財施爲主）。

二住位修集持戒功德。

三住位修集忍辱功德。

四住位修集精進功德。

五住位修集禪定功德。

六住位修集般若功德（熏習般若中觀及斷我見，加行位也）。

見道位

七住位明心般若正觀現前，親證本來自性清淨涅槃。

八住位起於一切法現觀般若中道。漸除性障。

十住位眼見佛性，世界如幻觀成就。

（內門廣修六度萬行）

一至十行位，於廣行六度萬行中，依般若中道慧，現觀陰處界猶如陽焰，至第十行滿心位，陽焰觀成就。

一至十迴向位熏習一切種智；修除性障，唯留最後一分思惑不斷。第十迴向滿心位成就菩薩道如夢觀。

初地：第十迴向位滿心時，成就道種智一分（八識心王一一親證後，領受五法、三自性、七種第一義、七種性自性、二種無我法）復由勇發十無盡願，成通達位菩薩。復又永伏性障而不具斷，能證慧解脫而不取證，由大願故留惑潤生。此地主修法施波羅蜜多及百法明門。證「猶如鏡像」現觀，故滿初地心。

二地：初地功德滿足以後，再成就道種智一分而入二地；主修戒波羅蜜多及一切種智。滿心位成就「猶如光影」現觀，戒行自然清淨。

解脫道：二乘菩提

← 斷三縛結，成初果解脫

← 薄貪瞋癡，成二果解脫

← 斷五下分結，成三果解脫

入地前的四加行令煩惱障現行悉斷，成四果解脫，留惑潤生。分段生死已斷，煩惱障習氣種子開始斷除，兼斷無始無明上煩惱。

圓滿成就究竟佛果

佛子蕭平實 謹製
（二〇〇九、〇二 修訂）
（二〇一二、〇二 增補）

近波羅蜜多

修道位

三地：二地滿心再證道種智一分，故入三地。此地主修忍波羅蜜多及四禪八定、四無量心、五神通。能成就俱解脫果而不取證，留惑潤生。滿心位成就「猶如谷響」現觀及無漏妙定意生身。

四地：由三地再證道種智一分故入四地。主修精進波羅蜜多，於此土及他方世界廣度有緣，無有疲倦。進修一切種智，滿心位成就「如水中月」現觀。

五地：由四地再證道種智一分故入五地。主修禪定波羅蜜多及一切種智，斷除下乘涅槃貪。滿心位成就「變化所成」現觀。

六地：由五地再證道種智一分故入六地。此地主修般若波羅蜜多——依道種智現觀十二因緣一一有支及意生身化身，皆自心眞如變化所現，「非有似有」，成就細相觀，不由加行而自然證得滅盡定，成俱解脫大乘無學。

七地：由六地「非有似有」現觀，再證道種智一分故入七地。此地主修一切種智及方便波羅蜜多，由重觀十二有支一一支中之流轉門及還滅門一切細相，成就方便善巧，念念隨入滅盡定。滿心位證得「如犍闥婆城」現觀。

大波羅蜜多

八地：由七地極細相觀成就故再證道種智一分而入八地。此地主修一切種智及願波羅蜜多。至滿心位純無相觀任運恆起，故於相土自在，滿心位復證「如實覺知諸法相意生身」故。

九地：由八地再證道種智一分故入九地。主修力波羅蜜多及一切種智，成就四無礙，滿心位證得「種類俱生無行作意生身」。

十地：由九地再證道種智一分故入此地。此地主修一切種智——智波羅蜜多。滿心位起大法智雲，及現起大法智雲所含藏種種功德，成受職菩薩。

等覺：由十地道種智成就故入此地。此地應修一切種智，圓滿等覺地無生法忍；於百劫中修集極廣大福德，以之圓滿三十二大人相及無量隨形好。

圓滿波羅蜜多

究竟位

妙覺：示現受生人間已斷盡煩惱障一切習氣種子，並斷盡所知障一切隨眠，永斷變易生死無明，成就大般涅槃，四智圓明。人間捨壽後，報身常住色究竟天利樂十方地上菩薩；以諸化身利樂有情，永無盡期，成就究竟佛道。

七地滿心斷除故意保留之最後一分思惑時，煩惱障所攝色、受、想三陰有漏習氣種子全部斷盡。

←

煩惱障所攝行、識二陰無漏習氣種子任運漸斷，所知障所攝上煩惱任運漸斷。

←

斷盡變易生死
成就大般涅槃

佛教正覺同修會 共修現況 及 招生公告　2016/1/16

一、共修現況：（請在共修時間來電，以免無人接聽。）

台北正覺講堂 103 台北市承德路三段 277 號九樓 捷運淡水線圓山站旁 Tel..**總機** 02-25957295（晚上）（**分機：九樓**辦公室 10、11；知客櫃檯 12、13。 **十樓**知客櫃檯 15、16；書局櫃檯 14。 **五樓**辦公室 18；知客櫃檯 19。**二樓**辦公室 20；知客櫃檯 21。）Fax..25954493

第一講堂　台北市承德路三段 277 號九樓

禪淨班：週一晚上班、週三晚上班、週四晚上班、週五晚上班、週六下午班、週六上午班（皆須報名建立學籍後始可參加共修，欲報名者詳見本公告末頁）

增上班：**瑜伽師地論詳解**：每月第一、三、五週之週末 17.50～20.50 平實導師講解（僅限已明心之會員參加）

禪門差別智：每月第一週日全天　平實導師主講（事冗暫停）。

佛藏經詳解　平實導師主講。已於 2013/12/17 開講，歡迎已發成佛大願的菩薩種性學人，攜眷共同參與此殊勝法會聽講。詳解 釋迦世尊於《佛藏經》中所開示的眞實義理，更爲今時後世佛子四眾，闡述佛陀演說此經的本懷。眞實尋求佛菩提道的有緣佛子，親承聽聞如是勝妙開示，當能如實理解經中義理，亦能了知於大乘法中：如何是諸法實相？善知識、惡知識要如何簡擇？如何才是清淨持戒？如何才能清淨說法？於此末法之世，眾生五濁益重，不知佛、不解法、不識僧，唯見表相，不信眞實，貪著五欲，諸方大師不淨說法，各各將導大量徒眾趣入三塗，如是師徒俱堪憐憫。是故，平實導師以大慈悲心，用淺白易懂之語句，佐以實例、譬喻而爲演說，普令聞者易解佛意，皆得契入佛法正道，如實了知佛法大藏。

此經中，對於實相念佛多所著墨，亦指出念佛要點：以實相爲依，念佛者應依止淨戒、依止清淨僧寶，捨離違犯重戒之師僧，應受學清淨之法，遠離邪見。本經是現代佛門大法師所厭惡之經典：一者由於大法師們已全都落入意識境界而無法親證實相，故於此經中所說實相全無所知，都不樂有人聞此經名，以免讀後提出問疑時無法回答；二者現代大乘佛法地區，已經普被藏密喇嘛教滲透，許多有名之大法師們大多已曾或繼續在修練雙身法，都已失去聲聞戒體及菩薩戒體，成爲地獄種姓人，已非眞正出家之人，本質只是身著僧衣而住在寺院中的世俗人。這些人對於此經都是讀不懂的，也是極爲厭惡的；他們尙不樂見此經之印行，何況流通與講解？今爲救護廣大學佛人，兼欲護持佛教血脈永續常傳，特選此經宣講之。每逢週二 18.50~20.50 開示，不限制聽講資格。會外人士需憑身分證件換證入內聽講（此是大樓管理處之安全規定，敬請見諒）。桃園、台中、台南、高雄等地講堂，亦於每週二晚上播放平實導師所講本經之 DVD，不必出示身分證件即可入內聽講，歡迎各地善信同霑法益。

第二講堂　台北市承德路三段 267 號十樓。

禪淨班：週一晚上班、週六下午班。

進階班：週三晚上班、週四晚上班、週五晚上班（禪淨班結業後轉入共修）。

佛藏經詳解：平實導師講解。每週二 18.50~20.50（影像音聲即時傳輸）。本會學員憑上課證進入聽講，會外學人請以身分證件換證進入聽講（此為大樓管理處安全管理規定之要求，敬請諒解）。

第三講堂　台北市承德路三段 277 號五樓。

進階班：週一晚上班、週三晚上班、週四晚上班、週五晚上班。

佛藏經詳解：平實導師講解。每週二 18.50~20.50（影像音聲即時傳輸）。本會學員憑上課證進入聽講，會外學人請以身分證件換證進入聽講（此為大樓管理處安全管理規定之要求，敬請諒解）。

第四講堂　台北市承德路三段 267 號二樓。

進階班：週一晚上班、週三晚上班、週四晚上班、週五晚上班（禪淨班結業後轉入共修）。

佛藏經詳解：平實導師講解。每週二 18.50~20.50（影像音聲即時傳輸）。本會學員憑上課證進入聽講，會外學人請以身分證件換證進入聽講（此為大樓管理處安全管理規定之要求，敬請諒解）。

第五、第六講堂　為**開放式講堂**，不需以身分證件換證即可進入聽講，台北市承德路三段 267 號地下一樓、地下二樓。已規劃整修完成，每逢週二晚上講經時段開放給會外人士自由聽經，請由大樓側面梯階逕行進入聽講。**聽講者請尊重講者的著作權及肖像權，請勿錄音錄影，以免違法；若有錄音錄影被查獲者，將依法處理**。

正覺祖師堂　大溪鎮美華里信義路 650 巷坑底 5 之 6 號（台 3 號省道 34 公里處 妙法寺對面斜坡道進入）電話 03-3886110　傳真 03-3881692 本堂供奉 克勤圓悟大師，專供會員每年四月、十月各二次精進禪三共修，兼作本會出家菩薩掛單常住之用。除禪三時間以外，每逢單月第一週之週日 9:00~17:00 開放會內、外人士參訪，當天並提供午齋結緣。教內共修團體或道場，得另申請其餘時間作團體參訪，務請事先與常住確定日期，以便安排常住菩薩接引導覽，亦免妨礙常住菩薩之日常作息及修行。

桃園正覺講堂（**第一、第二講堂**）：桃園市介壽路 286、288 號 10 樓（陽明運動公園對面）電話：03-3749363（請於共修時聯繫，或與台北聯繫）

禪淨班：週一晚上班、週三晚上班、週四晚上班、週五晚上班。

進階班：週六上午班、週五晚上班。

佛藏經詳解：平實導師講解。每週二晚上，以台北正覺講堂所錄 DVD 放映；歡迎會外學人共同聽講，不需出示身分證件。

新竹正覺講堂 新竹市東光路 55 號二樓之一　電話 03-5724297（晚上）

第一講堂：

禪淨班：週一晚上班、週五晚上班、週六上午班。

進階班：週三晚上班、週四晚上班（由禪淨班結業後轉入共修）。

佛藏經詳解：平實導師講解。每週二晚上，以台北正覺講堂所錄 DVD 放映。歡迎會外學人共同聽講，不需出示身分證件。

第二講堂：

禪淨班：週三晚上班、週四晚上班。

佛藏經詳解：每週二晚上與第一講堂同時播放佛藏經詳解 DVD。

台中正覺講堂 04-23816090（晚上）

第一講堂 台中市南屯區五權西路二段 666 號 13 樓之四（國泰世華銀行樓上。鄰近縣市經第一高速公路前來者，由五權西路交流道可以快速到達，大樓旁有停車場，對面有素食館）。

禪淨班：週三晚上班、週四晚上班。

進階班：週一晚上班、週六上午班（由禪淨班結業後轉入共修）。

增上班：單週週末以台北增上班課程錄成 DVD 放映之，限已明心之會員參加。

佛藏經詳解：平實導師講解。每週二晚上，以台北正覺講堂所錄 DVD 放映。歡迎會外學人共同聽講，不需出示身分證件。

第二講堂 台中市南屯區五權西路二段 666 號 4 樓

禪淨班：週一晚上班、週三晚上班、週六上午班。

進階班：週五晚上班（由禪淨班結業後轉入共修）。

佛藏經詳解：每週二晚上與第一講堂同時播放佛藏經詳解 DVD。

第三講堂、第四講堂：台中市南屯區五權西路二段 666 號 4 樓。

嘉義正覺講堂 嘉義市友愛路 288 號八樓之一　電話：05-2318228

第一講堂：

禪淨班：週一晚上班、週四晚上班、週五晚上班。

進階班：週三晚上班（由禪淨班結業後轉入共修）。

佛藏經詳解：平實導師講解。每週二晚上，以台北正覺講堂所錄 DVD 放映。歡迎會外學人共同聽講，不需出示身分證件。

第二講堂 嘉義市友愛路 288 號八樓之二。

台南正覺講堂

第一講堂 台南市西門路四段 15 號 4 樓。06-2820541（晚上）

禪淨班：週一晚上班、週三晚上班、週四晚上班、週五晚上班、週六下午班。

增上班：單週週末下午，以台北增上班課程錄成 DVD 放映之，限已明心之會員參加。

佛藏經詳解：平實導師講解。每週二晚上，以台北正覺講堂所錄 DVD 放映。歡迎會外學人共同聽講，不需出示身分證件。

第二講堂　台南市西門路四段 15 號 3 樓。

佛藏經詳解：每週二晚上與第一講堂同時播放佛藏經詳解 DVD。

第三講堂　台南市西門路四段 15 號 3 樓。

進階班：週三晚上班、週四晚上班、週六上午班（由禪淨班結業後轉入共修）。

佛藏經詳解：每週二晚上與第一講堂同時播放佛藏經詳解 DVD。

高雄正覺講堂　高雄市新興區中正三路 45 號五樓 07-2234248（晚上）

第一講堂（五樓）：

禪淨班：週一晚上班、週三晚上班、週四晚上班、週五晚上班、週六上午班。

增上班：單週週末下午，以台北增上班課程錄成 DVD 放映之，限已明心之會員參加。

佛藏經詳解：平實導師講解。每週二晚上，以台北正覺講堂所錄 DVD 放映。歡迎會外學人共同聽講，不需出示身分證件。

第二講堂（四樓）：

進階班：週三晚上班、週四晚上班、週六上午班（由禪淨班結業後轉入共修）。

佛藏經詳解：每週二晚上與第一講堂同時播放佛藏經詳解 DVD。

第三講堂（三樓）：

進階班：週四晚上班（由禪淨班結業後轉入共修）。

香港正覺講堂　**☆已遷移新址☆**

九龍觀塘，成業街 10 號，電訊一代廣場 27 樓 E 室。

（觀塘地鐵站 B1 出口，步行約 4 分鐘）。電話：(852) 23262231

英文地址：Unit E, 27th Floor, TG Place, 10 Shing Yip Street, Kwun Tong, Kowloon

禪淨班：雙週六下午班 14:30-17:30，已經額滿。
雙週日下午班 14:30-17:30，2016 年 4 月底前尚可報名。

進階班：雙週五晚上班（由禪淨班結業後轉入共修）。

增上班：單週週末上午，以台北增上班課程錄成 DVD 放映之，限已明心之會員參加。

妙法蓮華經詳解：平實導師講解。雙週六 19:00-21:00，以台北正覺講堂所錄 DVD 放映；歡迎會外學人共同聽講，不需出示身分證件。

美國洛杉磯正覺講堂　☆已遷移新址☆

825 S. Lemon Ave Diamond Bar, CA 91798 U.S.A.

Tel. (909) 595-5222（請於週六 9:00~18:00 之間聯繫）

Cell. (626) 454-0607

禪淨班：每逢週末 15：30~17：30 上課。

進階班：每逢週末上午 10：00~12：00 上課。

佛藏經詳解：平實導師講解。每週六下午 13：00~15：00，以台北正覺講堂所錄 DVD 放映。歡迎各界人士共享第一義諦無上法益，不需報名。

二、招生公告　**本會台北講堂及全省各講堂，每逢四月、十月下旬開新班，每週共修一次**（每次二小時。開課日起三個月內仍可插班）；**但美國洛杉磯共修處之禪淨班得隨時插班共修。各班共修期間皆爲二年半，欲參加者請向本會函索報名表**（各共修處皆於共修時間方有人執事，非共修時間請勿電詢或前來洽詢、請書），**或直接從本會官方網站**(http://www.enlighten.org.tw/newsflash/class)**或成佛之道網站下載報名表**。共修期滿時，若經報名禪三審核通過者，可參加四天三夜之禪三精進共修，有機會明心、取證如來藏，發起般若實相智慧，成爲實義菩薩，脫離凡夫菩薩位。

三、新春禮佛祈福　農曆年假期間停止共修：自農曆新年前七天起停止共修與弘法，正月 8 日起回復共修、弘法事務。新春期間正月初一～初七 9.00～17.00 開放台北講堂、正月初一~初三開放新竹講堂、台中講堂、台南講堂、高雄講堂，以及大溪禪三道場（正覺祖師堂），方便會員供佛、祈福及會外人士請書。美國洛杉磯共修處之休假時間，請逕詢該共修處。

密宗四大派修雙身法，是外道性力派的邪法；又以生滅的識陰作為常住法，是常見外道，是假的藏傳佛教。

西藏覺囊巴以他空見弘揚第八識如來藏勝法，才是真藏傳佛教

佛教正覺同修會　弘法行事表　　2017/03/31

1、**禪淨班**　以無相念佛及拜佛方式修習動中定力，實證一心不亂功夫。傳授解脫道正理及第一義諦佛法，以及參禪知見。共修期間：二年六個月。每逢四月、十月開新班，詳見招生公告表。

2、**《佛藏經》**詳解　平實導師主講。已於 2013/12/17 開講，歡迎已發成佛大願的菩薩種性學人，攜眷共同參與此殊勝法會聽講。詳解 釋迦世尊於《佛藏經》中所開示的眞實義理，更爲今時後世佛子四眾，闡述 佛陀演說此經的本懷。眞實尋求佛菩提道的有緣佛子，親承聽聞如是勝妙開示，當能如實理解經中義理，亦能了知於大乘法中：如何是諸法實相？善知識、惡知識要如何簡擇？如何才是清淨持戒？如何才能清淨說法？於此末法之世，眾生五濁益重，不知佛、不解法、不識僧，唯見表相，不信眞實，貪著五欲，諸方大師不淨說法，各各將導大量徒眾趣入三塗，如是師徒俱堪憐憫。是故，平實導師以大慈悲心，用淺白易懂之語句，佐以實例、譬喻而爲演說，普令聞者易解佛意，皆得契入佛法正道，如實了知佛法大藏。每逢週二 18.50~20.50 開示，不限制聽講資格。會外人士需憑身分證件換證入內聽講（此是大樓管理處之安全規定，敬請見諒）。桃園、新竹、台中、台南、高雄等地講堂，亦於每週二晚上播放平實導師講經之 DVD，不必出示身分證件即可入內聽講，歡迎各地善信同霑法益。

有某道場專弘淨土法門數十年，於教導信徒研讀《佛藏經》時，往往告誡信徒曰：「後半部不許閱讀。」由此緣故坐令信徒失去提升念佛層次之機緣，師徒只能低品位往生淨土，令人深覺愚癡無智。由有多人建議故，平實導師開始宣講《佛藏經》，藉以轉易如是邪見，並提升念佛人之知見與往生品位。此經中，對於實相念佛多所著墨，亦指出念佛要點：**以實相爲依，念佛者應依止淨戒、依止清淨僧寶，捨離違犯重戒之師僧，應受學清淨之法，遠離邪見**。本經是現代佛門大法師所厭惡之經典：**一者由於大法師們已全都落入意識境界而無法親證實相，故於此經中所說實相全無所知，都不樂有人聞此經名，以免讀後提出問疑時無法回答；二者現代大乘佛法地區，已經普被藏密喇嘛教滲透，許多有名之大法師們大多已曾或繼續在修練雙身法，都已失去聲聞戒體及菩薩戒體，成爲地獄種姓人，已非眞正出家之人，本質上只是身著僧衣而住在寺院中的世俗人**。這些人對於此經都是讀不懂的，也是極爲厭惡的；他們尚不樂見此經之印行，何況流通與講解？今爲救護廣大學佛人，兼欲護持佛教血脈永續常傳，特選此經宣講之，主講者平實導師。

3、**瑜伽師地論**詳解　詳解論中所言凡夫地至佛地等 17 師之修證境界與理論，從凡夫地、聲聞地……宣演到諸地所證一切種智之眞實正理。由平實導師開講，每逢一、三、五週之週末晚上開示，僅限已明心之會員參加。

4、**精進禪三**　主三和尚：平實導師。於四天三夜中，以克勤圓悟大師及大慧宗杲之禪風，施設機鋒與小參、公案密意之開示，幫助會員剋期取證，親證不生不滅之眞實心——人人本有之如來藏。每年四月、十月各舉辦二個梯次；平實導師主持。僅限本會會員參加禪淨班共修期滿，報名審核通過者，方可參加。並選擇會中定力、慧力、福德三條件皆已具足之已明心會員，給以指引，令得眼見自己無形無相之佛性遍佈山河大地，眞實而無障礙，得以肉眼現觀世界身心悉皆如幻，具足成就如幻觀，圓滿十住菩薩之證境。

5、**大法鼓經**詳解　詳解末法時代大乘佛法修行之道。佛教正法消毒妙藥塗於大鼓而以擊之，凡有眾生聞之者，一切邪見鉅毒悉皆消殞；此經即是大法鼓之正義，凡聞之者，所有邪見之毒悉皆滅除，見道不難；亦能發起菩薩無量功德，是故諸大菩薩遠從諸方佛土來此娑婆聞修此經。

本經破「有」而顯涅槃，以此名爲眞法；若墮在「有」中，皆名「非法」；若人如是宣揚佛法，名爲擊大法鼓；如是依「法」而捨「非法」，據以建立山門而爲眾說法，方可名爲法鼓山。此經中說，以「此經」爲菩薩道之本，以證得「此經」之正知見及法門作爲度人之「法」，方名眞實佛法，否則盡名「非法」。本經中對法與非法、有與涅槃，有深入之闡釋，歡迎教界一切善信（不論初機或久學菩薩），一同親沐 如來聖教，共沾法喜。由平實導師詳解。不限制聽講資格。

6、**不退轉法輪經**詳解　本經所說妙法極爲甚深難解，時至末法，已然無有知者；而其甚深絕妙之法，流傳至今依舊多人可證，顯示佛學眞是義學而非玄談，其中甚深極妙令人拍案稱絕之第一義諦妙義，平實導師將會加以解說。待《大法鼓經》宣講完畢時繼續宣講此經。

7、**阿含經**詳解　選擇重要之阿含部經典，依無餘涅槃之實際而加以詳解，令大眾得以現觀諸法緣起性空，亦復不墮斷滅見中，顯示經中所隱說之涅槃實際—如來藏—確實已於四阿含中隱說；令大眾得以聞後觀行，確實斷除我見乃至我執，證得**見到**眞現觀，乃至**身證**……等眞現觀；已得大乘或二乘見道者，亦可由此聞熏及聞後之觀行，除斷我所之貪著，成就慧解脫果。由平實導師詳解。不限制聽講資格。

8、**解深密經**詳解　重講本經之目的，在於令諸已悟之人明解大乘法道之成佛次第，以及悟後進修一切種智之內涵，確實證知三種自性性，並得據此證解七眞如、十眞如等正理。每逢週二 18.50~20.50 開示，由平實導師詳解。將於《大法鼓經》講畢後開講。不限制聽講資格。

9、**成唯識論**詳解　詳解一切種智眞實正理，詳細剖析一切種智之微細深妙廣大正理；並加以舉例說明，使已悟之會員深入體驗所證如來藏之微密行相；及證驗見分相分與所生一切法，皆由如來藏—阿賴耶識—直接或展轉而生，因此證知一切法無我，證知無餘涅槃之本際。將於增上班《瑜伽師地論》講畢後，由平實導師重講。僅限已明心之會員參加。

10、**精選如來藏系經典**詳解　精選如來藏系經典一部，詳細解說，以此完全印證會員所悟如來藏之眞實，得入不退轉住。另行擇期詳細解說之，由平實導師講解。僅限已明心之會員參加。

11、**禪門差別智**　藉禪宗公案之微細淆訛難知難解之處，加以宣說及剖析，以增進明心、見性之功德，啓發差別智，建立擇法眼。每月第一週日全天，由平實導師開示，僅限破參明心後，復又眼見佛性者參加（事冗暫停）。

12、**枯木禪**　先講智者大師的《小止觀》，後說《釋禪波羅蜜》，詳解四禪八定之修證理論與實修方法，細述一般學人修定之邪見與岔路，及對禪定證境之誤會，消除枉用功夫、浪費生命之現象。已悟般若者，可以藉此而實修初禪，進入大乘通教及聲聞教的三果心解脫境界，配合應有的大福德及後得無分別智、十無盡願，即可進入初地心中。親教師：平實導師。未來緣熟時將於大溪正覺寺開講。不限制聽講資格。

註：本會例行年假，自 2004 年起，改爲每年農曆新年前七天開始停息弘法事務及共修課程，農曆正月 8 日回復所有共修及弘法事務。新春期間（每日 9.00~17.00）開放台北講堂，方便會員禮佛祈福及會外人士請書。大溪區的正覺祖師堂，開放參訪時間，詳見〈正覺電子報〉或成佛之道網站。本表得因時節因緣需要而隨時修改之，不另作通知。

佛教正覺同修會　贈閱書籍 目錄　　2015/09/29

1.**無相念佛**　平實導師著　回郵 10 元
2.**念佛三昧修學次第**　平實導師述著　回郵 25 元
3.**正法眼藏—護法集**　平實導師述著　回郵 35 元
4.**真假開悟簡易辨正法&佛子之省思**　平實導師著　回郵 3.5 元
5.**生命實相之辨正**　平實導師著　回郵 10 元
6.**如何契入念佛法門**（附：印順法師否定極樂世界）平實導師著　回郵 3.5 元
7.**平實書箋**—答元覽居士書　平實導師著　回郵 35 元
8.**三乘唯識**—如來藏系經律彙編　平實導師編　回郵 80 元
（精裝本　長 27 ㎝　寬 21 ㎝　高 7.5 ㎝　重 2.8 公斤）
9.**三時繫念全集**—修正本　回郵掛號 40 元（長 26.5 ㎝×寬 19 ㎝）
10.**明心與初地**　平實導師述　回郵 3.5 元
11.**邪見與佛法**　平實導師述著　回郵 20 元
12.**菩薩正道**—回應義雲高、釋性圓…等外道之邪見　正燦居士著　回郵 20 元
13.**甘露法雨**　平實導師述　回郵 20 元
14.**我與無我**　平實導師述　回郵 20 元
15.**學佛之心態**—修正錯誤之學佛心態始能與正法相應　孫正德老師著　回郵35元
附錄：平實導師著**《略說八、九識並存…等之過失》**
16.**大乘無我觀**—《悟前與悟後》別說　平實導師述著　回郵 20 元
17.**佛教之危機**—中國台灣地區現代佛教之真相（附錄：公案拈提六則）
平實導師著　回郵 25 元
18.**燈　影**—燈下黑（覆「求教後學」來函等）　平實導師著　回郵 35 元
19.**護法與毀法**—覆上平居士與徐恒志居士網站毀法二文
張正圜老師著　回郵 35 元
20.**淨土聖道**—兼評**選擇本願念佛**　正德老師著　**由正覺同修會購贈**　回郵 25 元
21.**辨唯識性相**—對「紫蓮心海《辯唯識性相》書中否定阿賴耶識」之回應
正覺同修會 台南共修處法義組 著　回郵 25 元
22.**假如來藏**—對法蓮法師《如來藏與阿賴耶識》書中否定阿賴耶識之回應
正覺同修會 台南共修處法義組 著　回郵 35 元
23.**入不二門**—公案拈提集錦 第一輯（於平實導師公案拈提諸書中選錄約二十則，
合輯爲一冊流通之）平實導師著　回郵 20 元
24.**真假邪說**—西藏密宗索達吉喇嘛《破除邪說論》真是邪說
釋正安法師著　回郵 35 元
25.**真假開悟**—真如、如來藏、阿賴耶識間之關係　平實導師述著　回郵 35 元
26.**真假禪和**—辨正釋傳聖之謗法謬說　孫正德老師著　回郵 30 元

27.**眼見佛性**—駁慧廣法師眼見佛性的含義文中謬說

游正光老師著　回郵 25 元

28.**普門自在**—公案拈提集錦 第二輯（於平實導師公案拈提諸書中選錄約二十則，合輯爲一冊流通之）平實導師著　回郵 25 元

29.**印順法師的悲哀**—以現代禪的質疑為線索　恒毓博士著　回郵 25 元

30.**識蘊真義**—現觀識蘊內涵、取證初果、親斷三縛結之具體行門。

—依《成唯識論》及《惟識述記》正義，略顯安慧《大乘廣五蘊論》之邪謬

平實導師著　回郵 35 元

31.**正覺電子報** 各期紙版本　免附回郵　每次最多函索三期或三本。

（已無存書之較早各期，不另增印贈閱）

32.**現代人應有的宗教觀**　蔡正禮老師 著　回郵 3.5 元

33.**遠惑趣道**—正覺電子報般若信箱問答錄　第一輯　回郵 20 元

34.**遠惑趣道**—正覺電子報般若信箱問答錄　第二輯　回郵 20 元

35.**確保您的權益**—器官捐贈應注意自我保護　游正光老師 著　回郵 10 元

36.**正覺教團電視弘法三乘菩提 DVD 光碟（一）**

由正覺教團多位親教師共同講述錄製 DVD 8 片，MP3 一片，共 9 片。有二大講題：一爲「三乘菩提之意涵」，二爲「學佛的正知見」。內容精闢，深入淺出，精彩絕倫，幫助大眾快速建立三乘法道的正知見，免被外道邪見所誤導。有志修學三乘佛法之學人不可不看。（製作工本費 100 元，回郵 25 元）

37.**正覺教團電視弘法 DVD 專輯（二）**

總有二大講題：一爲「三乘菩提之念佛法門」，一爲「學佛正知見（第二篇）」，由正覺教團多位親教師輪番講述，內容詳細闡述如何修學念佛法門、實證念佛三昧，以及學佛應具有的正確知見，可以幫助發願往生西方極樂淨土之學人，得以把握往生，更可令學人快速建立三乘法道的正知見，免於被外道邪見所誤導。有志修學三乘佛法之學人不可不看。（一套 17 片，工本費 160 元。回郵 35 元）

38.**佛藏經** 燙金精裝本 每冊回郵 20 元。正修佛法之道場欲大量索取者，請正式發函並蓋用大印寄來索取（2008.04.30 起開始敬贈）

39.**喇嘛性世界**—揭開假藏傳佛教譚崔瑜伽的面紗　張善思 等人合著

由正覺同修會購贈　回郵 20 元

40.**假藏傳佛教的神話**—性、謊言、喇嘛教　張正玄教授編著　回郵 20 元

由正覺同修會購贈　回郵 20 元

41.**隨 緣**—理隨緣與事隨緣　平實導師述　回郵 20 元。

42.**學佛的覺醒**　正枝居士 著　回郵 25 元

43.**導師之真實義**　蔡正禮老師 著　回郵 10 元

44.**淺談達賴喇嘛之雙身法**—兼論解讀「密續」之達文西密碼

吳明芷居士 著　回郵 10 元

45.**魔界轉世**　張正玄居士 著　回郵 10 元

46.**一貫道與開悟**　蔡正禮老師 著　回郵 10 元

47.**博愛**—愛盡天下女人　正覺教育基金會 編印　回郵 10 元

48.**意識虛妄經教彙編**—實證解脫道的關鍵經文　正覺同修會編印　回郵25 元

49.**邪箭囈語**—破斥藏密外道多識仁波切《破魔金剛箭雨論》之邪說
陸正元老師著　上、下冊回郵各 30 元

50.**真假沙門**—依 佛聖教闡釋佛教僧寶之定義
蔡正禮老師著　俟正覺電子報連載後結集出版

51.**真假禪宗**—藉評論釋性廣《印順導師對變質禪法之批判
及對禪宗之肯定》以顯示真假禪宗
附論一：凡夫知見 無助於佛法之信解行證
附論二：世間與出世間一切法皆從如來藏實際而生而顯
余正偉老師著　俟正覺電子報連載後結集出版　回郵未定

52.**假鋒虛焰金剛乘**—揭示顯密正理，兼破索達吉師徒《般若鋒兮金剛焰》。
釋正安 法師著　俟正覺電子報連載後結集出版

★ 上列贈書之郵資，係台灣本島地區郵資，大陸、港、澳地區及外國地區，請另計酌增（大陸、港、澳、國外地區之郵票不許通用）。尚未出版之書，請勿先寄來郵資，以免增加作業煩擾。

★ 本目錄若有變動，唯於後印之書籍及「成佛之道」網站上修正公佈之，不另行個別通知。

函索書籍請寄：佛教正覺同修會　103 台北市承德路 3 段 277 號 9 樓
台灣地區函索書籍者請附寄郵票，無時間購買郵票者可以等值現金抵用，但不接受郵政劃撥、支票、匯票。大陸地區得以人民幣計算，國外地區請以美元計算（請勿寄來當地郵票，在台灣地區不能使用）。欲以掛號寄遞者，請另附掛號郵資。

親自索閱：正覺同修會各共修處。　★請於共修時間前往取書，餘時無人在道場，請勿前往索取；共修時間與地點，詳見書末正覺同修會共修現況表（以近期之共修現況表爲準）。

註：正智出版社發售之局版書，請向各大書局購閱。若書局之書架上已經售出而無陳列者，請向書局櫃台指定洽購；若書局不便代購者，請於正覺同修會共修時間前往各共修處請購，正智出版社已派人於共修時間送書前往各共修處流通。 郵政劃撥購書及 大陸地區 購書，請詳別頁正智出版社發售書籍目錄最後頁之說明。

成佛之道 網站：http://www.a202.idv.tw　正覺同修會已出版之結緣書籍，多已登載於 成佛之道 網站，若住外國、或住處遙遠，不便取得正覺同修會贈閱書籍者，可以從本網站閱讀及下載。　書局版之《宗通與說通》亦已上網，台灣讀者可向書局洽購，售價 300 元。《狂密與眞密》第一輯~第四輯，亦於 2003.5.1.全部於本網站登載完畢；台灣地區讀者請向書局洽購，每輯約 400 頁，售價 300 元（網站下載紙張費用較貴，容易散失，難以保存，亦較不精美）。

正智出版社 籌募弘法基金發售書籍目錄　2017/09/17

1.**宗門正眼**—公案拈提 第一輯 重拈　平實導師著　500 元
因重寫內容大幅度增加故，字體必須改小，並增為 576 頁 主文 546 頁。比初版更精彩、更有內容。初版《禪門摩尼寶聚》之讀者，可寄回本公司免費調換新版書。免附回郵，亦無截止期限。（2007 年起，每冊附贈本公司精製公案拈提〈超意境〉CD 一片。市售價格 280 元，多購多贈。）

2.**禪淨圓融**　平實導師著　200 元（第一版舊書可換新版書。）

3.**真實如來藏**　平實導師著　400 元

4.**禪—悟前與悟後**　平實導師著　上、下冊，每冊 250 元

5.**宗門法眼**—公案拈提 第二輯　平實導師著　500 元
（2007 年起，每冊附贈本公司精製公案拈提〈超意境〉CD 一片）

6.**楞伽經詳解**　平實導師著　全套共 10 輯　每輯 250 元

7.**宗門道眼**—公案拈提 第三輯　平實導師著　500 元
（2007 年起，每冊附贈本公司精製公案拈提〈超意境〉CD 一片）

8.**宗門血脈**—公案拈提 第四輯　平實導師著　500 元
（2007 年起，每冊附贈本公司精製公案拈提〈超意境〉CD 一片）

9.**宗通與說通**—成佛之道 平實導師著 主文 381 頁 全書 400 頁售價 300 元

10.**宗門正道**—公案拈提 第五輯　平實導師著　500 元
（2007 年起，每冊附贈本公司精製公案拈提〈超意境〉CD 一片）

11.**狂密與真密 一～四輯**　平實導師著　西藏密宗是人間最邪淫的宗教，本質不是佛教，只是披著佛教外衣的印度教性力派流毒的喇嘛教。此書中將西藏密宗密傳之男女雙身合修樂空雙運所有祕密與修法，毫無保留完全公開，並將全部喇嘛們所不知道的部分也一併公開。內容比大辣出版社喧騰一時的《西藏慾經》更詳細。並且函蓋藏密的所有祕密及其錯誤的中觀見、如來藏見……等，藏密的所有法義都在書中詳述、分析、辨正。每輯主文三百餘頁　每輯全書約 400 頁　售價每輯 300 元

12.**宗門正義**—公案拈提 第六輯　平實導師著　500 元
（2007 年起，每冊附贈本公司精製公案拈提〈超意境〉CD 一片）

13.**心經密意**—心經與解脫道、佛菩提道、祖師公案之關係與密意　平實導師述　300 元

14.**宗門密意**—公案拈提 第七輯　平實導師著　500 元
（2007 年起，每冊附贈本公司精製公案拈提〈超意境〉CD 一片）

15.**淨土聖道**—兼評「選擇本願念佛」　正德老師著　200 元

16.**起信論講記**　平實導師述著　共六輯　每輯三百餘頁　售價各 250 元

17.**優婆塞戒經講記**　平實導師述著 共八輯 每輯三百餘頁 售價各 250 元

18.**真假活佛**—略論附佛外道盧勝彥之邪說（對前岳靈犀網站主張「盧勝彥是證悟者」之修正）　正犀居士（岳靈犀）著　流通價 140 元

19.**阿含正義**—唯識學探源　平實導師著　共七輯　每輯 300 元

20.**超意境** CD 以平實導師公案拈提書中超越意境之頌詞，加上曲風優美的旋律，錄成令人嚮往的超意境歌曲，其中包括正覺發願文及平實導師親自譜成的黃梅調歌曲一首。詞曲雋永，殊堪翫味，可供學禪者吟詠，有助於見道。內附設計精美的彩色小冊，解說每一首詞的背景本事。每片 280 元。【每購買公案拈提書籍一冊，即贈送一片。】

21.**菩薩底憂鬱** CD 將菩薩情懷及禪宗公案寫成新詞，並製作成超越意境的優美歌曲。 1.主題曲〈菩薩底憂鬱〉，描述地後菩薩能離三界生死而迴向繼續生在人間，但因尚未斷盡習氣種子而有極深沈之憂鬱，非三賢位菩薩及二乘聖者所知，此憂鬱在七地滿心位方才斷盡；本曲之詞中所說義理極深，昔來所未曾見；此曲係以優美的情歌風格寫詞及作曲，聞者得以激發嚮往諸地菩薩境界之大心，詞、曲都非常優美，難得一見；其中勝妙義理之解說，已印在附贈之彩色小冊中。 2.以各輯公案拈提中直示禪門入處之頌文，作成各種不同曲風之超意境歌曲，值得玩味、參究；聆聽公案拈提之優美歌曲時，請同時閱讀內附之印刷精美說明小冊，可以領會超越三界的證悟境界；未悟者可以因此引發求悟之意向及疑情，眞發菩提心而邁向求悟之途，乃至因此眞實悟入般若，成眞菩薩。 3.正覺總持咒新曲，總持佛法大意；總持咒之義理，已加以解說並印在隨附之小冊中。本 CD 共有十首歌曲，長達 63 分鐘。每盒各附贈二張購書優惠券。每片 280 元。

22.**禪意無限** CD 平實導師以公案拈提書中偈頌寫成不同風格曲子，與他人所寫不同風格曲子共同錄製出版，幫助參禪人進入禪門超越意識之境界。盒中附贈彩色印製的精美解說小冊，以供聆聽時閱讀，令參禪人得以發起參禪之疑情，即有機會證悟本來面目而發起實相智慧，實證大乘菩提般若，能如實證知般若經中的眞實意。本 CD 共有十首歌曲，長達 69 分鐘，每盒各附贈二張購書優惠券。每片 280 元。

23.**我的菩提路**第一輯　釋悟圓、釋善藏等人合著　售價 300 元

24.**我的菩提路**第二輯　郭正益、張志成等人合著　售價 300 元

25.**我的菩提路**第三輯　王美伶等人合著　售價 300 元

26.**鈍鳥與靈龜**—考證後代凡夫對大慧宗杲禪師的無根誹謗。
平實導師著 共 458 頁 售價 350 元

27.**維摩詰經講記** 平實導師述 共六輯 每輯三百餘頁 售價各 250 元

28.**真假外道**—破劉東亮、杜大威、釋證嚴常見外道見　正光老師著　200 元

29.**勝鬘經講記**—兼論印順《勝鬘經講記》對於《勝鬘經》之誤解。
平實導師述　共六輯　每輯三百餘頁　售價 250 元

30.**楞嚴經講記** 平實導師述 共 **15** 輯，每輯三百餘頁 售價 300 元

31.**明心與眼見佛性**—駁慧廣〈蕭氏「眼見佛性」與「明心」之非〉文中謬說
正光老師著　共 448 頁　售價 300 元

32.**見性與看話頭** 黃正倖老師 著，本書是禪宗參禪的方法論。
內文 375 頁，全書 416 頁，售價 300 元。

33.**達賴真面目**—玩盡天下女人 白正偉老師 等著 中英對照彩色精裝大本 800 元
34.**喇嘛性世界**—揭開假藏傳佛教譚崔瑜伽的面紗　張善思 等人著　200 元
35.**假藏傳佛教的神話**—性、謊言、喇嘛教　正玄教授編著　200 元
36.**金剛經宗通**　平實導師述　共九輯　每輯售價 250 元。
37.**空行母**—性別、身分定位，以及藏傳佛教。
珍妮．坎貝爾著 呂艾倫 中譯 售價 250 元
38.**末代達賴**—性交教主的悲歌　張善思、呂艾倫、辛燕編著 售價 250 元
39.**霧峰無霧**—給哥哥的信　辨正釋印順對佛法的無量誤解
游宗明 老師著　售價 250 元
40.**第七意識與第八意識？**—穿越時空「超意識」
平實導師述　每冊 300 元
41.**黯淡的達賴**—失去光彩的諾貝爾和平獎
正覺教育基金會編著　每冊 250 元
42.**童女迦葉考**—論呂凱文〈佛教輪迴思想的論述分析〉之謬。
平實導師 著 定價 180 元
43.**人間佛教**—實證者必定不悖三乘菩提
平實導師 述，定價 400 元
44.**實相經宗通**　平實導師述　共八輯　每輯 250 元
45.**真心告訴您(一)**—達賴喇嘛在幹什麼？
正覺教育基金會編著　售價 250 元
46.**中觀金鑑**—詳述應成派中觀的起源與其破法本質
孫正德老師著　分爲上、中、下三冊，每冊 250 元
47.**佛法入門**–迅速進入三乘佛法大門，消除久學佛法漫無方向之窘境。
○○居士著　將於正覺電子報連載後出版。售價 250 元
48.**藏傳佛教要義**—《狂密與真密》之簡體字版　平實導師 著 上、下冊
僅在大陸流通　每冊 300 元
49.**法華經講義**　平實導師述　共二十五輯　每輯 300 元
已於 2015/05/31 起開始出版，每二個月出版一輯
50.**西藏「活佛轉世」制度**—附佛、造神、世俗法
許正豐、張正玄老師合著　定價 150 元
51.**廣論三部曲**　郭正益老師著　定價 150 元
52.**真心告訴您(二)**—達賴喇嘛是佛教僧侶嗎？
—補祝達賴喇嘛八十大壽
正覺教育基金會編著　售價 300 元
53.**次法**—實證佛法前應有的條件
張善思居士著　分爲上、下二冊，每冊 250 元
54.**廣論之平議**—宗喀巴《菩提道次第廣論》之平議　正雄居士著
約二或三輯　俟正覺電子報連載後結集出版　書價未定
55.**末法導護**—對印順法師中心思想之綜合判攝　正慶老師著　書價未定
56.**菩薩學處**—菩薩四攝六度之要義　陸正元老師著　出版日期未定。

57.**八識規矩頌**詳解　○○居士 註解　出版日期另訂　書價未定。

58.**印度佛教史**—法義與考證。依法義史實評論印順《印度佛教思想史、佛教史地考論》之謬說　正偉老師著　出版日期未定　書價未定

59.**中國佛教史**—依中國佛教正法史實而論。○○老師 著　書價未定。

60.**中論正義**—釋龍樹菩薩《中論》頌正理。
孫正德老師著　出版日期未定　書價未定

61.**中觀正義**—註解平實導師《中論正義頌》。
○○法師（居士）著　出版日期未定　書價未定

62.**佛藏經講記**　平實導師述　出版日期未定　書價未定

63.**阿含經講記**—將選錄四阿含中數部重要經典全經講解之，講後整理出版。
平實導師述　約二輯　每輯 300 元　出版日期未定

64.**寶積經講記**　平實導師述　每輯三百餘頁 優惠價 300 元 出版日期未定

65.**解深密經講記**　平實導師述 約四輯　將於重講後整理出版

66.**成唯識論略解**　平實導師著　五～六輯　每輯300 元　出版日期未定

67.**修習止觀坐禪法要講記**　平實導師述　每輯三百餘頁
將於正覺寺建成後重講、以講記逐輯出版　出版日期未定

68.**無門關**—《無門關》公案拈提　平實導師著　出版日期未定

69.**中觀再論**—兼述印順《中觀今論》謬誤之平議。正光老師著 出版日期未定

70.**輪迴與超度**—佛教超度法會之真義。
○○法師（居士）著　出版日期未定　書價未定

71.《**釋摩訶衍論**》**平議**—對偽稱龍樹所造《釋摩訶衍論》之平議
○○法師（居士）著　出版日期未定　書價未定

72.**正覺發願文**註解—以真實大願為因 得證菩提
正德老師著　出版日期未定　書價未定

73.**正覺總持咒**—佛法之總持　正圜老師著　出版日期未定　書價未定

74.**涅槃**—論四種涅槃　平實導師著　出版日期未定　書價未定

75.**三自性**—依四食、五蘊、十二因緣、十八界法，說三性三無性。
作者未定　出版日期未定

76.**道品**—從三自性說大小乘三十七道品　作者未定　出版日期未定

77.**大乘緣起觀**—依四聖諦七真如現觀十二緣起 作者未定　出版日期未定

78.**三德**—論解脫德、法身德、般若德。　作者未定　出版日期未定

79.**真假如來藏**—對印順《如來藏之研究》謬說之平議　作者未定 出版日期未定

80.**大乘道次第**　作者未定　出版日期未定　書價未定

81.**四緣**—依如來藏故有四緣。　作者未定　出版日期未定

82.**空之探究**—印順《空之探究》謬誤之平議　作者未定 出版日期未定

83.**十法義**—論阿含經中十法之正義　作者未定　出版日期未定

84.**外道見**—論述外道六十二見　作者未定　出版日期未定

正智出版社有限公司 書籍介紹

禪淨圓融：言淨土諸祖所未曾言，示諸宗祖師所未曾示；禪淨圓融，另闢成佛捷徑，兼顧自力他力，闡釋淨土門之速行易行道，亦同時揭櫫聖教門之速行易行道；令廣大淨土行者得免緩行難證之苦，亦令聖道門行者得以藉著淨土速行道而加快成佛之時劫。乃前無古人之超勝見地，非一般弘揚禪淨法門典籍也，先讀為快。平實導師著 200元。

宗門正眼—公案拈提第一輯：繼承克勤圜悟大師碧巖錄宗旨之禪門鉅作。先則舉示當代大法師之邪說，消弭當代禪門大師鄉愿之心態，摧破當今禪門「世俗禪」之妄談；次則旁通教法，表顯宗門正理；繼以道之次第，消弭古今狂禪；後藉言語及文字機鋒，直示宗門入處。悲智雙運，禪味十足，數百年來難得一睹之禪門鉅著也。平實導師著 500元（原初版書《禪門摩尼寶聚》，改版後補充為五百餘頁新書，總計多達二十四萬字，內容更精彩，並改名為《宗門正眼》，讀者原購初版《禪門摩尼寶聚》皆可寄回本公司免費換新，免附回郵，亦無截止期限）（2007年起，凡購買公案拈提第一輯至第七輯，每購一輯皆贈送本公司精製公案拈提〈超意境〉CD一片，市售價格280元，多購多贈）。

禪—悟前與悟後：本書能建立學人悟道之信心與正確知見，圓滿具足而有次第地詳述禪悟之功夫與禪悟之內容，指陳參禪中細微淆訛之處，能使學人明自真心、見自本性。若未能悟入，亦能以正確知見辨別古今中外一切大師究係真悟？或屬錯悟？便有能力揀擇，捨名師而選明師，後時必有悟道之緣。一旦悟道，遲者七次人天往返，便出三界，速者一生取辦。學人欲求開悟者，不可不讀。平實導師著。上、下冊共500元，單冊250元。

真實如來藏：如來藏眞實存在，乃宇宙萬有之本體，並非印順法師、達賴喇嘛等人所說之「唯有名相、無此心體」。如來藏是涅槃之本際，是一切有智之人竭盡心智、不斷探索而不能得之生命實相；是古今中外許多大師自以爲悟而當面錯過之生命實相。如來藏即是阿賴耶識，乃是一切有情本自具足、不生不滅之眞實心。當代中外大師於此書出版之前所未能言者，作者於本書中盡情流露、詳細闡釋。眞悟者讀之，必能增益悟境、智慧增上；錯悟者讀之，必能檢討自己之錯誤，免犯大妄語業；未悟者讀之，能知參禪之理路，亦能以之檢查一切名師是否眞悟。此書是一切哲學家、宗教家、學佛者及欲昇華心智之人必讀之鉅著。 平實導師著 售價400元。

宗門法眼—公案拈提第二輯：列舉實例，闡釋土城廣欽老和尚之悟處；並直示這位不識字的老和尚妙智橫生之根由，繼而剖析禪宗歷代大德之開悟公案，解析當代密宗高僧卡盧仁波切之錯悟證據，並例舉當代顯宗高僧、大居士之錯悟證據（凡健在者，爲免影響其名聞利養，皆隱其名）。藉辨正當代名師之邪見，向廣大佛子指陳禪悟之正道，彰顯宗門法眼。悲勇兼出，強捋虎鬚；慈智雙運，巧探驪龍；摩尼寶珠在手，直示宗門入處，禪味十足；若非大悟徹底，不能爲之。禪門精奇人物，允宜人手一冊，供作參究及悟後印證之圭臬。本書於2008年4月改版，增寫爲大約500頁篇幅，以利學人研讀參究時更易悟入宗門正法，以前所購初版首刷及初版二刷舊書，皆可免費換取新書。平實導師著 500元（2007年起，凡購買公案拈提第一輯至第七輯，每購一輯皆贈送本公司精製公案拈提〈超意境〉CD一片，市售價格280元，多購多贈）。

宗門道眼—公案拈提第三輯：繼宗門法眼之後，再以金剛之作略、慈悲之胸懷、犀利之筆觸，舉示寒山、拾得、布袋三大士之悟處，消弭當代錯悟者對於寒山大士……等之誤會及誹謗。 亦舉出民初以來與虛雲和尚齊名之蜀郡鹽亭袁煥仙夫子——南懷瑾老師之師，其「悟處」何在？並蒐羅許多眞悟祖師之證悟公案，顯示禪宗歷代祖師之睿智，指陳部分祖師、奧修及當代顯密大師之謬悟，作爲殷鑑，幫助禪子建立及修正參禪之方向及知見。假使讀者閱此書已，一時尚未能悟，亦可一面加功用行，一面以此宗門道眼辨別眞假善知識，避開錯誤之印證及歧路，可免大妄語業之長劫慘痛果報。欲修禪宗之禪者，務請細讀。平實導師著 售價500元（2007年起，凡購買公案拈提第一輯至第七輯，每購一輯皆贈送本公司精製公案拈提〈超意境〉CD一片，市售價格280元，多購多贈）。

楞伽經詳解：本經是禪宗見道者印證所悟眞僞之根本經典，亦是禪宗見道者悟後起修之依據經典；故達摩祖師於印證二祖慧可大師之後，將此經典連同佛缽祖衣一併交付二祖，令其依此經典佛示金言、進入修道位，修學一切種智。由此可知此經對於眞悟之人修學佛道，是非常重要之一部經典。此經能破外道邪說，亦破佛門中錯悟名師之謬說，亦破禪宗部分祖師之狂禪：不讀經典、一向主張「一悟即成究竟佛」之謬執。並開示愚夫所行禪、觀察義禪、攀緣如禪、如來禪等差別，令行者對於三乘禪法差異有所分辨；亦糾正禪宗祖師古來對於如來禪之誤解，嗣後可免以訛傳訛之弊。此經亦是法相唯識宗之根本經典，禪者悟後欲修一切種智而入初地者，必須詳讀。　平實導師著，全套共十輯，已全部出版完畢，每輯主文約320頁，每冊約352頁，定價250元。

宗門血脈—公案拈提第四輯：末法怪象—許多修行人自以爲悟，每將無念靈知認作眞實；崇尚二乘法諸師及其徒眾，則將外於如來藏之緣起性空—無因論之無常空、斷滅空、一切法空—錯認爲　佛所說之般若空性。這兩種現象已於當今海峽兩岸及美加地區顯密大師之中普遍存在；人人自以爲悟，心高氣壯，便敢寫書解釋祖師證悟之公案，大多出於意識思惟所得，言不及義，錯誤百出，因此誤導廣大佛子同陷大妄語之地獄業中而不能自知。彼等書中所說之悟處，其實處處違背第一義經典之聖言量。彼等諸人不論是否身披袈裟，都非佛法宗門血脈，或雖有禪宗法脈之傳承，亦只徒具形式；猶如螟蛉，非眞血脈，未悟得根本眞實故。禪子欲知　佛、祖之眞血脈者，請讀此書，便知分曉。平實導師著，主文452頁，全書464頁，定價500元（2007年起，凡購買公案拈提第一輯至第七輯，每購一輯皆贈送本公司精製公案拈提〈超意境〉CD一片，市售價格280元，多購多贈）。

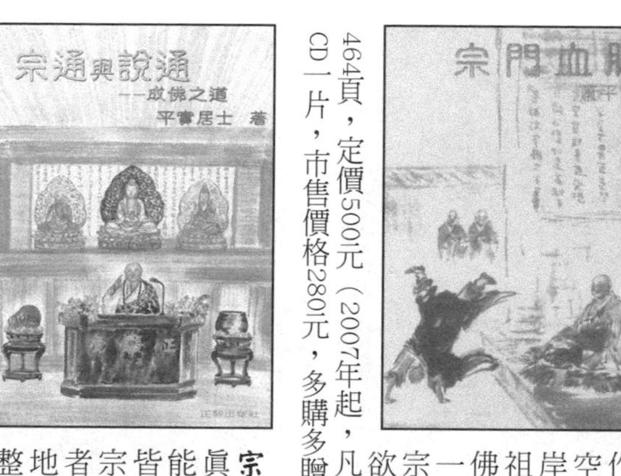

宗通與說通：古今中外，錯誤之人如麻似粟，每以常見外道所說之靈知心，認作眞心；或妄想虛空之勝性能量爲眞如，或錯認物質四大元素藉冥性（靈知心本體）能成就吾人色身及知覺，或認初禪至四禪中之了知心爲不生不滅之涅槃心。此等皆非通宗者之見地。復有錯悟之人一向主張「宗門與教門不相干」，此即尚未通達宗門之人也。其實宗門與教門互通不二，宗門所證者乃是眞如與佛性，教門所說者乃說宗門證悟之眞如佛性，故教門與宗門不二。本書作者以宗教二門互通之見地，細說「宗通與說通」，從初見道至悟後起修之道、細說分明；並將諸宗諸派在整體佛教中之地位與次第，加以明確之教判，學人讀之即可了知佛法之梗概也。欲擇明師學法之前，允宜先讀。平實導師著，主文共381頁，全書392頁，只售成本價300元。

宗門正道—公案拈提第五輯：修學大乘佛法有二果須證—解脫果及大菩提果。二乘人不證大菩提果，唯證解脫果；此果之智慧，名爲聲聞菩提、緣覺菩提。大乘佛子所證二果之菩提果爲佛菩提，故名大菩提果，其慧名爲一切種智—函蓋二乘解脫果。然此大乘二果修證，須經由禪宗之宗門證悟方能相應。而宗門證悟極難，自古已然；其所以難者，咎在古今佛教界普遍存在三種邪見：1.以修定認作佛法，　2.以無因論之緣起性空—否定涅槃本際如來藏以後之一切法空作爲佛法，3.以常見外道邪見（離語言妄念之靈知性）作爲佛法。如是邪見，或因自身正見未立所致，或因邪師之邪教導所致，或因無始劫來虛妄熏習所致。若不破除此三種邪見，永劫不悟宗門眞義、不入大乘正道，唯能外門廣修菩薩行。　平實導師於此書中，有極爲詳細之說明，有志佛子欲摧邪見、入於內門修菩薩行者，當閱此書。主文共496頁，全書512頁。售價500元（2007年起，凡購買公案拈提第一輯至第七輯，每購一輯皆贈送本公司精製公案拈提〈超意境〉CD一片，市售價格280元，多購多贈）。

狂密與眞密：密教之修學，皆由有相之觀行法門而入，其最終目標仍不離顯教經典所說第一義諦之修證；若離顯教第一義經典、或違背顯教第一義經典，即非佛教。西藏密教之觀行法，如灌頂、觀想、遷識法、寶瓶氣、大聖歡喜雙身修法、喜金剛、無上瑜伽、大樂光明、樂空雙運等，皆是印度教兩性生生不息思想之轉化，自始至終皆以如何能運用交合淫樂之法達到全身受樂爲其中心思想，純屬欲界五欲的貪愛，不能令人超出欲界輪迴，更不能令人斷除我見；何況大乘之明心與見性，更無論矣！故密宗之法絕非佛法也。而其明光大手印、大圓滿法教，又皆同以常見外道所說離語言妄念之無念靈知心錯認爲佛地之眞如，不能直指不生不滅之眞如。西藏密宗所有法王與徒眾，都尚未開頂門眼，不能辨別眞僞，以依人不依法、依密續不依經典故，不肯將其上師喇嘛所說對照第一義經典，純依密續之藏密祖師所說爲準，因此而誇大其證德與證量，動輒謂彼祖師上師爲究竟佛、爲地上菩薩；如今台海兩岸亦有自謂其師證量高於　釋迦文佛者，然觀其師所述，猶未見道，仍在觀行即佛階段，尚未到禪宗相似即佛、分證即佛階位，竟敢標榜爲究竟佛及地上法王，誑惑初機學人。凡此怪象皆是狂密，不同於眞密之修行者。近年狂密盛行，密宗行者被誤導者極眾，動輒自謂已證佛地眞如，自視爲究竟佛，陷於大妄語業中而不知自省，反謗顯宗眞修實證者之證量粗淺；或如義雲高與釋性圓…等人，於報紙上公然誹謗眞實證道者爲「騙子、無道人、人妖、癩蛤蟆…」等，造下誹謗大乘勝義僧之大惡業；或以外道法中有爲有作之甘露、魔術……等法，誑騙初機學人，狂言彼外道法爲眞佛法。如是怪象，在西藏密宗及附藏密之外道中，不一而足，舉之不盡，學人宜應愼思明辨，以免上當後又犯毀破菩薩戒之重罪。密宗學人若欲遠離邪知邪見者，請閱此書，即能了知密宗之邪謬，從此遠離邪見與邪修，轉入眞正之佛道。　平實導師著　共四輯 每輯約400頁（主文約340頁）每輯售價300元。

宗門正義—公案拈提第六輯：佛教有六大危機，乃是藏密化、世俗化、膚淺化、學術化、宗門密意失傳、悟後進修諸地之次第混淆；其中尤以宗門密意之失傳，爲當代佛教最大之危機。由宗門密意失傳故，易令 世尊本懷普被錯解，易令 世尊正法被轉易爲外道法，以及加以淺化、世俗化，是故宗門密意之廣泛弘傳與具緣佛弟子，極爲重要。然而欲令宗門密意之廣泛弘傳予具緣之佛弟子者，必須同時配合錯誤知見之解析、普令佛弟子知之，然後輔以公案解析之直示入處，方能令具緣之佛弟子悟入。而此二者，皆須以公案拈提之方式爲之，方易成其功、竟其業，是故平實導師續作宗門正義一書，以利學人。全書500餘頁，售價500元（2007年起，凡購買公案拈提第一輯至第七輯，每購一輯皆贈送本公司精製公案拈提〈超意境〉CD一片，市售價格280元，多購多贈）。

心經密意—心經與解脫道、佛菩提道、祖師公案之關係與密意。二乘菩提所證之解脫道，實依第八識心之斷除煩惱障現行而立解脫之名；大乘菩提所證之佛菩提道，實依親證第八識如來藏之涅槃性、清淨自性、及其中道性而立般若之名；禪宗祖師公案所證之眞心，即是此第八識如來藏；是故三乘佛法所修所證之三乘菩提，皆依此如來藏心而立名也。此第八識心，即是《心經》所說之心也。證得此如來藏已，即能漸入大乘佛菩提道，亦可因證知此心而了知二乘無學所不能知之無餘涅槃本際，是故《心經》之密意，與三乘佛菩提之關係極爲密切、不可分割，三乘佛法皆依此心而立名故。今者平實導師以其所證解脫道之無生智及佛菩提之般若種智，將《心經》與解脫道、佛菩提道、祖師公案之關係與密意，以演講之方式，用淺顯之語句和盤托出，發前人所未言，呈三乘菩提之眞義，令人藉此《心經密意》一舉而窺三乘菩提之堂奧，迥異諸方言不及義之說；欲求眞實佛智者、不可不讀！主文317頁，連同跋文及序文…等共384頁，售價300元。

宗門密意—公案拈提第七輯：佛教之世俗化，將導致學人以信仰作爲學佛，則將以感應及世間法之庇祐，作爲學佛之主要目標，不能了知學佛之主要目標爲親證三乘菩提。大乘菩提則以般若實相智慧爲主要修習目標，以二乘菩提解脫道爲附帶修習之標的；是故學習大乘法者，應以禪宗之證悟爲要務，能親入大乘菩提之實相般若智慧中故，般若實相智慧非二乘聖人所能知故。此書則以台灣世俗化佛教之三大法師，說法似是而非之實例，配合眞悟祖師之公案解析，提示證悟般若之關節，令學人易得悟入。平實導師著，全書五百餘頁，售價500元（2007年起，凡購買公案拈提第一輯至第七輯，每購一輯皆贈送本公司精製公案拈提〈超意境〉CD一片，市售價格280元，多購多贈）。

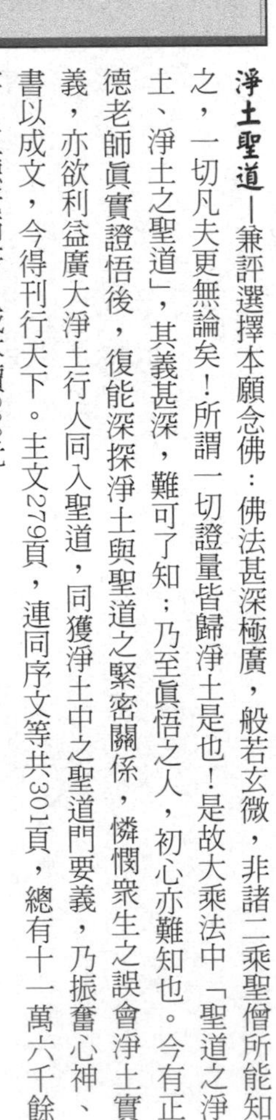

淨土聖道—兼評選擇本願念佛：佛法甚深極廣，般若玄微，非諸二乘聖僧所能知之，一切凡夫更無論矣！所謂一切證量皆歸淨土是也！是故大乘法中「聖道之淨土、淨土之聖道」，其義甚深，難可了知；乃至眞悟之人，初心亦難知也。今有正德老師眞實證悟後，復能深探淨土與聖道之緊密關係，憐憫衆生之誤會淨土實義，亦欲利益廣大淨土行人同入聖道，同獲淨土中之聖道門要義，乃振奮心神、書以成文，今得刊行天下。主文279頁，連同序文等共301頁，總有十一萬六千餘字，正德老師著，成本價200元。

起信論講記：詳解大乘起信論心生滅門與心眞如門之眞實意旨，消除以往大師與學人對起信論所說心生滅門之誤解，由是而得了知眞心如來藏之非常非斷中道正理；亦因此一講解，令此論以往隱晦而被誤解之眞實義，得以如實顯示，令大乘佛菩提道之正理得以顯揚光大；初機學者亦可藉此正論所顯示之法義，對大乘法理生起正信，從此得以眞發菩提心，眞入大乘法中修學，世世常修菩薩正行。平實導師演述，共六輯，都已出版，每輯三百餘頁，售價各250元。

優婆塞戒經講記：本經詳述在家菩薩修學大乘佛法，應如何受持菩薩戒？對人間善行應如何看待？對三寶應如何護持？應如何正確地修集此世後世證法之福德？應如何修集後世「行菩薩道之資糧」？並詳述第一義諦之正義：五蘊非我非異我、自作自受、異作異受、不作不受……等深妙法義，乃是修學大乘佛法、行菩薩行之在家菩薩所應當了知者。出家菩薩今世或未來世登地已，捨報之後多數將如華嚴經中諸大菩薩，以在家菩薩身而修行菩薩行，故亦應以此經所述正理而修之，配合《楞伽經、解深密經、楞嚴經、華嚴經》等道次第正理，方得漸次成就佛道；故此經是一切大乘行者皆應證知之正法。平實導師講述，每輯三百餘頁，售價各250元；共八輯，已全部出版。

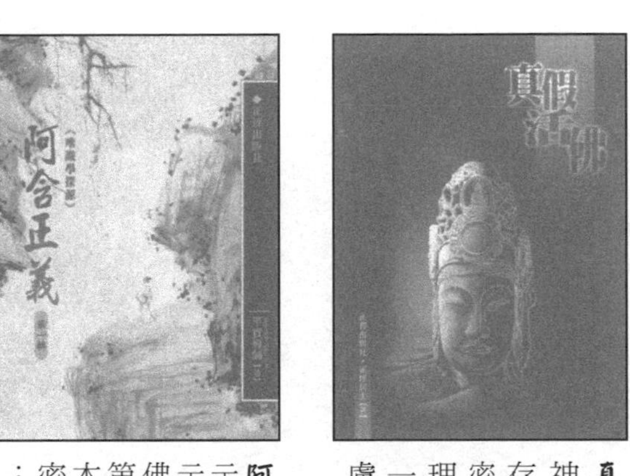

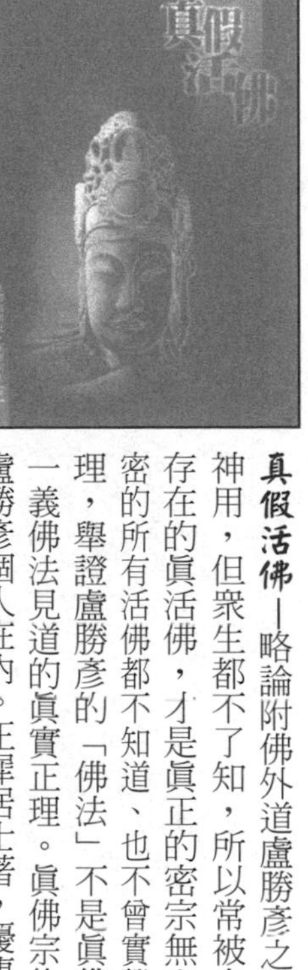

真假活佛—略論附佛外道盧勝彥之邪說：人人身中都有眞活佛，永生不滅而有大神用，但衆生都不了知，所以常被身外的西藏密宗假活佛籠罩欺瞞。本來就眞實存在的眞活佛，才是眞正的密宗無上密！諾那活佛因此而說禪宗是大密宗，但藏密的所有活佛都不知道、也不曾實證自身中的眞活佛。本書詳實宣示眞活佛的道理，舉證盧勝彥的「佛法」不是眞佛法，也顯示盧勝彥是假活佛，直接的闡釋第一義佛法見道的眞實正理。眞佛宗的所有上師與學人們，都應該詳細閱讀，包括盧勝彥個人在內。正犀居士著，優惠價140元。

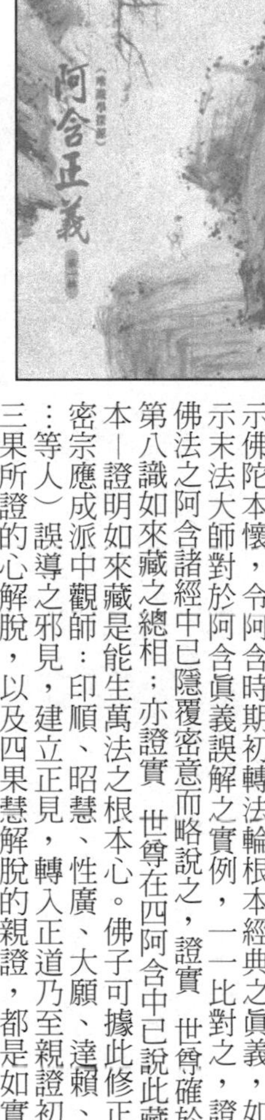

阿含正義—唯識學探源：廣說四大部《阿含經》諸經中隱說之眞正義理，一一舉示佛陀本懷，令阿含時期初轉法輪根本經典之眞義，如實顯現於佛子眼前。並提示末法大師對於阿含眞義誤解之實例，一一比對之，證實唯識增上慧學確於原始佛法之阿含諸經中已隱覆密意而略說之，證實 世尊確於原始佛法中已曾密意而說第八識如來藏之總相；亦證實 世尊在四阿含中已說此藏識是名色十八界之因、之本—證明如來藏是能生萬法之根本心。佛子可據此修正以往受諸大師（譬如西藏密宗應成派中觀師：印順、昭慧、性廣、大願、達賴、宗喀巴、寂天、月稱、……等人）誤導之邪見，建立正見，轉入正道乃至親證初果而無困難；書中並詳說三果所證的心解脫，以及四果慧解脫的親證，都是如實可行的具體知見與行門。全書共七輯，已出版完畢。平實導師著，每輯三百餘頁，售價300元。

超意境CD：以平實導師公案拈提書中超越意境之頌詞，加上曲風優美的旋律，錄成令人嚮往的超意境歌曲，其中包括正覺發願文及平實導師親自譜成的黃梅調歌曲一首。詞曲雋永，殊堪翫味，可供學禪者吟詠，有助於見道。內附設計精美的彩色小冊，解說每一首詞的背景本事。每片280元。【每購買公案拈提書籍一冊，即贈送一片。】

我的菩提路第一輯：凡夫及二乘聖人不能實證的佛菩提證悟，末法時代的今天仍然有人能得實證，由正覺同修會釋悟圓、釋善藏法師等二十餘位實證如來藏者所寫的見道報告，已爲當代學人見證宗門正法之絲縷不絕，證明大乘義學的法脈仍然存在，爲末法時代求悟般若之學人照耀出光明的坦途。由二十餘位大乘見道者所繕，敘述各種不同的學法、見道因緣與過程，參禪求悟者必讀。全書三百餘頁，售價300元。

我的菩提路第二輯：由郭正益老師等人合著，書中詳述彼等諸人歷經各處道場學法，一一修學而加以檢擇之不同過程以後，因閱讀正覺同修會、正智出版社書籍而發起抉擇分，轉入正覺同修會中修學；乃至學法及見道之過程，都一一詳述之。其中張志成等人係由前現代禪轉進正覺同修會，張志成原爲現代禪副宗長，以前未閱本會書籍時，曾被人藉其名義著文評論 平實導師（詳見《宗通與說通》辨正及《眼見佛性》書末附錄…等）；後因偶然接觸正覺同修會書籍，深覺以前聽人評論平實導師之語不實，於是投入極多時間閱讀本會書籍、深入思辨，詳細探索中觀與唯識之關聯與異同，認爲正覺之法義方是正法，深覺相應；亦解開多年來對佛法的迷雲，確定應依八識論正理修學方是正法。乃不顧面子，毅然前往正覺同修會面見平實導師懺悔，並正式學法求悟。今已與其同修王美伶（亦爲前現代禪傳法老師），同樣證悟如來藏而證得法界實相，生起實相般若眞智。此書中尚有七年來本會第一位眼見佛性者之見性報告一篇，一同供養大乘佛弟子。全書四百頁，售價300元。

我的菩提路第三輯：由王美伶老師等人合著。自從正覺同修會成立以來，每年夏初、冬初都舉辦精進禪三共修，藉以助益會中同修們得以證悟明心發起般若實相智慧；凡已實證而被平實導師印證者，皆書具見道報告用以證明佛法之眞實可證而非玄學，證明佛法並非純屬思想、理論而無實質，是故每年都能有人證明正覺同修會的「實證佛教」主張並非虛語。特別是眼見佛性一法，自古以來中國禪宗祖師實證者極寡，較之明心開悟的證境更難令人信受；至2017年初，正覺同修會中的證悟明心者已近五百人，然而其中眼見佛性者至今唯十餘人爾，可謂難能可貴，是故明心後欲冀眼見佛性者實屬不易。黃正倖老師是懸絕七年無人見性後的第一人，她於2009年的見性報告刊於本書的第二輯中，爲大眾證明佛性確實可以眼見；其後七年之中求見性者都屬解悟佛性而無人眼見，幸而又經七年後的2016冬初，以及2017夏初的禪三，復有三人眼見佛性，希冀鼓舞四眾佛子求見佛性之大心，今則具載一則於書末，顯示求見佛性之事實經歷，供養現代佛教界欲得見性之四眾弟子。全書四百頁，售價300元。

鈍鳥與靈龜：鈍鳥及靈龜二物，被宗門證悟者說為二種人：前者是精修禪定而無智慧者，也是以定為禪的愚癡禪人；後者是或有禪定、或無禪定的宗門證悟者，凡已證悟者皆是靈龜。但後來被人虛造事實，用以嘲笑大慧宗杲禪師，說他雖是靈龜，卻不免被天童禪師預記「患背」痛苦而亡：「鈍鳥離巢易，靈龜脫殼難。」藉以貶低大慧宗杲的證量。同時將天童禪師實證如來藏的證量，曲解為意識境界的離念靈知。自從大慧禪師入滅以後，錯悟凡夫對他的不實毀謗就一直存在著，不曾止息，並且捏造的假事實也隨著年月的增加而越來越多，終至編成「鈍鳥與靈龜」的假公案、假故事。本書是考證大慧與天童之間的不朽情誼，顯現這件假公案的虛妄不實；更見大慧宗杲面對惡勢力時的正直不阿，亦顯示大慧對天童禪師的至情深義，將使後人對大慧宗杲的誣謗至此而止，不再有人誤犯毀謗賢聖的惡業。書中亦舉證宗門的所悟確以第八識如來藏為標的，詳讀之後必可改正以前被錯悟大師誤導的參禪知見，日後必定有助於實證禪宗的開悟境界，得階大乘眞見道位中，即是實證般若之賢聖。全書459頁，售價350元。

維摩詰經講記：本經係 世尊在世時，由等覺菩薩維摩詰居士藉疾病而演說之大乘菩提無上妙義，所說函蓋甚廣，然極簡略，是故今時諸方大師與學人讀之悉皆錯解，何況能知其中隱含之深妙正義，是故普遍無法為人解說；若強為人說，則成依文解義而有諸多過失。今由平實導師公開宣講之後，詳實解釋其中密意，令維摩詰菩薩所說大乘不可思議解脫之深妙正法得以正確宣流於人間，利益當代學人及與諸方大師。書中詳實演述大乘佛法深妙不共二乘之智慧境界，顯示諸法之中絕待之實相境界，建立大乘菩薩妙道於永遠不敗不壞之地，以此成就護法偉功，欲冀永利娑婆人天。已經宣講圓滿整理成書流通，以利諸方大師及諸學人。全書共六輯，每輯三百餘頁，售價各250元。

真假外道：本書具體舉證佛門中的常見外道知見實例，並加以教證及理證上的辨正，幫助讀者輕鬆而快速的了知常見外道的錯誤知見，進而遠離佛門內外的常見外道知見，因此即能改正修學方向而快速實證佛法。 游正光老師著 。成本價200元。

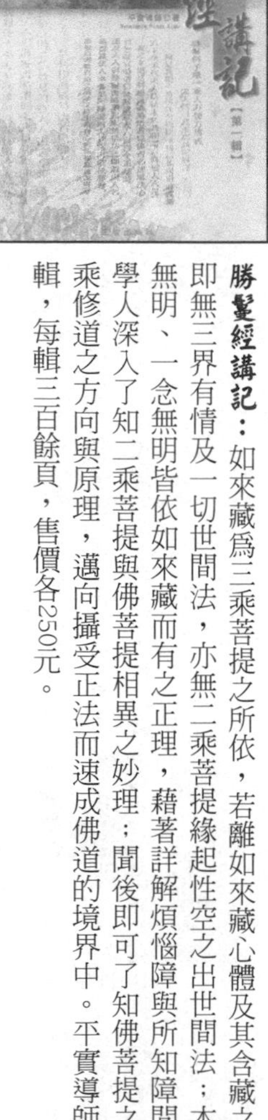

勝鬘經講記：如來藏爲三乘菩提之所依，若離如來藏心體及其含藏之一切種子，即無三界有情及一切世間法，亦無二乘菩提緣起性空之出世間法；本經詳說無始無明、一念無明皆依如來藏而有之正理，藉著詳解煩惱障與所知障間之關係，令學人深入了知二乘菩提與佛菩提相異之妙理；聞後即可了知佛菩提之特勝處及三乘修道之方向與原理，邁向攝受正法而速成佛道的境界中。平實導師講述，共六輯，每輯三百餘頁，售價各250元。

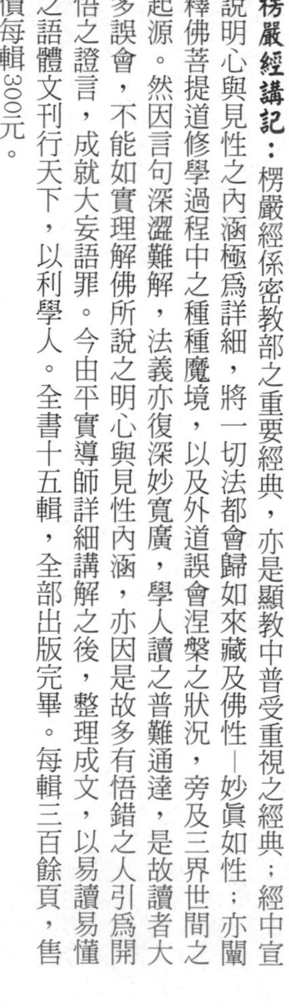

楞嚴經講記：楞嚴經係密教部之重要經典，亦是顯教中普受重視之經典；經中宣說明心與見性之內涵極爲詳細，將一切法都會歸如來藏及佛性—妙眞如性；亦闡釋佛菩提道修學過程中之種種魔境，以及外道誤會涅槃之狀況，旁及三界世間之起源。然因言句深澀難解，法義亦復深妙寬廣，學人讀之普難通達，是故讀者大多誤會，不能如實理解佛所說之明心與見性內涵，亦因是故多有悟錯之人引爲開悟之證言，成就大妄語罪。今由平實導師詳細講解之後，整理成文，以易讀易懂之語體文刊行天下，以利學人。全書十五輯，全部出版完畢。每輯三百餘頁，售價每輯300元。

明心與眼見佛性：本書細述明心與眼見佛性之異同，同時顯示了中國禪宗破初參明心與重關眼見佛性二關之間的關聯；書中又藉法義辨正而旁述其他許多勝妙法義，讀後必能遠離佛門長久以來積非成是的錯誤知見，令讀者在佛法的實證上有極大助益。也藉慧廣法師的謬論來教導佛門學人回歸正知正見，遠離古今禪門錯悟者所墮的意識境界，非唯有助於斷我見，也對未來的開悟明心實證第八識如來藏有所助益，是故學禪者都應細讀之。游正光老師著　共448頁　售價300元。

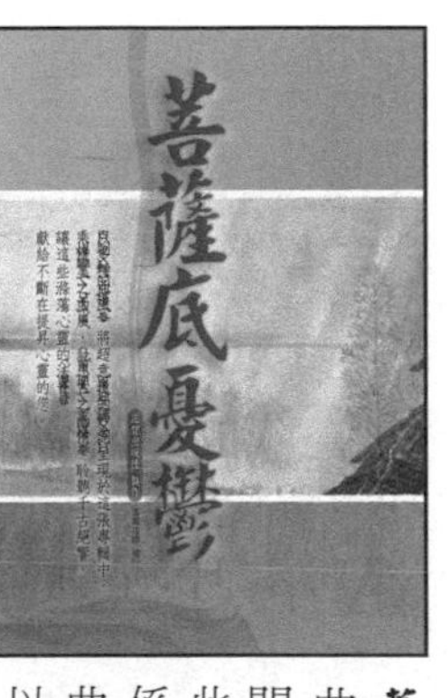

菩薩底憂鬱CD：將菩薩情懷及禪宗公案寫成新詞，並製作成超越意境的優美歌曲。1.主題曲〈菩薩底憂鬱〉，描述地後菩薩能離三界生死而迴向繼續生在人間，但因尚未斷盡習氣種子而有極深沈之憂鬱，非三賢位菩薩及二乘聖者所知，此憂鬱在七地滿心位方才斷盡；本曲之詞中所說義理極深，昔來所未曾見；此曲係以優美的情歌風格寫詞及作曲，聞者得以激發嚮往諸地菩薩境界之大心，詞、曲都非常優美，難得一見；其中勝妙義理之解說，已印在附贈之彩色小冊中。2.以各輯公案拈提中直示禪門入處之頌文，作成各種不同曲風之超意境歌曲，值得玩味、參究；聆聽公案拈提之優美歌曲時，請同時閱讀內附之印刷精美說明小冊，可以領會超越三界的證悟境界；未悟者可以因此引發求悟之意向及疑情，眞發菩提心而邁向求悟之途，乃至因此眞實悟入般若，成眞菩薩。3.正覺總持咒新曲，總持佛法大意；總持咒之義理，已加以解說並印在隨附之小冊中。本CD共有十首歌曲，長達63分鐘，附贈二張購書優惠券。每片280元。

禪意無限CD：平實導師以公案拈提書中偈頌寫成不同風格曲子，與他人所寫不同風格曲子共同錄製出版，幫助參禪人進入禪門超越意識之境界。盒中附贈彩色印製的精美解說小冊，以供聆聽時閱讀，令參禪人得以發起參禪之疑情，即有機會證悟本來面目，實證大乘菩提般若。本CD共有十首歌曲，長達69分鐘，每盒各附贈二張購書優惠券。每片280元。

金剛經宗通：三界唯心，萬法唯識，是成佛之修證內容，是諸地菩薩之所修；般若則是成佛之道（實證三界唯心、萬法唯識）的入門，若未證悟實相般若，即無成佛之可能，必將永在外門廣行菩薩六度，永在凡夫位中。然而實相般若的發起，全賴實證萬法的實相；若欲證知萬法的眞相，則必須探究萬法之所從來，則須實證自心如來—金剛心如來藏，然後現觀這個金剛心的金剛性、眞實性、如如性、清淨性、涅槃性、能生萬法的自性性、本住性，名爲證眞如；進而現觀三界六道唯是此金剛心所成，人間萬法須藉八識心王和合運作方能現起。如是實證

《華嚴經》的「三界唯心、萬法唯識」以後，由此等現觀而發起實相般若智慧，繼續進修第十住位的如幻觀、第十行位的陽焰觀、第十迴向位的如夢觀，再生起增上意樂而勇發十無盡願，方能滿足三賢位的實證，轉入初地；自知成佛之道而無偏倚，從此按部就班、次第進修乃至成佛。第八識自心如來是般若智慧之所依，般若智慧的修證則要從實證金剛心自心如來開始；《金剛經》則是解說自心如來之經典，是一切三賢位菩薩所應進修之實相般若經典。這一套書，是將平實導師宣講的《金剛經宗通》內容，整理成文字而流通之；書中所說義理，迥異古今諸家依文解義之說，指出大乘見道方向與理路，有益於禪宗學人求開悟見道，及轉入內門廣修六度萬行。講述完畢後結集出版，總共9輯，每輯約三百餘頁，售價各250元。

空行母—性別、身分定位，以及藏傳佛教：本書作者為蘇格蘭哲學家，因為嚮往佛教深妙的哲學內涵，於是進入當年盛行於歐美的假藏傳佛教密宗，擔任卡盧仁波切的翻譯工作多年以後，被邀請成為卡盧的空行母（又名佛母、明妃），開始了她在密宗裡的實修過程；後來發覺在密宗雙身法中的修行，其實無法使自己成佛，也發覺密宗對女性岐視而處處貶抑，並剝奪女性在雙身法中擔任一半角色時應有的身分定位。當她發覺自己只是雙身法中被喇嘛利用的工具，沒有獲得絲毫應有的尊重與基本定位時，發現了密宗的父權社會控制女性的本質；於是作者傷心地離開了卡盧仁波切與密宗，但是卻被恐嚇不許講出她在密宗裡的經歷，也不許她說出自己對密宗的教義與教制下對女性剝削的本質，否則將被咒殺死亡。後來她去加拿大定居，十餘年後方才擺脫這個恐嚇陰影，下定決心將親身經歷的實情及觀察到的事實寫下來並且出版，公諸於世。出版之後，她被流亡的達賴集團人士大力攻訐，誣指她為精神狀態失常、說謊……等。但有智之士並未被達賴集團的政治操作及各國政府政治運作吹捧達賴的表相所欺，使她的書銷售無阻而又再版。正智出版社鑑於作者此書是親身經歷的事實，所說具有針對「藏傳佛教」而作學術研究的價值，也有使人認清假藏傳佛教剝削佛母、明妃的男性本位實質，因此洽請作者同意中譯而出版於華人地區。珍妮·坎貝爾女士著，呂艾倫 中譯，每冊250元。

一一明見，於是立此書名為《霧峰無霧》；讀者若欲撥霧見月，可以此書為緣。游宗明 老師著 售價250元。

霧峰無霧—給哥哥的信 本書作者藉兄弟之間信件往來論義，略述佛法大義；並以多篇短文辨義，舉出釋印順對佛法的無量誤解證據，並一一給予簡單而清晰的辨正，令人一讀即知。久讀、多讀之後即能認清楚釋印順的六識論見解，與眞實佛法之牴觸是多麼嚴重；於是在久讀、多讀之後，於不知不覺之間提升了對佛法的極深入理解，正知正見就在不知不覺間建立起來了。當三乘佛法的正知見建立起來之後，對於三乘菩提的見道條件便將隨之具足，於是聲聞解脫道的見道也就水到渠成；接著大乘見道的因緣也將次第成熟，未來自然也會有親見大乘菩提之道的因緣，悟入大乘實相般若也將自然成功，自能通達般若系列諸經而成實義菩薩。作者居住於南投縣霧峰鄉，自喻見道之後不復再見霧峰之霧，故鄉原野美景

假藏傳佛教的神話—性、謊言、喇嘛教：本書編著者是由一首名叫「阿姊鼓」的歌曲為緣起，展開了序幕，揭開假藏傳佛教—喇嘛教—的神秘面紗。其重點是蒐集、摘錄網路上質疑「喇嘛教」的帖子，以揭穿「假藏傳佛教的神話」為主題，串聯成書，並附加彩色插圖以及說明，讓讀者們瞭解西藏密宗及相關人事如何被操作為「神話」的過程，以及神話背後的眞相。作者：張正玄教授。售價200元。

達賴眞面目—玩盡天下女人：假使您不想戴綠帽子，請記得詳細閱讀此書；假使您不想讓好朋友戴綠帽子，請您將此書介紹給您的好朋友。假使您想保護家中的女性，也想要保護好朋友的女眷，請記得將此書送給家中的女性和好友的女眷都來閱讀。本書為印刷精美的大本彩色中英對照精裝本，為您揭開達賴喇嘛的眞面目，內容精彩不容錯過，為利益社會大眾，特別以優惠價格嘉惠所有讀者。編著者：白志偉等。大開版雪銅紙彩色精裝本。售價800元。

童女迦葉考—論呂凱文〈佛教輪迴思想的論述分析〉之謬：童女迦葉是佛世率領五百大比丘遊行於人間的歷史事實，是以童貞行而依止菩薩戒弘化於人間的大菩薩，不依別解脫戒（聲聞戒）來弘化於人間。這是大乘佛教與聲聞佛教同時存在於佛世的歷史明證，證明大乘佛教不是從聲聞法中分裂出來的部派佛教的產物，卻是聲聞佛教分裂出來的部派佛教聲聞凡夫僧所不樂見的史實；於是古今聲聞法中的凡夫都欲加以扭曲而作詭說，更是末法時代高聲大呼「大乘非佛說」的六識論聲聞凡夫極力想要扭曲的佛教史實之一，於是想方設法扭曲迦葉菩薩爲聲聞僧，以及扭曲迦葉童女爲比丘僧等荒謬不實之論著便陸續出現，古時聲聞僧寫作的《分別功德論》是最具體之事例，現代之代表作則是呂凱文先生的〈佛教輪迴思想的論述分析〉論文。鑑於如是假藉學術考證以籠罩大眾之不實謬論，未來仍將繼續造作及流竄於佛教界，繼續扼殺大乘佛教學人法身慧命，必須舉證辨正之，遂成此書。平實導師 著，每冊180元。

末代達賴—性交教主的悲歌：簡介從藏傳僞佛教（喇嘛教）的修行核心—性力派男女雙修，探討達賴喇嘛及藏傳僞佛教的修行內涵。書中引用外國知名學者著作、世界各地新聞報導，包含：歷代達賴喇嘛的祕史、達賴六世修雙身法的事蹟，以及《時輪續》中的性交灌頂儀式……等；達賴喇嘛書中開示的雙修法、達賴喇嘛的黑暗政治手段；達賴喇嘛所領導的寺院爆發喇嘛性侵兒童；新聞報導《西藏生死書》作者索甲仁波切性侵女信徒、澳洲喇嘛秋達公開道歉、美國最大假藏傳佛教組織領導人邱陽創巴仁波切的性氾濫，等等事件背後眞相的揭露。作者：張善思、呂艾倫、辛燕。售價250元。

黯淡的達賴—失去光彩的諾貝爾和平獎：本書舉出很多證據與論述，詳述達賴喇嘛不爲世人所知的一面，顯示達賴喇嘛並不是眞正的和平使者，而是假借諾貝爾和平獎的光環來欺騙世人；透過本書的說明與舉證，讀者可以更清楚的瞭解，達賴喇嘛是結合暴力、黑暗、淫欲於喇嘛教裡的集團首領，其政治行爲與宗教主張，早已讓諾貝爾和平獎的光環染污了。 本書由財團法人正覺教育基金會寫作、編輯，由正覺出版社印行，每冊250元。

第七意識與第八意識？—穿越時空「超意識」：「三界唯心，萬法唯識」是佛教中應該實證的聖教，也是《華嚴經》中明載而可以實證的法界實相。唯心者，三界一切境界、一切諸法唯是一心所成就，即是每一個有情的第八識如來藏，不是意識心。唯識者，即是人類各各都具足的八識心王——眼識、耳鼻舌身意識、意根、阿賴耶識，第八阿賴耶識又名如來藏，人類五陰相應的萬法，莫不由八識心王共同運作而成就，故說萬法唯識。依聖教量及現量、比量，都可以證明意識是二法因緣生，是由第八識藉意根與法塵二法為因緣而出生，又是夜夜斷滅不存之生滅心，即無可能反過來出生第七識意根、第八識如來藏，當知不可能從生滅性的意識心中，細分出恆審思量的第七識意根，更無可能細分出恆而不審的第八識如來藏。本書是將演講內容整理成文字，細說如是內容，並已在《正覺電子報》連載完畢，今彙集成書以廣流通，欲幫助佛門有緣人斷除意識我見，跳脫於識陰之外而取證聲聞初果；嗣後修學禪宗時即得不墮外道神我之中，得以求證第八識金剛心而發起般若實智。平實導師 述，每冊300元。

中觀金鑑—詳述應成派中觀的起源與其破法本質：學佛人往往迷於中觀學派之不同學說，被應成派與自續派所迷惑；修學般若中觀二十年後自以為實證般若中觀了，卻仍不曾入門，甫聞實證般若中觀者之所說，則茫無所知，迷惑不解；隨後信心盡失，不知如何實證佛法；凡此，皆因惑於這二派中觀學說所致。自續派中觀所說同於常見，以意識境界立為第八識如來藏之境界，應成派所說則同於斷見，但又同立意識為常住法，故亦具足斷常二見。今者孫正德老師有鑑於此，乃將起源於密宗的應成派中觀學說，追本溯源，詳考其來源之外，亦一一舉證其立論內容，詳加辨正，令密宗雙身法祖師以識陰境界而造之應成派中觀學說本質，詳細呈現於學人眼前，令其維護雙身法之目的無所遁形。若欲遠離密宗此二大派中觀謬說，欲於三乘菩提有所進道者，允宜具足閱讀並細加思惟，反覆讀之以後將可捨棄邪道返歸正道，則於般若之實證即有可能，證後自能現觀如來藏之中道境界而成就中觀。本書分上、中、下三冊，每冊250元，全部出版完畢。

人間佛教—實證者必定不悖三乘菩提：「大乘非佛說」的講法似乎流傳已久，但只是日本人企圖擺脫中國正統佛教的影響，而在明治維新時期才開始提出來的說法；台灣佛教、大陸佛教的淺學無智之人，由於未曾實證佛法而迷信日本人錯誤的學術考證，錯認爲這些別有用心的日本佛學考證的講法爲天竺佛教的眞實歷史；甚至還有更激進的反對佛教者提出「釋迦牟尼佛並非眞實存在，只是後人捏造的假歷史人物」，竟然也有少數人願意跟著「學術」的假光環而信受不疑，於是開始有一些佛教界人士造作了反對中國佛教而推崇南洋小乘佛教的行爲，使佛教的信仰者難以檢擇，導致一般大陸人士開始轉入基督教的盲目迷信中。在這些佛教及外教人士之中，也就有一分人根據此邪說而大聲主張「大乘非佛說」的謬論，這些人以「人間佛教」的名義來抵制中國正統佛教，公然宣稱中國的大乘佛教是由聲聞部派佛教的凡夫僧所創造出來的。這樣的說法流傳於台灣及大陸佛教界凡夫僧之中已久，卻非眞正的佛教歷史中曾經發生過的事，只是繼承六識論的聲聞法中凡夫僧依自己的意識境界立場，純憑臆想而編造出來的妄想說法，卻已經影響許多無智之凡夫僧俗信受不移。本書則是從佛教的經藏法義實質及實證的現量內涵本質立論，證明大乘佛法本是佛說，是從《阿含正義》尚未說過的不同面向來討論「人間佛教」的議題，證明「大乘眞佛說」。閱讀本書可以斷除六識論邪見，迴入三乘菩提正道發起實證的因緣；也能斷除禪宗學人學禪時普遍存在之錯誤知見，對於建立參禪時的正知見有很深的著墨。平實導師 述，內文488頁，全書528頁，定價400元。

喇嘛性世界—揭開假藏傳佛教譚崔瑜伽的面紗：這個世界中的喇嘛，號稱來自世外桃源的香格里拉，穿著或紅或黃的喇嘛長袍，散布於我們的身邊傳教灌頂，吸引了無數的人嚮往學習；這些喇嘛虔誠地爲大衆祈福，手中拿著寶杵（金剛）與寶鈴（蓮花），口中唸著咒語：「唵．嘛呢．叭咪．吽……」，咒語的意思是說：「我至誠歸命金剛杵上的寶珠伸向蓮花寶穴之中」！「喇嘛性世界」是什麼樣的「世界」呢？本書將爲您呈現喇嘛世界的面貌。當您發現眞相以後，您將會唸：「噢！喇嘛．性．世界，譚崔性交嘛！」作者：張善思、呂艾倫。售價200元。

見性與看話頭：黃正倖老師的《見性與看話頭》於《正覺電子報》連載完畢，今結集出版。書中詳說禪宗看話頭的詳細方法，並細說看話頭與眼見佛性的關係，以及眼見佛性者求見佛性前必須具備的條件。本書是禪宗實修者追求明心開悟時參禪的方法書，也是求見佛性者作功夫時必讀的方法書，內容兼顧眼見佛性的理論與實修之方法，是依實修之體驗配合理論而詳述，條理分明而且極爲詳實、周全、深入。本書內文375頁，全書416頁，售價300元。

實相經宗通：學佛之目的在於實證一切法界背後之實相，禪宗稱之爲本來面目或本地風光，佛菩提道中稱之爲實相法界；此實相法界即是金剛藏，又名佛法之祕密藏，即是能生有情五陰、十八界及宇宙萬有（山河大地、諸天、三惡道世間）的第八識如來藏，又名阿賴耶識心，即是禪宗祖師所說的眞如心，此心即是三界萬有背後的實相。證得此第八識心時，自能瞭解般若諸經中隱說的種種密意，即得發起實相般若——實相智慧。每見學佛人修學佛法二十年後仍對實相般若茫然無知，亦不知如何入門，茫無所趣；更因不知三乘菩提的互異互同，是故越是久學者對佛法越覺茫然，都肇因於尚未瞭解佛法的全貌，亦未瞭解佛法的修證內容即是第八識心所致。本書對於修學佛法者所應實證的實相境界提出明確解析，並提示趣入佛菩提道的入手處，有心親證實相般若的佛法實修者，宜詳讀之，於佛菩提道之實證即有下手處。平實導師述著，共八輯，已全部出版完畢，每輯成本價250元。

真心告訴您（一）——達賴喇嘛在幹什麼？這是一本報導篇章的選集，更是「破邪顯正」的暮鼓晨鐘。「破邪」是戳破假象，說明達賴喇嘛及其所率領的密宗四大派法王、喇嘛們，弘傳的佛法是仿冒的佛法；他們是假藏傳佛教，是坦特羅（譚崔性交）外道法和藏地崇奉鬼神的苯教混合成的「喇嘛教」，推廣的是以所謂「無上瑜伽」的男女雙身法冒充佛法的假佛教，詐財騙色誤導衆生，常常造成信徒家庭破碎、家中兒少失怙的嚴重後果。「顯正」是揭櫫眞相，指出眞正的藏傳佛教只有一個，就是覺囊巴，傳的是　釋迦牟尼佛演繹的第八識如來藏妙法，稱爲他空見大中觀。正覺教育基金會即以此古今輝映的如來藏正法正知見，在眞心新聞網中逐次報導出來，將箇中原委「眞心告訴您」，如今結集成書，與想要知道密宗眞相的您分享。售價250元。

法華經講義：此書爲平實導師始從2009/7/21演述至2014/1/14之講經錄音整理所成。世尊一代時教，總分五時三教，即是華嚴時、聲聞緣覺教、般若教、種智唯識教、法華時；依此五時三教區分爲藏、通、別、圓四教。本經是最後一時的圓教經典，圓滿收攝一切法教於本經中，是故最後的圓教聖訓中，特地指出無有三乘菩提，其實唯有一佛乘；皆因衆生愚迷故，方便區分爲三乘菩提以助衆生證道。世尊於此經中特地說明如來示現於人間的唯一大事因緣，便是爲有緣衆生「開、示、悟、入」諸佛的所知所見——第八識如來藏妙眞如心，並於諸品中隱說「妙法蓮花」如來藏心的密意。然因此經所說甚深難解，眞義隱晦，古來難得有人能窺堂奧；平實導師以知如是密意故，特爲末法佛門四衆演述《妙法蓮華經》中各品蘊含之密意，使古來未曾被古德註解出來的「此經」密意，如實顯示於當代學人眼前。乃至〈藥王菩薩本事品〉、〈妙音菩薩品〉、〈觀世音菩薩普門品〉、〈普賢菩薩勸發品〉中的微細密意，亦皆一併詳述之，開前人所未曾言之密意，示前人所未見之妙法。最後乃至以〈法華大意〉而總其成，全經妙旨貫通始終，而依佛旨圓攝於一心如來藏妙心，厥爲曠古未有之大說也。平實導師述　已於2015/5/31起開始出版，每二個月出版一輯，共25輯。每輯300元。

西藏「活佛轉世」制度——附佛、造神、世俗法：歷來關於喇嘛教活佛轉世的研究，多針對歷史及文化兩部分，於其所以成立的理論基礎，較少系統化的探討。尤其是此制度是否依據「佛法」而施設？是否合乎佛法眞實義？現有的文獻大多含糊其詞，或人云亦云，不曾有明確的闡釋與如實的見解。因此本文先從活佛轉世的由來，探索此制度的起源、背景與功能，並進而從活佛的尋訪與認證之過程，發掘活佛轉世的特徵，以確認「活佛轉世」在佛法中應具足何種果德。定價150元。

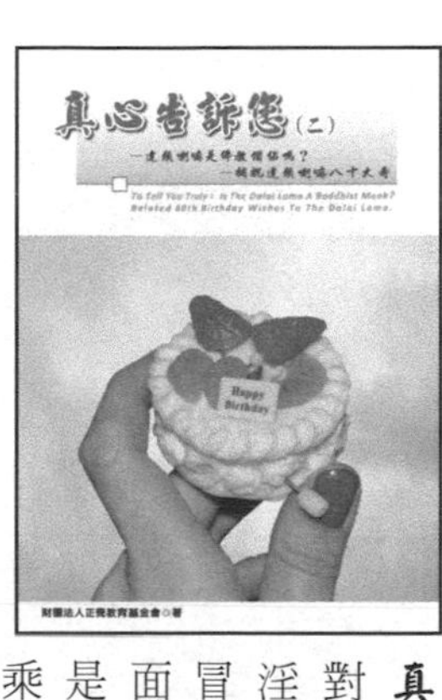

真心告訴您(二)—達賴喇嘛是佛教僧侶嗎？補祝達賴喇嘛八十大壽：這是一本針對當今達賴喇嘛所領導的喇嘛教，冒用佛教名相、於師徒間或師兄姊間，實修男女邪淫，而從佛法三乘菩提的現量與聖教量，揭發其謊言與邪術，證明達賴及其喇嘛教是仿冒佛教的外道，是「假藏傳佛教」。藏密四大派教義雖有「八識論」與「六識論」的表面差異，然其實修之內容，皆共許「無上瑜伽」四部灌頂為究竟「成佛」之法門，也就是共以男女雙修之邪淫法為「即身成佛」之密要，雖美其名曰「欲貪為道」之「金剛乘」，並誇稱其成就超越於（應身佛）釋迦牟尼佛所傳之顯教般若乘之上；然詳考其理論，則或以意識離念時之粗細心為第八識如來藏，或以中脈裡的明點為第八識如來藏，或如宗喀巴與達賴堅決主張第六意識為常恆不變之真心者，分別墮於外道之常見與斷見中；全然違背 佛說能生五蘊之如來藏的實質。售價300元。

佛法入門：學佛人往往修學二十年後仍不知如何入門，茫無所入漫無方向，不知如何實證佛法；更因不知三乘菩提的互異互同之處，導致越是久學者越覺茫然，都是肇因於尚未瞭解佛法的全貌所致。本書對於佛法的全貌提出明確的輪廓，並說明三乘菩提的異同處，讀後即可輕易瞭解佛法全貌，數日內即可明瞭三乘菩提入門方向與下手處。○○菩薩著 出版日期未定。

修習止觀坐禪法要講記：修學四禪八定之人，往往錯會禪定之修學知見，欲以無止盡之坐禪而證禪定境界，卻不知修除性障之行門才是修證四禪八定不可或缺之要素，故智者大師云「性障初禪」；性障不除，初禪永不現前，云何修證二禪等？又：行者學定，若唯知數息，而不解六妙門之方便善巧者，欲求一心入定，未到地定極難可得，智者大師名之為「事障未來」：障礙未到地定之修證。又禪定之修證，不可違背二乘菩提及第一義法，否則縱使具足四禪八定，亦不能實證涅槃而出三界。此諸知見，智者大師於《修習止觀坐禪法要》中皆有闡釋。作者平實導師以其第一義之見地及禪定之實證證量，曾加以詳細解析。將俟正覺寺竣工啓用後重講，不限制聽講者資格；講後將以語體文整理出版。欲修習世間定及增上定之學者，宜細讀之。平實導師述著。

解深密經講記：本經係　世尊晚年第三轉法輪，宣說地上菩薩所應熏修之唯識正義經典，經中所說義理乃是大乘一切種智增上慧學，以阿陀那識—如來藏—阿賴耶識爲主體。禪宗之證悟者，若欲修證初地無生法忍乃至八地無生法忍者，必須修學《楞伽經、解深密經》所說之八識心王一切種智；此二經所說正法，方是眞正成佛之道；印順法師否定第八識如來藏之後所說萬法緣起性空之法，是以誤會後之二乘解脫道取代大乘眞正成佛之道，尚且不符二乘解脫道正理，亦已墮於斷滅見中，不可謂爲成佛之道也。平實導師曾於本會郭故理事長往生時，於喪宅中從首七開始宣講，於每一七各宣講三小時，至第十七而快速略講圓滿，作爲郭老之往生佛事功德，迴向郭老早證八地、速返娑婆住持正法。茲爲今時後世學人故，將擇期重講《解深密經》，以淺顯之語句講畢後，將會整理成文，用供證悟者進道；亦令諸方未悟者，據此經中佛語正義，修正邪見，依之速能入道。平實導師述著，全書輯數未定，每輯三百餘頁，將於未來重講完畢後逐輯出版。

阿含經講記—小乘解脫道之修證：數百年來，南傳佛法所說證果之不實，所說解脫道之虛妄，所弘解脫道法義之世俗化，皆已少人知之；從南洋傳入台灣與大陸之後，所說法義虛謬之事，亦復少人知之；今時台灣全島印順系統之法師居士，多不知南傳佛法數百年來所說解脫道之義理已然偏斜、已然世俗化、已非眞正之二乘解脫正道，猶極力推崇與弘揚。彼等南傳佛法近代所謂之證果者多非眞實證果者，譬如阿迦曼、葛印卡、帕奧禪師、一行禪師……等人，悉皆未斷我見故。近年更有台灣南部大願法師，高抬南傳佛法之二乘修證行門爲「捷徑究竟解脫之道」者，然而南傳佛法縱使眞修實證，得成阿羅漢，至高唯是二乘菩提解脫之道，絕非究竟解脫，無餘涅槃中之實際尚未得證故，法界之實相尚未了知故，習氣種子待除故，一切種智未實證故，焉得謂爲「究竟解脫」？即使南傳佛法近代眞有實證之阿羅漢，尚且不及三賢位中之七住明心菩薩本來自性清淨涅槃智慧境界，則不能知此賢位菩薩所證之無餘涅槃實際，仍非大乘佛法中之見道者，何況普未實證聲聞果乃至未斷我見之人？謬充證果已屬逾越，更何況是誤會二乘菩提之後，以未斷我見之凡夫知見所說之二乘菩提解脫偏斜法道，焉可高抬爲「究竟解脫」？而且自稱「捷徑之道」？又妄言解脫之道即是成佛之道，完全否定般若實智、否定三乘菩提所依之如來藏心體，此理大大不通也！平實導師爲令修學二乘菩提欲證解脫果者，普得迴入二乘菩提正見、正道中，是故選錄四阿含諸經中，對於二乘解脫道法義有具足圓滿說明之經典，預定未來十年內將會加以詳細講解，令學佛人得以了知二乘解脫道之修證理路與行門，庶免被人誤導之後，未證言證，干犯道禁，成大妄語，欲升反墮。本書首重斷除我見，以助行者斷除我見而實證初果爲著眼之目標，若能根據此書內容，配合平實導師所著《識蘊眞義》《阿含正義》內涵而作實地觀行，實證初果非爲難事，行者可以藉此三書自行確認聲聞初果爲實際可得現觀成就之事。此書中除依二乘經典所說加以宣示外，亦依斷除我見等之證量，及大乘法中道種智之證量，對於意識心之體性加以細述，令諸二乘學人必定得斷我見、常見，免除三縛結之繫縛。次則宣示斷除我執之理，欲令升進而得薄貪瞋痴，乃至斷五下分結…等。平實導師述，共二冊，每冊三百餘頁。每輯300元。

喇嘛教修外道雙身法，墮識陰境界，非佛教

弘揚如來藏他空見的覺囊派才是眞正藏傳佛教

總經銷： 飛鴻 國際行銷股份有限公司

231 新北市新店市中正路 501 之 9 號 2 樓

Tel.02－82186688（五線代表號） Fax.02-82186458、82186459

零售：1.**全台連鎖經銷書局：**

三民書局、誠品書局、何嘉仁書店

敦煌書店、紀伊國屋、金石堂書局、建宏書局

諾貝爾圖書城、墊腳石圖書文化廣場

2.**台北市：**佛化人生 **大安區**羅斯福路 3 段 325 號 6 樓之 4 台電大樓對面

3.**新北市：**春大地書店 **蘆洲區**中正路 117 號

4.**桃園市：**御書堂 **龍潭區**中正路 123 號

5.**新竹市：**大學書局 **東區**建功路 10 號

6.**台中市：**瑞成書局 **東區**雙十路 1 段 4 之 33 號

佛教詠春書局 **南屯區**永春東路 884 號

文春書店 **霧峰區**中正路 1087 號

7.**彰化市：**心泉佛教文化中心 南瑤路 286 號

8.**高雄市：**政大書城 **苓雅區**光華路 148-83 號

明儀書局 **三民區**明福街 2 號\

青年書局 **苓雅區**青年一路 141 號

9.**宜蘭市：**金隆書局 中山路 3 段 43 號

10.**台東市：**東普佛教文物流通處 博愛路 282 號

11.**其餘鄉鎮市經銷書局：**請電詢總經銷**飛鴻**公司。

12.**大陸地區請洽：**

香港：樂文書店

旺角店 :香港九龍旺角西洋菜街 62 號 3 樓

電話 :(852) 2390 3723 email: luckwinbooks@gmail.com

銅鑼灣店 :香港銅鑼灣駱克道 506 號 2 樓

電話 :(852) 2881 1150 email: luckwinbs@gmail.com

廈門：廈門外圖臺灣書店有限公司

地址：廈門市思明區湖濱南路809 號 廈門外圖書城3 樓 郵編：361004

電話：0592-5061658（臺灣地區請撥打 86-592-5061658）

E-mail：JKB118＠188.COM

13.**美國：世界日報圖書部：**紐約圖書部 電話 7187468889#6262

洛杉磯圖書部 電話 3232616972#202

14.**國內外地區網路購書：**

正智出版社 書香園地 http://books.enlighten.org.tw/

（書籍簡介、經銷書局可直接聯結下列網路書局購書）

三民 網路書局 http://www.sanmin.com.tw

誠品 網路書局 http://www.eslitebooks.com

博客來 網路書局　http://www.books.com.tw
金石堂 網路書局　http://www.kingstone.com.tw
飛鴻 網路書局　http://fh6688.com.tw

附註：1.請儘量向各經銷書局購買：郵政劃撥需要十天才能寄到（本公司在您劃撥後第四天才能接到劃撥單，次日寄出後第四天您才能收到書籍，此八天中一定會遇到週休二日，是故共需十天才能收到書籍）若想要早日收到書籍者，請劃撥完畢後，將劃撥收據貼在紙上，旁邊寫上您的姓名、住址、郵區、電話、買書詳細內容，直接傳眞到本公司 02-28344822，並來電 02-28316727、28327495 確認是否已收到您的傳眞，即可提前收到書籍。 2.因台灣每月皆有五十餘種宗教類書籍上架，書局書架空間有限，故唯有新書方有機會上架，通常每次只能有一本新書上架；本公司出版新書，大多上架不久便已售出，若書局未再叫貨補充者，書架上即無新書陳列，則請直接向書局櫃台訂購。 3.若書局不便代購時，可於晚上共修時間向正覺同修會各共修處請購（共修時間及地點，詳閱**共修現況表**。每年例行年假期間請勿前往請書，年假期間請見共修現況表）。 4.郵購：郵政劃撥帳號 19068241。 5.正覺同修會會員購書都以八折計價（戶籍台北市者爲一般會員，外縣市爲護持會員）都可獲得優待，欲一次購買全部書籍者，可以考慮入會，節省書費。入會費一千元（第一年初加入時才需要繳），年費二千元。**6.尚未出版之書籍，請勿預先郵寄書款與本公司，謝謝您！** 7.若欲一次購齊本公司書籍，或同時取得正覺同修會贈閱之全部書籍者，請於正覺同修會共修時間，親到各共修處請購及索取；**台北市讀者**請洽：103 台北市承德路三段 267 號 10 樓（捷運淡水線 圓山站旁）請書時間：週一至週五爲 18.00~21.00，第一、三、五週週六爲 10.00~21.00，雙週之週六爲 10.00~18.00 請購處專線電話：25957295-分機 14（於請書時間方有人接聽）。

敬告大陸讀者：

大陸讀者購書、索書捷徑（尚未在大陸出版的書籍，以下二個途徑都可以購得，電子書另包括結緣書籍）：

1.廈門外國圖書公司：廈門市思明區湖濱南路 809 號 廈門外圖書城 3F
　郵編：361004　電話：0592-5061658　網址：JKB118@188.COM

2.電子書：正智出版社有限公司及正覺同修會在台灣印行的各種局版書、結緣書，已有『**正覺電子書**』陸續上線中，提供讀者於手機、平板電腦上購書、下載、閱讀正智出版社、正覺同修會及正覺教育基金會所出版之電子書，詳細訊息敬請參閱『正覺電子書』專頁：http://books.enlighten.org.tw/ebook

關於平實導師的書訊，請上網查閱：
　成佛之道　http://www.a202.idv.tw
　正智出版社 書香園地　http://books.enlighten.org.tw/

中國網採訪佛教正覺同修會、正覺教育基金會訊息：

http://big5.china.com.cn/gate/big5/fangtan.china.com.cn/2014-06/19/content_32714638.htm

http://pinpai.china.com.cn/

★ 正智出版社有限公司售書之稅後盈餘，全部捐助財團法人正覺寺籌備處、佛教正覺同修會、正覺教育基金會，供作弘法及購建道場之用；懇請諸方大德支持，功德無量。

★ 聲　明 ★

本社於 2015/01/01 開始調整本目錄中部分書籍之售價，以因應各項成本的持續增加。

＊ 喇嘛教修外道雙身法、墮識陰境界，非佛教 ＊

＊ 弘揚如來藏他空見的覺囊派才是真正藏傳佛教 ＊

換書及道歉公告

《法華經講義》第十三輯，因謄稿、印製等相關人員作業疏失，導致該書中的經文及內文用字將「**親近**」誤植成「清淨」。茲爲顧及讀者權益，自 2017/8/30 開始免費調換新書；敬請所有讀者將以前所購第十三輯初版首刷及二刷本，攜回或寄回本社免費換新，或請自行更正其中的錯誤之處；郵寄者之回郵由本社負擔，不需寄來郵票。同時對因此而造成讀者閱讀、以及換書的困擾及不便，在此向所有讀者致上最誠懇的歉意，祈請讀者大眾見諒！錯誤更正說明如下：

一、第 256 頁第 10 行~第 14 行：【就是先要具備「**法親近處**」、「**眾生親近處**」；法**親近**處就是在實相之法有所實證，如果在實相法上有所實證，他在二乘菩提中自然也能有所實證，以這個作爲第一個**親近**處——第一個基礎。然後還要有第二個基礎，就是瞭解應該如何善待眾生；對於眾生不要有排斥或者是貪取之心，平等觀待而攝受、親近一切有情。以這兩個**親近**處作爲基礎，來實行其他三個安樂行法。】。

二、第 268 頁第 13 行：【具足了那兩個「**親近處**」，使你能夠在末法時代，如實而圓滿的演述《法華經》時，那麼你作這個夢，它就是如理作意的，完全符合邏輯去完成這個過程，就表示你那個晚上，在那短短的一場夢中，已經度了不少眾生了。】

正智出版社有限公司 敬啓

國家圖書館出版品預行編目(CIP)資料

法華經講義 / 平實導師述. -- 初版. - 臺北市 : 正智, 2015.05 面 ; 公分

ISBN 978-986-5655-30-3 (第一輯 : 平裝)
ISBN 978-986-5655-46-4 (第二輯 : 平裝)
ISBN 978-986-5655-56-3 (第三輯 : 平裝)
ISBN 978-986-5655-61-7 (第四輯 : 平裝)
ISBN 978-986-5655-69-3 (第五輯 : 平裝)
ISBN 978-986-5655-79-2 (第六輯 : 平裝)
ISBN 978-986-5655-82-2 (第七輯 : 平裝)
ISBN 978-986-5655-89-1 (第八輯 : 平裝)
ISBN 978-986-5655-98-3 (第九輯 : 平裝)
ISBN 978-986-9372-52-7 (第十輯 : 平裝)
ISBN 978-986-9372-54-1 (第十一輯 : 平裝)
ISBN 978-986-9372-56-5 (第十二輯 : 平裝)
ISBN 978-986-9372-57-2 (第十三輯 : 平裝)
ISBN 978-986-9497-03-9 (第十四輯 : 平裝)
ISBN 978-986-9497-07-7 (第十五輯 : 平裝)

1. 法華部

221.5 104004638

法華經講義——第十輯

著 述 者：平實導師
音文轉換：章乃鈞、高惠齡、劉惠莉、蔡正利、黃昇金
校　　對：章乃鈞 陳介源 孫淑貞 傅素嫻 王美伶
出 版 者：正智出版社有限公司
電話：〇二 28327495 28316727（白天）
傳眞：〇二 28344822
111 台北郵政 73-151 號信箱
郵政劃撥帳號：一九〇六八二四一
正覺講堂：總機〇二 25957295（夜間）
總 經 銷：飛鴻國際行銷股份有限公司
231 新北市新店區中正路 501-9 號 2 樓
電話：〇二 82186688（五線代表號）
傳眞：〇二 82186458 82186459
初版首刷：二〇一六年十一月三十日 二千冊
初版四刷：二〇一七年九月二十三日 二千冊
定　　價：三〇〇元